Gerd Habermann

Freiheit oder Knechtschaft?

Gerd Habermann

Freiheit oder Knechtschaft?

Ein Handlexikon für liberale Streiter

Mit einer Einleitung von
Günter Ederer

OLZOG

Bibliografische Information der Deutschen Nationalbibliothek

Die Deutsche Nationalbibliothek verzeichnet diese Publikation in der Deutschen Nationalbibliografie; detaillierte bibliografische Daten sind im Internet über http://dnb.d-nb.de abrufbar.

Meinen Eltern in Dankbarkeit

ISBN 978-3-7892-8282-9

Internet: http://www.olzog.de

Umschlagentwurf: Atelier Versen, Bad Aibling
Satz: HJR, Jürgen Echter, Landsberg am Lech
Druck und Bindearbeiten: Holzmann Druck GmbH, Bad Wörishofen
Printed in Germany

Inhaltsverzeichnis

Vorwort

Dieses Lexikon ist nichts weniger als „objektiv“ im Sinne der wertfreien Darstellung verschiedener Positionen ohne eigene Stellungnahme – denn Lexika dieser Art haben wir in ausreichender Zahl und Qualität. Es will vielmehr ein dezidiert liberales Soziallexikon sein, das im Namen der „Werte des Westens“ (Freiheit, Personalität, Subsidiarität) die schönfärberischen Begriffsverfälschungen sozialer Demagogie aufdecken oder einfach nur eine klare Definition dessen geben will, worauf es ankommt, wenn die Hauptwerte unserer Zivilisation gegen den Ansturm der Egalitarier, Etatisten, Fiskalisten und Sozialkleptokraten überleben sollen. Nur insoweit füllt es eine Lücke zum Vorteil jener Freiheitsfreunde, die für echte Sozialreformen eintreten: nämlich für eine Rückführung des Staates auf ein unumgängliches Minimum und für eine freie Weltwirtschaft im Zeichen der „Globalisierung“. In diesem Sinne ist es auch vor allem ein antibürokratisches Lexikon.

Natürlich decken die über 400 Artikel nicht all das ab, was hätte aufgenommen werden können. Man kann dieses Lexikon aber durchaus im Zusammenhang lesen – dann ist es wie eine Einführung in freiheitliches Denken. Die Literaturhinweise, inklusive der kleinen Bibliografie am Schluss, sind knapp gehalten.

Ich danke besonders den Freiheitsfreunden, die sich um die Hayek-Gesellschaft gesammelt haben und dieser selbst. Dieses Lexikon soll sie zu noch freudigerem Kampf in sich verdüsternden Zeiten anfeuern.

Gerd Habermann
Berlin und Werder, September 2011

Einleitung von Günter Ederer: Über die „Verhausschweinung" der Gesellschaft – Argumente gegen den Wohlfahrtsstaat

Wer die Macht über die Wörter erringt, hat die Macht über die Menschen. Diese Erkenntnis haben Philosophen, Revolutionäre und Politiker in verschiedenen Variationen seit Jahrtausenden begriffen und praktiziert. Unser angeblich so transparentes und informiertes Zeitalter macht da keine Ausnahme. Das Trommelfeuer einer „political correctness", das in den USA begann, hat ganze Begriffswelten auf den Index gesetzt und tradierte Verwendungen von Wörtern umgedeutet. Das Ergebnis: Eine große Mehrheit der Menschen in den westlichen Industriestaaten sucht ihr Heil in einem fürsorglichen Staat und nicht mehr in ihren eigenen Fähigkeiten.

Das Handlexikon für freiheitliche Streiter bricht ohne jegliche Rücksicht auf die Konsensgesellschaft und die Interpretationshoheit der Staatsgläubigen mit allen Tabus – und wäre dieser Begriff eines Liberalen nicht unwürdig – könnte dieses Stichwortverzeichnis auch als eine Kriegserklärung gegen die drohende freiwillige „Knechtschaft" unter der Staatsbevormundung verstanden werden.

Arbeits„markt" ist so ein Begriff, bei dem der Leser merkt, wie weit er die Terminologie der Staatsregulierung schon inhaliert hat. Die Silbe „Markt" schreibt Gerd Habermann in Anführungszeichen. Ganz einfach, weil in diesem Teilbereich der Wirtschaft schon lange kein Markt mehr vorhanden ist. Eine ganze Industrie von Nutznießern nährt sich an den Milliarden Euro, die angeblich zur Linderung der Arbeitslosigkeit ausgegeben werden und dabei Arbeitslosigkeit erst zementieren. Allein die Weiterbildungsmaßnahmen zur Eingliederung in den Arbeitsmarkt bringen Gewerkschaften und Arbeitgeberverbänden Milliarden, sind sie doch meistens die Träger der „Bildungseinrichtungen". So verdienen sie auch noch an ihrem Tarifkartell, das wesentlich an der Arbeitslosigkeit schuld ist.

Doch in der Öffentlichkeit wird dies ganz anders diskutiert: Da werden noch mehr Gelder für einen zweiten staatlich bezahlten Arbeitsmarkt gefordert, dazu Mindestlöhne gegen die Ausbeutung wenig bis nicht qualifizierter Arbeiter, ein bedarfsunabhängiges Mindesteinkommen, weiterhin eine Ausweitung der Befugnisse der Bundesagentur für Arbeit usw. In den Talkshows der öffentlich-rechtlichen Fernsehsender sitzen dann Vertreter der verschiedenen Gruppierungen, die mehr staatlichen Einfluss verlangen und erwecken unter der Leitung eines staatlich finanzierten Talkshowleiters den Eindruck, als ob es um etwas anderes ginge als den Staatseinfluss noch zu verstärken – was wiederum mehr Macht für die Funktionäre bedeutet.

Diese geschlossene Gesellschaft aus Gruppeninteressen, staatsgläubigen Linken, sich selbst befriedigenden Bürokraten und kommunistoiden Zynikern liegt wie ein klebriger Brei über der deutschen Gesellschaft und erstickt jede freiheitliche Regung mit einem Wortschwall an Verleumdungen und bewusst falschen Interpretationen. Ein Meister dieser antifreiheitlichen Demagogie ist der Ex-CDU-Funktionär Heiner Geißler, der alles, was sich nicht schnell genug zu seiner Vorstellung von „Solidarität" bekennt, als „neoliberal" beschimpft. Dabei weiß er genau, dass der Neoliberalismus eine großartige Idee ist, die nichts mit kapitalistischer Ausbeutung oder kaltherzigem Egoismus zu tun hat. Ludwig Erhards segensreiche Wirtschaftspolitik hat den Deutschen gezeigt, was neoliberale Grundsätze bewirken. Leider ist davon in keiner der zurzeit bestehenden Parteien noch viel übrig.

Die meisten Multiplikatoren in unserem Staat dürften die Begriffsbestimmungen in Gerd Habermanns Handlexikon als eine Provokation empfinden. Da werden all die schönen Plattitüden wie Solidarität, Armutsbekämpfung, soziale Gerechtigkeit, Kündigungsschutz usw. als Schlagworte im Kampf gegen die individuelle Freiheit entlarvt. Natürlich ist freiwillige Solidarität ein moralischer Wert, der nicht hoch genug eingeschätzt werden kann. Aber die Zwangssolidarität unserer „un"sozialen Gesetzgebung ist nichts als eine Enteignung des Rechts an der eignen Person.

Natürlich ist die Armutsbekämpfung ein hehres Ziel in jeder Gemeinschaft. Aber in der deutschen Politik kommt sie nur als Umverteilung vor, nicht als Befähigung der Armen, sich ihrer Kräfte und Verantwortung selbst bewusst zu werden. Völlig konfus wird es bei der sozialen Gerechtigkeit. Sie ist zur unsozialen Ungerechtigkeit verkommen. Krasses

Beispiel: die Künstlersozialkasse. Während hoch bezahlte fest angestellte Redakteure und Künstler in öffentlich-rechtlichen Sendern und Theatern ungeschoren bleiben, müssen für Freiberufler bis zu 5 Prozent der Honorare an eine Zentralkasse abgeführt werden, aus der sie, obwohl sie einzahlen, keinen Leistungsanspruch ableiten können. Das geht so weit, dass selbst Beiträge für die Altersversorgung für Freiberufler mit Extraabgaben belegt werden – damit die, die als Künstler erfolglos sind, bezahlt werden können. Und keine Partei im Bundestag wagt, diesen Irrsinn auch nur anzusprechen.

Bleibt zu hoffen, dass die Meinungsträger in unserer Gesellschaft das Handbuch wenigstens nutzen, um sich über die Begriffswelt einer freien Gesellschaft zu informieren. Eine Wunschvorstellung: Die eigentlich dem Pluralismus verpflichteten Talkshow-Damen und -Herren nutzen das Handbuch, um sich vor ihren Sendungen mit der Welt der Freiheit auseinanderzusetzen. Die Politiker der Parteien vergessen ihre machterhaltende Konsenssoße und erkennen, dass sie die Bürger langsam und sicher einer undefinierbaren Knechtschaft übereignen. Das gilt auch für die FDP, die sich auf den Liberalismus beruft, aber in ihrer praktischen Politik davon nichts umsetzt. Habermanns Erklärungen sind kurz und schmerzhaft. Wer sie für utopisch und nicht umsetzbar hält, kann sich dann ja weiter informieren und so die Wurzeln dieser Gedanken erfahren. Seine Hinweise auf Autoren und große Denker, von Aristoteles über Schiller bis Friedrich A. von Hayek, bieten Lese- und Bildungsstoff für ein ganzes Leben.

Unbeantwortet in Habermanns fulminantem Plädoyer für das Selbstbestimmungsrecht des Menschen und seine Freiheit, über sich selbst zu entscheiden, bleibt auch für mich die Frage, warum die Mehrheit der Bürger Europas – und ganz massiv die Deutschen – sich so bereitwillig dem Staat ergeben, sich ihrer Rechte dank konfiskatorischer Steuern und Abgaben widerstandslos berauben lassen? Zwei unvorstellbar brutale Mörder, Hitler und Stalin, haben im Namen des nationalen und internationalen Sozialismus den Menschen zu einer Sache ohne Wert degradiert. 50 Millionen sind diesem Blutbad geopfert worden. Aber noch immer wird mit ihren Parolen von Zwangssolidarität, Bekämpfung des individuellen Eigentums, der Unterordnung unter Massenvorsorge und staatlicher Fürsorge für ein fernes Zwangsglück geworben und schaffen es Parteien mit diesem bedrohlichen Jargon ins Parlament. Machen alle die freiheitlichen Denker den Fehler, dass sie die Trägheit der Menschen unterschätzen? Ist ein Leben, in dem alle gleich sind, mit Drei-Raum-Wohnung in der Platte und einem Trabi vor der Tür nicht gerechter als eine Gesellschaft, in der die einen mehr als die anderen haben?

Ja, das Leben in Freiheit ist anspruchsvoller als ein Leben als zahmes Hausvieh, wie Immanuel Kant das Ideal des preußischen Wohlfahrtsdespotismus bewertete. Der Verhaltsforscher Konrad Lorenz sprach sogar von der Tendenz zur „Verhausschweinung" im Wohlfahrtsstaat. In dem Kampf um die Köpfe der Menschen haben es die Freiheitlichen, die Liberalen, bisher nicht verstanden, die Erfolge der Freiheit und den Wohlstand, den sie schafft, zu vermitteln. Eine bittere Erkenntnis ist wohl, dass viele, vielleicht zu viele Menschen dazu neigen, sich lieber bedienen zu lassen als selbst zu arbeiten – denn darauf basiert letztlich der Wohlfahrtsstaat europäischer Prägung. Der unbestimmte Staat mutiert dabei in den Köpfen zu einer verlässlichen Institution. Mir kommt es so vor, als ob die Staatsgläubigen sich die Obrigkeit als eine wunderschöne junge Frau vorstellen, mit der sie abends trunken vom Nebel der Erwartungen ins Bett gehen, um am nächsten Morgen aufzuwachen, um neben sich einen geifernden Amtmann mit Paragrafen in den Augen und dicken Gesetzesbüchern im Arm vorzufinden. Dann ist es aber zu spät: Die Freiheit und individuelle Selbstbestimmung haben sie unwiderruflich an der Garderobe abgelegt.

So gesehen ist dieses Handbuch für freiheitliche Streiter ein Brevier gegen die Illusion vom Schlaraffenland und gegen die immer wieder drohende Knechtschaft.

Günter Ederer

Von der „Abgabenquote“ bis „Zu guter Letzt“

A

Abgabenquote
Koeffizient für das Maß der Entmündigung einer Gesellschaft. Es beschreibt das Verhältnis der Gesamtheit von Steuern und Sozialbeiträgen zum Bruttoinlandsprodukt in jeweiligen Preisen. *Zwangsabgaben sind monetär festgelegte, indirekte Zwangsarbeit für den Staat.* Diese Abgabenquote stieg im wohlfahrtsstaatlichen Deutschland von 1960 mit etwa 30 Prozent auf über 40 Prozent des BIP oder auch fast 60 Prozent – je nach Berechnung. Sie dürfte damit höher liegen als im 17. oder 18. Jahrhundert und selbst im Mittelalter. Der Kern eines künftigen Sozialprogramms müsste in der weitgehenden Rückgabe dieser Gelder an die Bürger bestehen: in einer *Reprivatisierung der Einkommensverwendung.* Im Durchschnittsfall eines Ledigen mittleren Verdienstes umfassen die Abgaben bis zu zwei Drittel!

Was bleibt vom Bruttogehalt übrig? Ein Beispiel:

Single (Düsseldorf) – alle Beträge in Euro –	**Januar 2009**	**Januar 2010**
Bruttogehalt ohne Arbeitgeberbeiträge zur Sozialversicherung	5.000,00	5.000,00
Direkte Abzüge		
Lohnsteuer (Klasse I)	1.279,25	1.162,91
Solidaritätszuschlag	70,35	63,96
Kirchensteuer (9 Prozent)	115,13	104,66
Rentenversicherung[1]	497,50	497,50
Arbeitslosenversicherung[1]	70,00	70,00
Krankenversicherung (DAK)[1]	301,35	296,25
Pflegeversicherung[1]	45,02	45,94
Abzüge insgesamt	**2.378,60**	**2.241,22**
in Prozent vom Bruttogehalt	**47,6 %**	**44,8 %**
Nettogehalt	**2.621,40**	**2.758,78**

Spez. Verbrauchsteuern auf		
Mineralöl	130,90	130,90
Zigaretten	84,42	84,42
Heizöl	9,20	9,20
Strom	3,08	3,08
Mehrwertsteuer auf Konsum		
19 Prozent (v. 1.650 Euro brutto)	263,45	263,45
7 Prozent (v. 150 Euro brutto)	9,81	9,81
Kfz-Steuer	11,25	11,25
Versicherungsteuer	9,50	9,50
Kommunale Steuern/Gebühren		
Grundsteuer	-	-
Wasser (5 Kubikmeter)	9,30	9,30
Kanal/Abwasser	7,60	7,60
Müllabfuhr	36,32	36,32
Gesamtbelastung mit direkten		
und indirekkten Abgaben[2]	3.825,04	3.681,61
in Prozent vom Bruttogehalt[2]	65,1%	62,8%

Quelle: Bund der Steuerzahler

[1] Arbeitnehmeranteil

[2] inklusive Arbeitgeberbeiträge zur Sozialversicherung

Acton, Lord (1834–1902)

Dieser britisch-deutsche Historiker und Philosoph sei all jenen empfohlen, die meinen, man könne als Liberaler nicht auch (auf verständige Art) katholisch sein. Lord Acton war ein enger Freund des liberalen englischen Politikers Gladstone und verkehrte freundschaftlich mit Männern wie Alexis de Tocqueville und Leopold von Ranke. Seine Veröffentlichungen blieben leider schmal. Eine vorgenommene Geschichte der Freiheit blieb er uns, gelähmt durch seinen perfektionistischen Anspruch, schuldig. Er beeinflusste den Sozialphilosophen und Ökonomen Friedrich A. von Hayek, der die heutige Mont-Pelerin-Society nach ihm (und Tocqueville) benennen wollte. Berühmt ist sein Ausspruch: „Macht korrumpiert, absolute Macht korrumpiert absolut“ (es wäre zu ergänzen, was später Friedrich Nietzsche tat: dass auch Ohnmacht korrumpieren und zu einer rachsüchtigen Moral des Ressentiments führen kann). *Lesetipp: Alexander Dörrbecker (Hrsg.): Geschichte und Freiheit. Ein Lord-Acton-Brevier, Zürich 2010.*

Administrierte Preise
Ein irreführender Ausdruck: Diese „Preise" haben nichts mit den Knappheitspreisen des Markts zu tun, sondern sind politisch manipulierte Gebühren mit häufig steuerähnlichem Charakter. Dazu gehören etwa die Tarife oder Gebühren im Bereich der „Daseinsvorsorge" wie bei der Müllabfuhr, der Wasser- und Energieversorgung, die Zwangsgebühren oder Steuern (ab 2012) der öffentlichen Rundfunksender (auch bei Nichtnutzung öffentlicher Programme, ab 2012 sogar auch bei Nichtbesitz von Empfangsgeräten!), die Abgabepreise der Apotheken usw. Sie können über oder unter den Knappheitspreisen des Markts festgesetzt werden und unterliegen häufig dem populistischen Kalkül des Stimmenfangs. Auch sind sie vielfach an dem bei fehlendem Wettbewerb irrationalen Grundsatz der „Kostendeckung" orientiert, der eine beliebige Kostenmacherei erlaubt. Der Staat ist in diesem Bereich häufig Inflationstreiber! Groß ist die Gefahr monopolistischer Ausbeutungsprofite überall dort, wo die Kunden sich einem Abnahme- oder Anschlusszwang gegenübersehen, z.B. im Fernmeldebereich oder in der Energieversorgung und bei der Abfallentsorgung. Monopolistischer Gemeinde- oder Staatskapitalismus ist wegen politischer Eingriffsmöglichkeiten und der ständigen Korruptionsgefahr (Selbstversorgung von Politikern) gefährlicher als ein „privatmonopolistischer Kapitalismus", soweit es Letzteren überhaupt – ohne staatliche Absicherung – bei Existenz eines freien Weltmarkts geben kann. Die monopolistische Ausbeutung geschieht hier überdies mit „gutem" Gewissen, da man ja „demokratisch legitimiert" ist. Die demokratische Kontrolle ist indessen in diesen Fällen häufig eine Fiktion. Der Gemeinderat ist zu effektiver Kontrolle nicht in der Lage, er ist nur ein gewähltes Laiengremium, eine Freizeiteinrichtung, häufig nicht einmal mit dem betriebswirtschaftlichen Zahlenwerk ausgestattet, das ihm eine Beurteilung der Wirtschaftlichkeit erlaubte. Die Gemeindehaushalte stecken überwiegend noch im Kameralismus, der im 17. Jahrhundert als fortschrittlich galt.

„Agenda 2010"
Nach fünf verschwendeten Regierungsjahren zaghaft konzipiertes Reformprogramm der Regierung Schröder aus dem Jahre 2003, das einige

brauchbare Ansätze enthält, die jedoch nur teilweise ausgeführt wurden. Insgesamt: *zu wenig zu spät*. Die viel besprochenen Hartz-Gesetze bringen keine Arbeitsplätze, sondern verwalten die Arbeitslosigkeit vielleicht etwas besser als vorher, aber nicht einmal das ist sicher. Anders als die Labour-Party in Großbritannien hat die SPD die lange Oppositionszeit (unter Kohl) nicht zu einer programmatischen Reform genutzt und stand so praktisch bei der Regierungsübernahme 1998 geistig-konzeptionell unvorbereitet – nur mit den traditionellen Umverteilungsparolen – da. Auch die CDU/CSU konnten sich bisher zu keiner klaren ordnungspolitischen Position durchringen. Die schwarz-gelbe Koalitionsregierung unter Angela Merkel brachte das Ende aller Ordnungspolitik.

Agrarpolitik
Eine Filiale der Sozialpolitik, mit dem Motiv, einer Berufsgruppe durch staatliche Eingriffe die Anpassung an die Märkte zu ersparen und einen „paritätischen" Lebensstandard zu sichern. Ein Missbrauch, der bereits in der Bismarck-Zeit begann und von der Europäischen Union in abgewandelter Art weitergeführt wurde. Kern ist eine sogenannte „Ordnung", in der Politiker Preise manipulieren, Abnahmegarantien aussprechen, Einkommenshilfen gewähren, Wettbewerb durch Zölle („Abschöpfungen") behindern und durch subventionierte Ausfuhr von überproduzierten Agrarartikeln die Weltmärkte, namentlich die Wirtschaftsmöglichkeiten der Entwicklungsländer, beeinträchtigen. Die Agrarpolitik ist der chaotischste Teil der europäischen Politik und verbraucht den größten Teil des EU-Budgets. Den Preis für diese „Unordnung" tragen die Bürger bzw. Verbraucher in Form höherer Steuern bzw. höherer Nahrungsmittelpreise und die Entwicklungsländer in Gestalt unfairer Konkurrenz. Freie Agrarmärkte wären die beste Entwicklungshilfe!

„Alleinerziehende"
Dies sind derzeit etwa 1,5 Millionen Personen, meistens Mütter, wovon 40 Prozent von Sozialhilfe („Hartz IV") leben, zusammen mit ihren etwa eine Million Kindern. Von Sozialpolitikern besonders umhegte Mitleids- und Opfergruppe, für die jetzt eine besondere „Kindergrundsicherung" gefordert wird – ein Ausschnitt aus der sozialen Pathologie, vor allem der Familienauflösung, die von der Politik durch Subsidien und eine Art Opferkult gefördert wird. Diese Alleinerziehenden sind in der Tat häufig „Opfer", nämlich der Abwertung von Ehe und Familie und des Scheidungsrechts und der staatlichen Subventionierung dieses Status.

Lesetipps: Vance Packard: Verlust der Geborgenheit, Frankfurt/M., Berlin 1986; Jan Fleischhauer: Unter Linken, Reinbek 2009.

Allgemeinverbindlicherklärung
Letztes Mittel des Arbeitsmarktkartells aus Gewerkschaften und Arbeitgeberverbänden, sich unter fragwürdiger Berufung auf ein „öffentliches Interesse" durch Diktat des Arbeits- oder Sozialministers gegen „Außenseiterkonkurrenz" durchzusetzen. Durch die Allgemeinverbindlicherklärung werden Entgelt- oder Rahmentarife für alle Unternehmen einer Branche verbindlich, auch wenn sie nicht Mitglied von Arbeitgeberverband oder Gewerkschaft sind. Es handelt sich hier um ein höchst fragwürdiges Zwangsmittel der Regierung, das mit den Grundsätzen einer freien Gesellschaft nicht zu vereinbaren und weder sozialpolitisch noch ökonomisch sinnvoll ist. Es dient allein dem Konkurrenzschutz und vergrößert die Arbeitsmarktprobleme. Es gibt derzeit (2011) etwa 500 Allgemeinverbindlicherklärungen, die sämtlich aufgehoben werden sollten.

Altersgrenze (gesetzliche)
Ein Anachronismus aus dem 19. Jahrhundert: die gesetzliche Festlegung der Rentenberechtigung und damit des Ausstiegs aus dem Arbeitsleben (gesetzlich: derzeit 65, in ferner Zukunft 67 Jahre; faktisch ca. 60 Jahre) nach Vorbild des Beamtentums. Sie berücksichtigt nicht die Verlängerung der Lebenserwartung und der Leistungsfähigkeit seit dem 19. Jahrhundert um Jahrzehnte, zwingt häufig noch voll leistungsfähigen Menschen einen sogenannten Ruhestand auf. Diese Grenze führt im Zeitalter des demografischen Umbruchs und bei Umlagefinanzierung der Rente zu einer unzumutbaren Belastung der erwerbstätigen Beitragszahler und sprengt auf diese Weise den sogenannten Generationenvertrag. Der vorzeitige Rückzug aus dem Arbeitsleben wird häufig sogar subventioniert, ohne dass dies indessen, wie erhofft, einen positiven Schub für die Schaffung von Arbeitsplätzen auslöst. Eine baldige Freigabe dieser Grenze ist heute unvermeidlich, auch wenn die Politiker noch davor zurückscheuen. Das Ideal ist vollkommene Freiheit in der Wahl des Termins für den Rückzug aus dem Arbeitsleben, mit entsprechender versicherungsmathematischer Rückwirkung. Dies setzte freilich eine (ohnehin unvermeidliche) Gesamtreform unserer gesetzlichen Rentenversicherung voraus.

Altersversorgung
Die „Alten“ werden in Deutschland ganz überwiegend vom Staat versorgt. 85 Prozent des Alterseinkommens der Arbeitnehmer bestehen bei uns aus der staatlichen Rente, eine im internationalen Vergleich sehr hohe Zahl (sonst 40 bis 60 Prozent). Deutschlands Rentner erfreuen sich derzeit historisch einmalig hoher Einkommen, freilich erkauft mit gewaltigen Zuschüssen aus Steuermitteln (2007 ca. 80 Mrd. Euro pro Jahr) und hoher Beitragsbelastung der Erwerbstätigen (ca. 20 Prozent). Da alle Reserven aufgelöst wurden, ist eine „Rente auf Pump“, wenn Beiträge und Steuerzuschüsse konstant gehalten werden sollen, bereits monatsweise eingetreten. Eine echte Äquivalenz – ein kalkulierbares Verhältnis zwischen eingezahlten Beiträgen und späterer Rente – gibt es bei dieser „Versicherung“ nicht. Die „Dynamisierung“ hat seit den Fünfzigerjahren den genauen mathematischen Zusammenhang aufgehoben. Die Altersversorgung ist eines der größten kommenden Probleme Deutschlands. Nur durch längere Arbeitszeiten und Selbsthilfe der Rentner wird dieses Problem auf humane Weise bewältigt werden können. Zentral wichtig dabei ist der Aufbau eines privaten Kapitalstocks. Absurderweise tut die aktuelle Bundesregierung das Gegenteil – gesetzliche Garantie der Rentenhöhe seit 2009.
Lesetipp: Gisela Babel: Die Gesundbeter, 2. Aufl., St. Augustin 2001.

„Amerikanische Verhältnisse“
Unter der Floskel „Wir wollen keine amerikanischen Verhältnisse!“ sollen echte Reformen abgewehrt werden. Dies beruht jedoch auf einer Verkennung dieser „Verhältnisse“. Beispiel Arbeitsmarkt: In den USA haben nur 18 Prozent der Erwerbstätigen Angst vor Arbeitslosigkeit, in Deutschland sind es 30. Der Wiedereinstieg in Arbeit nach drei Monaten beträgt in den USA 74 Prozent, in Deutschland 17 Prozent. Die Massenarbeitslosigkeit und vor allem die Langzeitarbeitslosigkeit ist eine direkte Folge des „unamerikanisch“ rigiden deutschen Arbeitsrechts und der guten Sozialversorgung. Das liberalere Arbeitsrecht in Amerika – sowie auch der Schweiz – sorgen dafür, dass man nicht nur leichter entlassen, sondern auch leichter eingestellt werden kann (hire and fire and – rehire!, was oft vergessen wird!). Arbeitslosigkeit lastet in Deutschland auf den Betroffenen also weit schwerer als in den USA. Die staatsverursachte Finanzkrise hat die Lage freilich insgesamt auch hier verschlechtert und neue Problemfronten entstehen lassen.
Lesetipp: Olaf Gersemann: Amerikanische Verhältnisse, München 2004.

Anarchismus
Es gibt einen „guten", d.h. individualistischen, und einen „schlechten", d.h. kollektivistischen, Anarchismus. Beim Ersteren geht es darum, eine vollständige Privatrechtsordnung herzustellen, in der selbst Erzwingungsrechte zur Verteidigung von Leben und Eigentum in der Hand von privaten Individuen oder Firmen, etwa Versicherungsagenturen, liegt. Eine unter modernen Bedingungen kaum durchführbare Utopie, die gegenwärtig besonders von Murray N. Rothbard und Hans-Hermann Hoppe vertreten wird. Der „schlechte" Anarchismus beginnt mit einer „Vergemeinschaftung" des privaten Eigentums durch Kollektive, die zwar den Staat beseitigt, aber an seine Stelle nur die Willkür von nonzentralen Gemeinschaften, etwa Kommunen, setzt. Schon wegen seiner Feindschaft zu Privateigentum und Marktwirtschaft ist dieser Anarchismus utopisch im schlechten Sinn. Er ist dem Sozialismus verwandt: „Sozialismus ohne Staat." Hauptvertreter: die russischen Theoretiker Kropotkin, Bakunin und Netschajeff.
Lesetipp: Murray N. Rothbard: Die Ethik der Freiheit, St. Augustin 1999.

Angebotsorientierte Wirtschaftspolitik
Einzig wirksame Methode der Wirtschaftsbelebung: Anstelle illusionärer Steuerungsversuche über eine – mit Verschuldung oder Inflation erkaufte – Erhöhung der „Gesamtnachfrage" nach keynesianischen Formeln knüpft diese Politik bei den „Anbietern", den Unternehmen an, die durch Steuerentlastung, Privatisierung und Deregulierung gefördert werden. Angebotsorientierte Politik war das Erfolgskonzept der amerikanischen Regierung unter Ronald Reagan und in Margaret Thatchers England sowie auch bei Neuseelands Reformen. Jede „nachhaltige" Reform muss auf diesen Ansatz zurückgreifen. Derzeit („Finanzkrise") geschieht international das Gegenteil.

Anomie
Der bedauerliche Verfallszustand einer Gesellschaft, die nicht mehr durch sinnstiftende gemeinsame Normen, Regeln und Traditionen zusammengehalten wird, von den unteren sozialen Kreisen (Familie, Nachbarschaft, Freundschaft ...) an. Er zeigt sich in den Symptomen sozialer Pathologie wie steigender Kriminalität, Suchtkrankheiten, Selbstmord (Durkheim!), Familienzerfall, schließlich ökonomischen und politischen Konflikten bis zum Bürgerkrieg. Eine in dieser Weise desintegrierte Gesellschaft hat die Chance, im Wettbewerb der Kulturen, Nationen

und Völker zurückzubleiben oder auszuscheiden. Schließlich kann sich das Problem „demografisch“ von selbst lösen (Sarrazin: „Deutschland schafft sich ab“). Auf die Notwendigkeit „sozialen Kitts“ weisen gerade Liberale wie von Hayek oder Wilhelm Röpke hin, ebenso die liberalen Kommunitarier. Der Wohlfahrtsstaat beschleunigt die soziale Desintegration, deren äußerste Steigerung der Staatssozialismus ist, der trotz aller Gewaltanwendung zusammenbrechen muss und dies vor 20 Jahren im Weltmaßstab getan hat. Anomie ist nicht mit Anarchie, d. h. einer staatsfreien Gesellschaft (s. Anarchismus), zu verwechseln.
Lesetipp: Gerd Habermann (Hrsg.): Das Maß des Menschlichen. Ein Wilhelm-Röpke-Brevier, 2. Aufl., Bern 2005.

„Antidiskriminierung“
In jüngster Zeit, durch die sogenannte Antidiskriminierungsgesetzgebung, stark missbrauchter Begriff für das politisch-egalitäre Anliegen, die soziale und wirtschaftliche Position angeblich „benachteiligter“ Gruppen durch Eingriffe in die private Entscheidungs- und Vertragsfreiheit zu verbessern. A. ist mit den Grundsätzen einer freien Gesellschaft, vor allem mit dem Grundsatz der Vertrags- und Meinungsfreiheit, nicht zu vereinbaren. Für ihr Ansehen und ihre soziale Geltung sind die jeweiligen Gruppen selbst zuständig. Jeder persönliche Wahlakt enthält eine „Diskriminierung“ der jeweils Ausgeschlossenen. Diskriminiere ich Blondinen, wenn ich Brünette bevorzuge, oder BMW gegenüber VW? Der Begriff ist nur sinnvoll im Sinne einer Ungleichbehandlung durch ein allgemeinverbindliches und zwingendes Gesetz: Niemand darf durch Gesetz „benachteiligt“, also ungleich behandelt werden. Falsche Antidiskriminierungspolitik hat tatsächlich eine „Diskriminierung“ im rechtsstaatlichen Sinne zur Folge, indem es zu bevorzugten Einstellungen oder Vertragsabschlüssen und zu Verbrüderungszwängen mit bestimmten Gruppen kommt. Dies wirkt sich besonders auf den Arbeitsmarkt und im Mietrecht aus. Das stärkste Mittel der Antidiskriminierungspolitik ist die „affirmative action“, z. B. durch eine Quotenregelung oder ein Bonussystem zugunsten angeblich benachteiligter Gruppen.
Lesetipp: Udo Di Fabio: Die Kultur der Freiheit, München 2005.

„Antidumping“
Politik, mit der z. B. Preise von Importgütern und -dienstleistungen durch Zölle, „Abschöpfungen“ und andere Manipulationen bekämpft werden, um so für „Gerechtigkeit“ zu sorgen und eigene Industrien und

Arbeitnehmerschaften gegen angeblich „ruinöse Konkurrenz" des Auslands zu sichern. Häufig ist dies indessen nur ein Vorwand dafür, das eigene Hochpreisniveau gegen ganz normalen internationalen Wettbewerb zu verteidigen, besonders in der EU. Ein niedriges Lohnniveau, günstige Sozialkosten und Herstellungsbedingungen sind nicht „Dumping", soweit sie den jeweiligen nationalen Knappheitsverhältnissen entsprechen. Antidumpingpolitik kann zu einer besonders verlogenen Form des Protektionismus führen. Mit ihrer Agrarexportpolitik betreibt die EU in großem Maßstab Dumpingpolitik auf Kosten namentlich der Entwicklungsländer, die man gleichzeitig mit „Entwicklungspolitik" zu fördern sucht.

Äquivalenzprinzip
Ein Grundprinzip der Gerechtigkeit: Leistung und Gegenleistung müssen sich entsprechen. Das Äquivalenzprinzip ist die Grundlage eines freien Rechtsstaates. Im Wohlfahrtsstaat wird dieses Prinzip durch zwangssolidarische Umverteilungen, progressive Steuern und Abgaben und politisch manipulierte Preise sowie staatlich verteilte Geschenke („Subventionen") vielfach auf den Kopf gestellt, d. h. Leistung ohne Gegenleistung: *Leben auf Kosten anderer.* Dies ist nur zu billigen bei Unvermögen zur Selbsthilfe. Die *Wiederherstellung der Äquivalenz* ist ein ethischer Zentralpunkt aller echten Sozialreformen.

„Arbeiter"
Von Sozialpolitikern und Sozialisten hofierte soziale Zentralfigur des 19. Jahrhunderts. Die neue Schicht der Arbeiter wurde möglich durch die Produktivität der industrialisierten Marktwirtschaft, die mehr Menschen am Leben erhalten und besser versorgen konnte als jedes andere Wirtschaftssystem vorher. Trotz der ständigen Verbesserung der Lage der Arbeiter durch die Marktwirtschaft begann bereits im 19. Jahrhundert staatliche Sozialpolitik mit Zwang und Umverteilung auf ihre Lage einzuwirken (z. B. durch Einführung einer „Arbeiterversicherung"). Durch ihre Eigendynamik und im Wettbewerb der Politiker um Sozialbeglückung wurde aus der gezielten Sozialpolitik für Arbeiter eine Gesellschaftspolitik für alle: Die ursprüngliche „Arbeiterversicherung" heißt heute „Sozialversicherung", eine Art Proletarisierungsvorgang. Dies war von einer Steigerung der Umverteilung und einer extremen Ausdehnung der Zwangsverträge begleitet, die zerstörerisch auf Kapitalbildung, bürgerliches Selbstbewusstsein und Eigenverantwortung wirk-

ten. Liberale Sozialreformer suchen die Folge dieser Fehlentwicklung zu korrigieren. Die Arbeiterschicht stellt heute nicht mehr die Mehrheit der Bevölkerung dar. Das Denken moderner Gesellschaften wird vor allem durch die Angestelltenschicht bestimmt.
Lesetipp: Hans Achinger: Sozialpolitik als Gesellschaftspolitik, 2. Aufl., Frankfurt/M. 1971.

Arbeiterrentenversicherung
Von Bismarck ursprünglich eingeführter Zweig der später sogenannten „sozialen Sicherung", um die Arbeiter für den aristokratisch-monarchischen Obrigkeitsstaat zu interessieren (durch Aussicht auf eine Altersrente vom Staat). Bismarck wollte ursprünglich ein steuerfinanziertes System wie heute in Skandinavien, konnte aber nur – bedingt durch den Widerstand besonders der Liberalen – das heutige System der „paritätischen" Beitragsfinanzierung durchsetzen. Einer breiten Schicht von Arbeitnehmern wurde damit die Vertragsfreiheit, die direkte Zuständigkeit für ihre Altersvorsorge genommen. Mit der Abschaffung der Versicherungszwangsgrenze wurde dieses Schicksal definitiv. An die Stelle der Eigenvorsorge trat nun staatliche Fremdvorsorge. Dieses System ist nur zu halten bei gesunder demografischer Grundlage. Heute gerät darum die „Arbeiterrentenversicherung" wie alle anderen Zweige der sozialen Sicherung ins Wanken und weitgreifende liberale Reformen sind unvermeidlich. Mit dem Ausdruck „Versicherung", der seinerzeit aus Sozialdemagogie gewählt wurde, hat diese Versorgungseinrichtung mit ihren Umverteilungs- und Fürsorgeelementen wenig zu tun. Sie bildet überdies kein echtes Eigentum, sondern nur prekäre Ansprüche, die politisch manipuliert werden können.

Arbeitgeberverbände
Unternehmerische Seite eines zweiseitigen Kartells auf dem Arbeitsmarkt, das für alle Mitglieder – und manchmal darüber hinaus (staatliche Allgemeinverbindlicherklärung) – tendenziell einheitliche Arbeitseinkommen und -bedingungen anstrebt und normale Lohnkonkurrenz als „Schmutzkonkurrenz" verunglimpft. Die Arbeitgeberverbände waren historisch eine Antwort auf die Gewerkschaftskartelle. Arbeitgeberverbände und Gewerkschaften haben heute ein gemeinsames Interesse an der Aufrechterhaltung des Status quo („Korporatismus"): Aus Partnern werden eben leicht „Komplizen", wie sich besonders bei der Übertragung dieses Kartells auf Ostdeutschland mit seinen arbeitsplatz-

vernichtenden Folgen zeigte (zwecks Vermeidung von „Niedriglohnkonkurrenz" aus dem Osten!).

Arbeitsbeschaffungsmaßnahmen
Vergebliche Versuche von Regierung bzw. staatlichen Arbeitsbehörden, künstliche, nicht durch reale Nachfrage gestützte Arbeitsplätze aus Steuermitteln zu schaffen. Arbeitsbeschaffungsmaßnahmen, wie sie besonders in den letzten Jahrzehnten in Deutschland angewandt werden, sind eine Art *arbeitstherapeutisches Placebo* und vernichten mehr Arbeitsplätze, als sie hervorbringen. Dies geschieht einerseits durch die Finanzierung aus Steuermitteln zulasten der freien Wirtschaft: Was hier eingesetzt wird, muss anderswo abgezogen werden. Häufig treten die so subventionierten Arbeitskräfte überdies in Konkurrenz zu normal Beschäftigten im privaten Sektor und verursachen auf diese Weise dort zusätzliche Arbeitslosigkeit. Staatliche Arbeitsbeschaffung („aktive Arbeitsmarktpolitik") ist ein beliebtes politisches Mittel zur Verdeckung der realen Arbeitslosigkeitsziffern und verdient, abgeschafft zu werden.

„Arbeitserlaubnis"
Häufig gebrauchtes Mittel der Nationalstaaten, Konkurrenz aus dem Ausland, zumindest einem Nicht-EU-Land, abzuwehren, besonders soweit es sich um Niedrigpreiskonkurrenz handelt. Dies ist zwar mit den Grundsätzen eines freien Welthandelssystems nicht zu vereinbaren, sondern eine Form des Protektionismus, kann aber bei großer Inhomogenität der betroffenen Räume und voraussehbaren Integrationsproblemen durch mögliche Masseneinwanderung (vor allem bei üppigen Sozialsystemen!) auch von liberaler Seite als Einschränkung der Personenfreizügigkeit und des Niederlassungsrechts toleriert werden. Ein Staat ist zudem ein relativ homogener Club mit einem gemeinsamen Eigentum an öffentlichen Gütern (z. B. Straßen, Plätzen, Parks), der seinen Mitgliedern, den Bürgern, das Recht sichern darf, zu bestimmen, wer dazu gehören darf und wer nicht, wie jeder Sportclub und überhaupt jeder Verein dies auch tut.

„Arbeitsförderung"
Staatliche Maßnahmen, verstärkt seit 1969, mit denen ein hoher Beschäftigungsstand durch staatliches Eingreifen gesichert werden sollte, der durch andere staatliche Eingriffe (arbeitsrechtliche Einschränkungen der Flexibilität, von Preisen und „Rahmenbedingungen") gerade

gefährdet war. Da Arbeitsförderungsmaßnahmen wie Weiterbildung, Umschulung oder Wiedereingliederung über Steuermittel finanziert werden, gehen im privaten Bereich entsprechend viele Arbeitsplätze verloren und werden nun durch „künstliche“ im „geförderten“ Bereich vorübergehend ersetzt. Die Arbeitsförderungsmaßnahmen sind ein beliebtes Mittel zur Manipulation der Arbeitslosenstatistik. Sie fördern indessen nur die Arbeitslosigkeit.
Lesetipp: Unternehmerinstitut der ASU (Familienunternehmer) e. V.: Mehr Markt, mehr Arbeit, Berlin 2004.

„Arbeitsgesetzbuch“
Ein seit über drei Jahrzehnten immer wieder gescheiterter Versuch, das inkonsistente und kompliziert gewordene deutsche und europäische Arbeitsrecht und das mittlerweile überschießende Richterrecht in einem Werk zusammenzufassen und zu strukturieren (Arbeitsvertrags-, Betriebsverfassungs-, Mitbestimmungs-, Tarifvertrags-, Schlichtungs- und Arbeitskampfrecht). Dieses Vorhaben ist allerdings nur sinnvoll, wenn nicht länger das Arbeitsrecht als bloßes Arbeitnehmerschutzrecht aufgefasst, sondern aus dem Geist der Freiheit neu strukturiert und vereinfacht wird. So sollten in einem solchen Arbeitsgesetzbuch arbeitsrechtliche Beschäftigungshemmnisse beseitigt und eine Liberalisierung der Betriebsverfassung, die Flexibilisierung des Tarifvertragsrechts (z. B. durch Öffnungsklauseln) sowie die Zivilisierung des Arbeitskampfes (z. B. durch obligatorische „Friedensabkommen“) geregelt werden. Anderenfalls wäre dies nur eine Kodifizierung des Unsinns.

Arbeitskampf
Anachronistisches Relikt des mittelalterlichen Fehderechts. Es geht dabei darum, durch verabredeten kollektiven Vertragsbruch, zugesagte Dienste und Leistungen vorzuenthalten und das Gegenüber durch Schädigung zur Aufgabe zu zwingen. Die entscheidende Frage ist dabei, wer dem anderen länger den Hals zudrücken kann: eine Form des Sozialdarwinismus! Besonders soweit hierbei physische Zwangsmittel (z. B. Streikposten) eingesetzt werden, ist dies mit den Grundsätzen eines Rechtsstaates nicht zu vereinbaren, der im Straf- und Zivilgesetzbuch Nötigung unter Strafe stellt. Der Arbeitskampf mit Streik und Aussperrung sollte durch verbindliche Schlichtungsregeln nach Art des Schweizer Friedensabkommens ersetzt werden. Besonders ärgerlich ist der Arbeitskampf im öffentlichen Dienst, wenn den Bürgern massiver Schaden

dadurch zugefügt wird, dass etwa Arbeitnehmer von Verkehrsbetrieben ihr Einkommen beispielsweise um einen Prozentpunkt anheben wollen und im Interesse dieser Forderung nicht den Verhandlungsweg suchen, sondern den öffentlichen Verkehr auf allgemeine Kosten (und Nerven) lahmlegen. Diesen sogenannten „Arbeitskampf" zu zivilisieren, d.h. durch Verträge und Schlichtungsregelungen zu ersetzen, ist ein wichtiges Anliegen freiheitlicher Gesellschaftspolitik.

„Arbeitslosengeld"
Sozialeinkommen für jene, die durch zu hohe Lohnabschlüsse des Tarifkartells oder Veränderungen der Wettbewerbssituation ihren Arbeitsplatz verloren haben. Insoweit ist dies zum großen Teil eine Abwälzung der Kosten nicht gemeinwohlverträglicher Lohn- und Gehaltsvereinbarungen auf die Allgemeinheit. Wird das Arbeitslosengeld zu hoch angesetzt, führt dies häufig zu einer Demotivierung hinsichtlich einer Wiederaufnahme von Arbeit. Es wird interessanter, hohe Sozialeinkommen mit Freizeit und schattenwirtschaftlichen Verdiensten zu kombinieren, als sich nach einer weniger gut bezahlten, neuen Arbeitsstelle umzusehen. Die konstant hohe Arbeitslosigkeit in Deutschland ist eine direkte Folge praktischer „Mindestlöhne" durch die Zahlungen aus der Arbeitslosenversicherung. In einer freien Gesellschaft ist Arbeitslosigkeit nur ein vorübergehendes Schicksal und deren Folgen werden durch Eigenvorsorge, die Familie oder auch Initiativen von Berufsverbänden (Gewerkschaften usw.) aufgefangen. Die sogenannte Bundesagentur für Arbeit, die überwiegend nur Arbeitslosigkeit verwaltet, könnte ganz abgeschafft und durch andere Institutionen oder rein individuelle Vorsorge ersetzt werden.

Arbeitslosenstatistik
Auch demokratische Regierungen scheuen nicht davor zurück, Statistiken recht skrupellos zu manipulieren, so durch die Manipulation dessen, was offiziell als „arbeitslos" bezeichnet wird. Vergleichsweise noch harmlos scheint die „verdeckte" Arbeitslosigkeit im Staatssektor, wo Hunderttausende im „zentralen Personalüberhangmanagement" geparkt werden, da sie wegen arbeitsrechtlicher Regelungen nicht entlassen werden können. Seit dem 1. Januar 2008 erscheinen Langzeitarbeitslose über 58 nicht mehr in den offiziellen Zahlen, ein Großteil der „Hartz IV"-Bezieher, wenigstens 100.000, fallen unter den Tisch, da sich Jobcenter oder kommunale Agenturen mit ihnen beschäftigen, dasselbe

gilt für die Betreuten privater Vermittler; die sogenannten Ein-Euro-Jobber oder Unterbeschäftigte mit Hartz-IV-Zuschuss („Aufstocker") fallen ebenso wenig darunter wie Personen, die in steuerfinanzierten Arbeitsbeschaffungsmaßnahmen untergebracht sind oder in Weiterbildungs- und Umschulungsaktionen der Bundesagentur für Arbeit. Noch nicht erwähnt ist die „stille Reserve" derjenigen, die gern arbeiten würden, aber keine Ansprüche gegen die Bundesanstalt haben, und der zunehmende demografische Faktor, die Tatsache, dass es immer weniger nachwachsende Erwerbsfähige gibt, die Gesamtgröße des Arbeitsmarkts also schrumpft. So erscheint es recht dreist, die nur 2,9 Millionen offiziell verkündeten Arbeitslosen (offizielle Arbeitslosenquote: 6,9 Prozent, Juni 2011) als Erfolg der Regierungspolitik hinzustellen: Man kann diese Zahl getrost wenigstens verdoppeln und es verbietet sich ein Vergleich mit älteren Statistiken. Glücklicherweise gibt es in einer Demokratie aber die Möglichkeit der Kritik, z. B. über Informationen im Internet, die der Wahrheit näherkommen.

Arbeitslosigkeit
Der größte Teil der heute in Deutschland Arbeitslosen (bei realistischer Rechnung wenigstens sechs Millionen) ist Opfer marktwidriger Tarif- oder Lohnabschlüsse und in der Höhe nicht mehr vertretbarer sozialer Versorgungsstandards. Die „natürliche" Arbeitslosigkeit durch Fluktuation, Strukturänderungen usw. dürfte in Normalzeiten bei 2 bis 3 Prozent liegen. Was darüber hinausgeht, ist politikgemacht. Die wichtigste Maßnahme zur Bekämpfung der Arbeitslosigkeit wäre die Wiederherstellung der Vertragsfreiheit auf dem Arbeitsmarkt. Unter den Reformländern der letzten Jahrzehnte hat besonders Neuseeland gezeigt, was mit einer Liberalisierung des Arbeitsrechts zu erreichen ist. Von anhaltender Massenarbeitslosigkeit kann dort seither nicht mehr die Rede sein und besonders auch „Problemgruppen" (wie Jugendliche, Frauen, Maoris) haben wieder bessere Beschäftigungschancen. Auch die Schweiz mit ihrem relativ liberalen Arbeitsrecht zeigt, wie man Vollbeschäftigung auf Dauer sichert.

Arbeits„markt"
Deutschland hat den am intensivsten regulierten Arbeitsmarkt aller OECD-Länder. Insoweit gibt es den „Markt" als Ort freien Ausgleichs zwischen Angebot und Nachfrage in diesem Lande nicht mehr. Die freien Knappheitspreise sind Preisdiktaten des Arbeitsmarktkartells bzw. des

Staates gewichen. Dies ist die Hauptursache von Massenarbeitslosigkeit. Alle echten Sozialreformen müssten daran orientiert sein, die natürlichen Abstimmungsmechanismen am Markt, die auch durch Sozialtransfers vielfach verfälscht werden, wieder in Gang zu setzen. Nur so wird Vollbeschäftigung wieder möglich. Gegner einer Reform in diesem Sinn sind das Tarifkartell, besonders die Gewerkschaften, und das traditionelle „sozialdemokratische" Denken der großen Parteien in Anspruchsrechten.
Lesetipp: Ludwig von Mises: Nationalökonomie, Theorie des Handelns und Wirtschaftens, München 1980 (1940).

Arbeitsrecht
Nach 1918 geschaffenes Ausnahme- oder Sonderrecht anstelle des liberalen zivilen Vertragsrechts. Nicht die Kodifizierung dieses „Rechts" in einem zusammenfassenden allgemeinen Arbeitsgesetzbuch, sondern die Wiedereingliederung dieses Ausnahmerechts in das normale zivile Vertragsrecht müsste das Ziel einer liberalen Reform sein, eine Rezivilisierung sozusagen. Das deutsche Arbeitsrecht ist die Hauptursache der Arbeitslosigkeit. Allein der Kommentar zum Kündigungsschutzgesetz wiegt über zwei Kilo. Damit könnte man einen Menschen erschlagen.

„Arbeitsstättenverordnung"
Musterbeispiel einer ständig novellierten Überregulierung. Sie liegt in der Tradition obrigkeitlicher Fürsorge, die bis weit in das 17. und 18. Jahrhundert – auf den absolutistischen Verwaltungsstaat – zurückreicht. Der Grundirrtum solcher „präventiver" Schutzmaßnahmen hinsichtlich Beleuchtung, Belüftung, Temperatur, Raumhöhe, Sicherheit, Hygiene, Erholung usw. ist die Annahme, dass in einer Wettbewerbswirtschaft die konkurrierenden Unternehmen kein natürliches Interesse daran haben, für den Arbeitnehmer sichere Arbeitsbedingungen zu schaffen, sondern dazu staatlicherseits gezwungen und dann ständig beaufsichtigt werden müssen. Anstelle des in seiner Perfektion ausufernden Präventionsgedankens ist vielmehr der Gedanke der Haftung zu setzen, wie dies in den USA und anderen mehr freiheitlichen Staaten Tradition ist. Eigeninteresse und Angst vor Schadenshaftung sind die besten Garanten für angenehme und sichere Arbeitsbedingungen, während im anderen Fall die Tendenz da sein wird, staatliche Auflagen minimal zu erfüllen und sich im Übrigen keine weiteren Gedanken zu machen.

Arbeitsvermittlung

Die Vermittlung von Arbeitsplätzen ist seit Anfang des 20. Jahrhunderts durch staatliche Monopoleinrichtungen sozialisiert. Auch nach der Teilliberalisierung der letzten Jahre blieb es bis heute bei der Dominanz der staatlichen Arbeitsvermittlung durch die Bundesagentur für Arbeit. Privatunternehmen spielen nur eine Nebenrolle. Die Arbeitsvermittlung ist einer der ineffizientesten Zweige der derzeitigen Staatsbetätigung. Nicht nur sind ihre Erfolge dürftig und nur allzu oft noch geschönt, die meisten Arbeitsvermittlungen gehen überdies an den Arbeitsämtern vorbei (weil man der Effizienz dieser Einrichtungen und zudem der Qualität oder Leistungswilligkeit der von dort vermittelten Arbeitnehmer nicht traut).

Die gesamte staatliche Arbeitsvermittlung kann durch Privatfirmen ersetzt werden, die motivierter und professioneller handeln als staatlich bezahlte Angestellte oder Beamte, die auch nicht über ein Wissen verfügen können, das erst der Wettbewerb zutage fördert. Zur Vermittlung von Problemfällen könnte die Allgemeinheit private Firmen subventionieren bzw. dem suchenden Arbeitnehmer Gutscheine zuteilen.

Arbeitsvertrag

Das derzeitige Arbeitsvertragsrecht besteht vor allem in einer Einschränkung der Arbeitsvertragsfreiheit. Dieses geschieht nicht nur durch die Vorgaben von Staat und Tarifkartellen, um den Arbeitnehmer offenbar vor sich selbst zu schützen und ihm vorzuschreiben, was er für seine Interessen zu halten hat, sondern auch durch eine europaweite „Antidiskriminierungsgesetzgebung“, die den Arbeitgebern aufzuzwingen sucht, wen sie einzustellen haben.

Arbeitszeit

In Deutschland unnötigerweise staatlich regulierter Rahmen der erlaubten Erwerbsbetätigung als Arbeitnehmer. Mit dem „Arbeitnehmer“ kann die Arbeitszeit nicht mehr individuell vertraglich vereinbart werden, sondern sie wird ihm in der Regel durch eine sogenannte gesetzliche „Arbeitszeitordnung“ oder Tarifrecht vorgeschrieben. Über die erlaubten Höchstzeiten hinaus gelten Arbeitsverbote, jedenfalls für abhängige Arbeit. Inzwischen gibt es selbst auf europäischer Ebene einheitliche Arbeitszeiten: von Schweden bis Griechenland und von England bis Polen.

Eine gesetzliche Arbeitszeitordnung ist überflüssig. Jeder sollte arbeiten dürfen, so lange und so viel er mag. Man muss den „Arbeitnehmer“ auf einem freien Arbeitsmarkt nicht vor sich selbst schützen. Außerhalb der staatlich regulierten Arbeitszeit ist freie Arbeit sowieso nicht kontrollierbar. In der „Parallelökonomie“ oder „Schattenwirtschaft“ herrscht immer Vollbeschäftigung.

Aristoteles (384–322)
Ein für die Wurzeln des Liberalismus entscheidender Denker im alten Griechenland, ein Philosoph bürgerlicher Herkunft, was auch in seinen politischen Anschauungen zum Ausdruck kommt. Er ist der erste Vertreter eines auf den „Mittelstand“ gestützten verfassungsmäßigen Staates und hat als erster die Grundsätze eines Rechtsstaates, einer Herrschaft, die durch allgemeine Gesetze gebändigt ist, formuliert. Ihm gilt eine unumschränkte Demokratie, die Freiheit und Eigentum manipuliert, als eine entartete Massenherrschaft. Dagegen vertritt er das Ideal der „Politeia“. Obwohl sein Denken an die Voraussetzung der antiken Polis gebunden ist, sind seine Bücher heute noch von größtem „Nährwert“, besonders auch seine Auseinandersetzung mit dem Sozialisten Platon.
Lesetipp: Aristoteles: Politik; ders.: Nikomachische Ethik (diverse Ausgaben).

„Armut“
Manipulierter Hauptbegriff der Sozialpolitik. Arm ist heute danach jeder, der weniger als das Durchschnittseinkommen (o. Ä.) bezieht, in der Einkommensskala also unten steht, unabhängig davon, wie viel er tatsächlich verdient – und sei es eine Million Euro! Das „Existenzminimum“ wird heute kulturell-dynamisch definiert. Es liegt in Deutschland heute höher als das Durchschnittseinkommen Anfang der Fünfzigerjahre. Danach wird es natürlich immer „Arme“ geben, die Marktwirtschaft wird eine so definierte Armut nie beseitigen können. Wer die Macht hat, den Begriff Armut zu definieren, kann damit beliebig viele Arme schaffen. Professionelle Pfleger der Armut sind die Sozialbehörden, welche das Andauern von Missständen und speziell „Armut“ zur Geschäftsgrundlage haben. Heute ist „Armut“ häufig das Ergebnis sozial gemeinter staatlicher Eingriffe, z. B. durch ein Arbeitsrecht, das arbeitslos macht und arbeitslos hält oder die sozial Betreuten durch üppige Sozialversorgung davon abhält, sich selbst durch Weiterbildung am Arbeitsplatz wieder attraktiv zu machen oder mit Nachdruck auf eigene Faust einen neuen Arbeitsplatz zu suchen.

Der „Kapitalismus" hat Armut als Massenerscheinung überwunden, der Wohlfahrtsstaat führt sie als Nebenwirkung ihrer „Bekämpfung" wieder ein.

Lesetipps: George Gilder: Reichtum und Armut, Berlin 1981; Walter Krämer u. a.: Armut in der Bundesrepublik, Frankfurt/M. 2000.

„Aufkommensneutralität"

Es ist die irrige Ansicht vieler Politiker, dass eine Steuerreform keinen Ausfall an Einnahmen für den Staat bringen dürfe, sondern „gegengerechnet" werden müsse, also durch Belastungen an anderer Stelle. Dieser Gedanke erschwert echte Steuerreformen, deren Sinn in einem Hochsteuerland gerade in der Entlastung der Bürger besteht. Freilich ist eine bloße Steuervereinfachung in Deutschland auch schon ein Fortschritt (das Anliegen Paul Kirchhofs!). Eine echte Steuerreform im Sinne drastischer Senkung der Tarifsätze und einer Abflachung oder Beseitigung der Progression kann sogar das Mittel sein, am Ende die Steuereinnahmen zu steigern, und dies dadurch, dass Arbeit und Leistung angeregt werden und zu einem Mehrprodukt führen (*Laffer-Kurve*!) – so wie dies in den USA und anderen Ländern beobachtet werden konnte.

„Ausbeutung"

Ein offenbar unentbehrlicher Lieblingsbegriff der Sozialdemagogie, kulminierend in dem Begriff „Selbstausbeutung" für freiwillige, unbezahlte oder angeblich nicht adäquat bezahlte Mehrarbeit. Im Wettbewerbsmarkt entstandene Preise oder Verträge sind insoweit „gerecht" und damit vom Charakter der Ausbeutung frei, wie sie den tatsächlichen Knappheitsverhältnissen, also dem Wert der Arbeit für andere, entsprechen. Der Begriff „Ausbeutung" sollte Verhältnissen vorbehalten bleiben, in denen ein Monopolist, dessen Gütern oder Dienstleistungen man nicht ausweichen kann, willkürlich Höchstpreise oder schlechte Konditionen durchsetzt. Ferner auch, wenn ein Kunde über den wahren Wert eines Gutes oder einer Leistung bewusst hinters Licht geführt wird. Die größte Ausbeutungsgefahr liegt beim Monopolisten Staat, der seine Bürger bis zu einer imaginären „Erdrosselungsgrenze" über Steuern, Quasi-Steuern (Sozialbeiträge, Gebühren und Abgaben) belasten darf. Anfällig für Ausbeutungsprofite sind besonders auch staatseigne Monopolbetriebe, namentlich im Bereich der sogenannten „Daseinsvorsorge", ohne private Gegenmacht und mit Benutzungs- oder Anschlusszwang (siehe auch den Artikel „Administrierte Preise").

Ausbildungsplatz, politische Diskussion um den

Jedes Jahr wieder gibt es im rituellen Ablauf eine politische Diskussion wegen zögernd bereitgestellter Ausbildungsplätze für Schulabgänger. Statt an die Ursachen nicht ausreichender Ausbildungsplätze zu gehen, wird versucht, mit nationalen Solidaritätsappellen oder gar über einen deutschlandweiten kartellartigen „Pakt“ die Unternehmen zu unwirtschaftlichen Handlungen zu veranlassen, zur Not auch durch angedrohte Bußen (Ausbildungsplatzabgaben). Tatsächliche Ursache fehlender Ausbildungsplätze sind neben der allgemeinen wirtschaftlichen Lage die künstlich hochgetriebenen Kosten und Regulierungen der beruflichen Ausbildung (z. B. erzwungene Stipendien: „Ausbildungsvergütungen“). Der Appell an Unternehmen, über den eigenen Bedarf hinaus auszubilden, führt nur zu häufig in eine anschließende Arbeitslosigkeit und zur unvermeidlichen Enttäuschung der so fragwürdig Ausgebildeten. Die Masse der Ausbildungsplätze wird von mittelständischen Unternehmen bereitgestellt (ca. 80 Prozent). Die Ausbildungsplatzbilanz bei Großkonzernen und staatlichen oder gewerkschaftlichen Einrichtungen ist dagegen häufig deprimierend.

Ausländer

Die Menschheit gliedert sich zu ihrem Vorteil in Kulturkreise, Nationen, Staaten, Regionen, Gemeinden und in Religionen, Kirchen und Sekten und in Groß- und Kleinfamilien und allerlei Vereine und Verbände, Klassen und Schichten, Firmen und Einzelunternehmen: jedes mit seiner besonderen Prägung – und entspricht so dem universalen Bedürfnis, „dazuzugehören“ und seine Identität und seine Wurzeln im „Gemeinsamen“ und „Geteilten“ zu finden. So entspricht dem „Wir“ immer auch ein „die anderen“, dem Inländer steht ein Ausländer mit besonderem rechtlichen Status und Eigenbewusstsein gegenüber. Nur sehr flache Egalitarier wollen dies alles zugunsten einer Einheitsmenschheit ändern und kämpfen gegen jede Differenzierung und Präferenz als „Diskriminierung“. Diese Tendenz ist besonders im identitätsschwachen Deutschland stark, wo sie sich bis zum Inländerhass steigern kann. Für den Wert der (besonders volksmäßigen) Differenzierung hat zuerst Johann Gottfried Herder schöne Gedanken gefunden.

Lesetipp: Irenäus Eibl-Eibesfeldt: Wider die Mißtrauensgesellschaft, München 1994.

Aussperrung
Verabredeter kollektiver Ausschluss von Arbeitnehmern als Gegenmaßnahme zu Gewerkschaftsstreiks auf dem überregulierten Arbeitsmarkt. Wie der Streik – als massenhafter Vertragsbruch mit häufiger Anwendung von einschüchternder Gewalt – gehört auch die Aussperrung als Gegenaktion der Arbeitgeber nicht einer rechtsstaatlich geordneten Zivilgesellschaft, sondern eher mittelalterlichen Fehdegrundsätzen an. Eine Änderung ist hier durch Liberalisierung der Arbeitsmarktstrukturen oder durch verbindliche Schlichtungsregeln nach dem Beispiel des Schweizer Friedensabkommens anzustreben.

B

Baader, Roland (geb. 1941)
Einer der wortgewaltigsten deutschsprachigen Kritiker des modernen Interventions- und Wohlfahrtsstaates mit stark libertärer Tendenz. In Aufsätzen und umfangreichen Büchern hat er plastisch alle wesentlichen Argumente für freien Tausch und gegen staatliche Manipulationen zusammengestellt.
Lesetipps: Roland Baader: Fauler Zauber. Schein und Wirklichkeit des Sozialstaates, Gräfelfing 1997; ders.: Die belogene Generation, Gräfelfing 1999; ders.: Geldsozialismus, Gräfelfing 2010.

Bad Bank
Diese Art Haftungsverlagerung im Bankgeschäft auf Dritte (meistens, direkt [Verstaatlichung wie bei der HRS] oder indirekt [Bürgschaften] auf den Staat, allenfalls auch auf Einlagensicherungsfonds oder Bankengruppen), ist der Weg, wie die Politik die Folgen ihrer marktwidrigen Geldmengenvermehrung zu kaschieren und Zeit zu gewinnen sucht (Vermeidung eigentlich notwendiger Bankinsolvenzen). Besonders in den USA und Schweden praktiziert, aber auch schon vor der großen Finanzkrise in Deutschland (Berliner Bankgesellschaft bzw. jetzt als Bad Bank die Berliner Immobilienholding GmbH). Dies ist aber nur ein Kurieren an Symptomen: Eine echte Heilung kann nur entweder eine Bindung der staatlichen Währungen an Gold oder eine andere Ware bieten oder (Hayeks Vorschlag) eine Entnationalisierung des Geldes und ein entsprechendes System des *free banking*, also Wettbewerb auch im Währungsbereich. Dies bedeutet dann auch die Abschaffung des staatlichen Mindestreservesystems, das nur eine Teildeckung der übernommenen Risiken vorsieht und so die verwegenste Spekulation herausfordert. Ob dieser Übergang ohne furchtbare Verwerfungen möglich ist: Das könnte

zu einer Schicksalsfrage für die von der Finanzkrise betroffenen Länder Europas, Japans und der USA werden.
Lesetipp: Friedrich August von Hayek: Die Entnationalisierung des Geldes, 2. Aufl., Tübingen 2011 (dt. zuerst 1977).

Bamberger, Ludwig (1823–1899)
Dieser Finanzexperte und Bankier ist eine der erfreulichsten Gestalten des deutschen Liberalismus, geistreicher und eleganter, auch weltläufiger als der verbissene Kämpfer und hartnäckige Junggeselle Eugen Richter. Er war als revolutionärer Heros auch am Pfälzischen Aufstand von 1849 beteiligt, was ihm Verfolgung und (1852) selbst ein Todesurteil einbrachte, dem er sich durch Flucht in die Schweiz entzog. Er lebte dann als Bankier in Paris, London und Rotterdam, bevor er einer der brillantesten parlamentarischen Führer von „Fortschritt" und später „Freisinn" im Reichstag wurde. Er arbeitete zunächst eng mit Bismarck bei der Installierung der Reichsbank und der Goldwährung zusammen, wurde aber nach der antiliberalen Wendung des Kanzlers (1878 ff.) schärfster Gegner von dessen Schutzzoll- und Sozialpolitik (Arbeiterzwangsversicherung). Er war ein überzeugender Repräsentant des „Manchesterkapitalismus", der bisher besten Zeit des deutschen Liberalismus. B. ist in Berlin auf dem Friedhof an der Schönhauser Allee neben seinem Mitkämpfer Eduard Lasker begraben.
Lesetipp: Ralph Raico: Die Partei der Freiheit, Stuttgart 1999.

„Bankgeheimnis"
Das „Bankgeheimnis" ist in Deutschland nicht gesetzlich geregelt, sondern gründet sich auf die in einem besonderen Vertrauensaspekt stehenden vertraglichen Beziehungen des Kunden zur Bank und ist durch das in Artikel 2 Abs. 1 GG verankerte allgemeine Persönlichkeitsrecht (Schutz der Geheimsphäre) auch verfassungsrechtlich abgesichert. Es handelt sich hier um einen Kernbereich des Eigentumsschutzes gegen das egoistische Interesse des Fiskus an der Maximierung seiner Einnahmen. Im Rahmen des Kreditwesengesetzes und u. a. des zynisch sogenannten „Gesetzes zur Förderung der Steuerehrlichkeit" wurde dieses Bankgeheimnis stark geschwächt, wenn nicht aufgehoben. Es ist jetzt möglich, dass neben den Steuerbehörden auch der gesamte Bereich der Leistungsverwaltung, vor allem Sozialämter und Arbeitsämter, nur an vage Voraussetzungen geknüpft und ohne Richterbilligung, private Kundendaten von Unternehmen und normalen Bürgern abrufen können.

All dieses veranlasst ein Staat, der gerade im Finanzressort täuscht und trickst, Intransparenz produziert und verfassungswidrige Haushalte aufstellt, ja auf einen Konkurs zutreibt. Die Folge dieser Steuerinquisition ist der verständliche Versuch der Steuerbürger, sich vor diesem moralisch unakzeptablen, allzu weitgehenden Zugriff zu retten und das Geld in Länder zu transferieren, in denen das Eigentum mehr geachtet wird, z.B. in die Schweiz, ja vielleicht ganz dorthin überzusiedeln (Abstimmung „mit den Konten" oder – „mit den Füßen"). Aber diese sogenannten Steueroasen (im Unterschied zur deutschen „Steuerwüste") geraten unter den zunehmenden Druck der Hochsteuerländer.

Baring, Arnulf (geb. 1932)
Ein Historiker und Publizist, der in überzeugender Weise zeigt, wie man Liberalismus und Patriotismus in kultivierter Weise verbinden kann. Er ist zudem ein mutiger und wortgewaltiger Debatter und Vortragsredner (auch im Fernsehen), der nicht davor zurückschreckt, gegen die Denkverbote politischer Korrektheit anzugehen. Ein Mann ersten geistigen Rangs wie der verstorbene Joachim Fest oder Hans-Peter Schwarz, der brillante Zeithistoriker und Politologe (z.B. „Das Gesicht des Jahrhunderts", München 2010).
Lesetipp: Arnulf Baring: Es lebe die Republik, es lebe Deutschland!, Stuttgart 1999.

Bastiat, Frédéric (1801–1850)
Wohl der wirksamste Publizist der freien Marktwirtschaft und des Freihandels gegen staatssozialistische Ideen jeder Art. In didaktisch meisterhafter Weise widerlegte er viele populäre ökonomische Trugschlüsse. Hauptwerk: Ökonomische Harmonien (1850).
Lesetipps: Detmar Doering: Frédéric Bastiat, St. Augustin 1997; Henry Hazlitt: Economics! (2. deutsche Aufl., München 2009). Marianne und Claus Diem (Hrsg.): Der Staat – die große Fiktion. Ein Claude-Frédéric-Bastiat-Brevier, Thun 2001.

Beamte
Beim Staat beschäftigte Arbeitnehmergruppe mit besonderen Privilegien und Verpflichtungen („Dienst- und Treueverhältnis"). Das Problem dieser Beamtenschaft liegt besonders im absoluten Kündigungsschutz auf Lebenszeit und dem entsprechenden Anspruch auf Schutz und Fürsorge durch den Staat, namentlich im Alter. Die unzähligen Beamtenwitze zeigen die Kehrseite dieser Privilegien: fehlende Motivation, Ver-

schwendungswirtschaft, Trägheit, Umständlichkeit, Pedanterie, Mangel an gesundem Menschenverstand, anmaßende Haltung gegenüber Bürgern, Willkür, fehlender Geist der Initiative. Wie der Freiherr vom Stein einmal schrieb:

„Wir werden von besoldeten, buchgelehrten, interessenlosen, ohne Eigentum seienden Büralisten regiert. Diese vier Worte enthalten den Geist unserer und ähnlicher geistlosen Regierungsmaschinen: besoldet, also Streben nach Erhalten und Vermehren der Besoldeten; buchgelehrt, also lebend in der Buchstabenwelt und nicht in der wirklichen; interessenlos, denn sie stehen mit keiner der den Staat ausmachenden Bürgerklassen in Verbindung, sie sind also eine Kaste für sich, die Schreiberkaste; eigentumslos, also alle Bewegungen des Eigentums treffen sie nicht, es regne oder scheine die Sonne, die Abgaben steigen und fallen, man zerstöre althergebrachte Rechte oder lasse sie bestehen … all das kümmert sie nicht – sie erheben ihr Gehalt aus der Staatskasse und schreiben, schreiben, schreiben im Stillen, mit wohlverschlossenen Türen versehenen Büreau, unbekannt, unbemerkt, ungerühmt und ziehen ihre Kinder wieder zu gleich brauchbaren Schreibmaschinen an …“

Der absolute Kündigungsschutz entsprang dem berechtigten Bedürfnis der Staatsbediensteten, sich gegen die willkürlichen Launen eines Monarchen zu sichern. Im modernen Rechtsstaat wirkt diese Einrichtung antiquiert. Sie schafft eine Zwei-Klassen-Gesellschaft: die Unkündbaren, unter allen Umständen Versorgten und Steuerfinanzierten – und der Rest der Bevölkerung mit den allgemeinen und besonderen beruflichen Lebensrisiken. Eine Reform des Beamtenrechts müsste mit der Abschaffung dieses Instituts etwa im Bereich des Bildungswesens und sonstiger Leistungsverwaltung beginnen.

Bedürftigkeitsprüfung
Von den Anhängern eines konsequenten Versorgungsstaates vielfach angegriffene Methode, unberechtigte Ansprüche auf Hilfe durch den Steuerzahler abzuwehren. Es ist jedoch in einer freien Gesellschaft moralisch unverzichtbar, die tatsächliche Hilfsbedürftigkeit eines „Antragstellers“ auf öffentliche Unterstützung zu überprüfen, bevor ihm zugestanden werden kann, auf Kosten der Allgemeinheit zu leben. Es muss zugemutet werden, zunächst eigene Reserven aufzulösen und auch die Kräfte der Familie zu mobilisieren, bevor der Steuerzahler in Erscheinung tritt. Da-

rin liegt nichts „Menschenunwürdiges". Wo die Grenzen genau liegen, ist nach politischem Ermessen und besonders nach öffentlicher Kassenlage zu entscheiden. Öffentliche Unterstützung bedeutet immer einen Griff in die Tasche des Nächsten und dieses Verhalten sollte möglichst erschwert werden, jedenfalls nicht respektabel sein. „Bedingungsloses Grundeinkommen" ist ein dreistes Konzept, alle Bürger zu leistungslosen Rentenbeziehern zu machen, gleich, ob sie diese Rente benötigen oder nicht. Staatsrentnertum für alle auf Kosten aller!

Befähigungsnachweis
In Deutschland vielfach übliche Methode von organisierten Berufsgruppen, den Marktzutritt für Außenseiter zu erschweren und sich so Monopolrenditen zu sichern (besonders im Bereich der Freien Berufe und des Handwerks). Man muss vor staatlichen Behörden oder korporatistischen Einrichtungen wie den Kammern seine Qualifikation beweisen, bevor man sich dem Urteil der Kunden auf dem Markt stellen darf. Jedoch sollte in der Marktwirtschaft ausschließlich der Kunde über die Qualität einer Ware oder angebotenen Dienstleistung entscheiden, natürlich bei strengem Haftungsrecht. Ob ein Brötchen schmeckt, entscheide der Konsument!

Behinderte
Eine gewiss schutzbedürftige Gruppe, der jedoch nicht dadurch geholfen ist, dass man ihr im Rahmen z. B. einer Antidiskriminierungsgesetzgebung Privilegien bei der Einstellung oder einen privilegierten Kündigungsschutz gewährt. Diese gut gemeinte gesetzliche Besserstellung hat häufig eine Abneigung des Unternehmers zur Folge, einen Behinderten einzustellen, weil er ihn dann nicht mehr bei Geschäftsschwankungen oder bei Leistungsunwilligkeit entlassen kann („sozialer Bumerangeffekt"). Sonstige Privilegien der Behinderten sollten sich weniger an dem Grad der Behinderung, als an der tatsächlichen Reduzierung der Erwerbsfähigkeit und des Einkommens orientieren. Es gibt eine Reihe von Behinderungen, die sich gar nicht auf die Fähigkeit des Einzelnen auswirken, für sich zu sorgen und ein unverkürztes Einkommen zu erzielen. In diesem Falle sollte es keine staatlichen Renten (z. B. gesetzliche Unfallrenten) geben. Vorkehrungen für diesen Fall zu treffen, ist dann Sache der Privatinitiative.

Beitragsbemessungsgrundlage, -grenze

Flexible Basis der Zwangsumverteilung bei der Finanzierung der Sozialversicherung. Eine Ausdehnung dieser Grundlage bedeutet: zunehmende Sozialisierung der Einkommen (z. B. ein Bezug auch auf vorübergehende Nebeneinnahmen bei der Berechnung des Beitrags oder der Einkünfte aus Mieten, Pachten, Zinsen). Stückweiser Sozialismus zeigt sich auch in der ständigen Erhöhung der Beitragsbemessungsgrenze. Mit der Erhöhung dieser „Grenze" wird – zusammen mit der Erhöhung der Versicherungszwangsgrenze – verhindert, dass die Bürger sich allmählich von der Abhängigkeit von der Sozialversicherung emanzipieren, wieder auf eigene Beine zu stehen kommen. Es handelt sich hier um die „Schrauben", mit denen in Deutschland und anderen wohlfahrtsstaatlich dahinsiechenden Ländern der Fiskalsozialismus oder die „Sozialsozialisierung" vorangetrieben wird.

Beitragssatz

Die Sozialversicherung finanziert sich über steuerähnliche Zwangsabgaben, die schönfärberisch „Beiträge" genannt werden. Die Beitragssätze sind in der Regel proportional (bis zur Beitragsbemessungsgrenze) bemessen, dies bedeutet, dass mit ihnen auch eine Umverteilung finanziert wird, die die Leistungsträger im Besonderen belastet. Sozialpolitik wird auch über die Freistellung von Beiträgen (z. B. bei nicht erwerbstätigen Frauen oder Kindern in der gesetzlichen Krankenversicherung) betrieben. Im Zuge einer Modernisierung der sozialen Sicherung sind diese sogenannten Beiträge auf kaufmännisch kalkulierte „Prämien" wie in der Privatversicherung umzustellen. Durch die Verbindung von Arbeitsvertrag mit sozialer Sicherung – ein grober Organisationsfehler – werden die Arbeitskosten mit dem Anstieg der Beiträge gleichfalls in die Höhe getrieben und verursachen so zusätzliche Arbeitslosigkeit. Die „Senkung der Lohnnebenkosten" ist ein Schlagwort, das in die Irre führt und nicht an den Kern des Problems, der notwendigen Trennung von Arbeitsvertrag und sozialer Sicherung, rührt.

„Beitragssatzstabilität"

Utopischer, ökonomisch irrationaler Versuch, etwa im Bereich des Gesundheitswesens eine Art isolierten Preisstopp durchzusetzen – und dies in einer expandierenden Boombranche in einem dynamischen Umfeld. Diese Beitragssatzstabilität versucht man zu erzwingen, weil der Arbeitsvertrag mit der sozialen Sicherung verknüpft ist und eine Beitragserhöhung zur Erhöhung auch der Arbeitskosten führt, die weitere Arbeitslosigkeit bringen kann. In einem Umfeld dynamischer Preise muss natürlich auch der Beitrag zu einer Sozialversicherung sich allgemeinen Knappheitsverhältnissen anpassen können. Wenn nicht, führt dies zur Fehllenkung von Mitteln, Resignation und häufig Abwanderung der Eliten, namentlich gegenwärtig etwa der Ärzte, denen ein rationiertes, leistungsunabhängiges Einkommen nach den Regeln eines obskuren Punktesystems zugeteilt wird, welches etliche von ihnen zur Aufgabe zwingt oder demotiviert.

Berlin, Isaiah (1909–1997)
Vor allem ein eleganter Freiheitsdenker von großer, geistesgeschichtlich fundierter Kultur und Bildung; Philosoph, Historiker von Ideen und politischer Theoretiker. In Riga geboren und in Oxford gestorben, erfuhr er eine jüdisch-russisch-britische Prägung. In Deutschland bekannt geworden ist B. vor allem durch seine „zwei Freiheitsbegriffe“: die negative (liberale) und die positive (sozialistische) Freiheit. Freiheit im liberalen Sinn meint, dass man nicht von anderen beliebig „herumkommandiert“ werden kann wie ein Sklave. Es ist unglücklich, dass er diesen Freiheitsbegriff – wie auch Hayek – „negativ“ nennt (im Sinne einer Abwesenheit von willkürlichem Zwang), den sozialistischen aber „positiv“, obwohl damit ja nur die Versorgung mit Staatsleistungen und die damit unvermeidlich verbundene Herrschaft gemeint ist, was mit Freiheit im eigentlichen Sinn nichts zu tun hat, ja mit Sklaverei verbunden sein kann (der „wohlgenährte Sklave“ i. S. Wilhelm von Humboldts). B. verdankt viel seiner deutschen Bildung (Heidelberger Neukantianismus von Rickert und Windelband, Max Webers Lehre von der Konkurrenz der Werte, besonders auch die deutsche Romantik, mit der Berlin sich intensiv beschäftigt hat).
Lesetipp: Isaiah Berlin: Freiheit. Vier Versuche, Frankfurt/M. 1995.

Berufsberatung
Überflüssige Dienstleistung des Staates im Rahmen seiner Arbeitsverwaltung. Dies ursprünglich sogar mit einem utopischen Monopolanspruch. Die Berufsberatung kann man getrost den Familien, den Märkten und freien Initiativen der „Zivilgesellschaft“ über Vereine oder an Nachwuchs interessierten Unternehmen sowie auch dem „Internet“ überlassen.

Berufsgenossenschaften

„Berufsgenossenschaften" heißen bei uns irreführend die gesetzlichen Unfallversicherer, die seit der Bismarck-Zeit monopolistisch das Geschäft der Prävention, Heilung, Rehabilitation und Versorgung der im gewerblichen Leben (und inzwischen auch weit darüber hinaus in Einrichtungen wie Kindergärten, Schulen usw.) Verunglückten betreiben. Strukturell kann auch dieses Monopol den üblichen Nachteilen fehlender Konkurrenz nicht entgehen: Der bestmögliche Leistungszuschnitt ist mangels Wettbewerb als Entdeckungsverfahren nicht bekannt. Die Beiträge können „kostendeckend", d.h. kostentreibend, kalkuliert werden. Unternehmen sind gezwungen, die Leistungen der „BG" abzunehmen, auch wenn sie nicht den eigenen Bedürfnissen entsprechen und überzogen sind. Wie alle Monopole neigt auch die gesetzliche Unfallversicherung zur „arrogance of power" und zur Überschätzung des eigenen Leistungsangebots, wie die anhaltende Unternehmerkritik belegt. Eine Verbesserung der Situation kann hier bereits die Einführung von Wettbewerb sowie die Teilprivatisierung einiger Bereiche, etwa die Ausgliederung des Wegeunfalls, bringen. Ein internationaler Vergleich zeigt, was im liberalen Sinn möglich ist.

Lesetipp: Sandra Hensel: Wettbewerb und Wahlfreiheit in der gesetzlichen Unfallversicherung, Broschüre (international), Die Familienunternehmer ASU e. V., Berlin 2007.

„Berufsordnungen"

Staatliche Sicherung von Privilegien, vor allem für einige Freiberuflergruppen (vom Architekten bis zum Wirtschaftsprüfer) und Handwerker („Handwerksordnung"). Es geht im Kern um Konkurrenzminderung, d.h. die Schaffung künstlicher Renten durch obligatorische Befähigungsnachweise mit langen Ausbildungszeiten, die Einkommensverzicht bedeuten, Werbeverbote, Regulierungen der Betriebsformen, obligatorische Versorgungswerke, Gebührenordnungen, Zunft- oder Kammerzwänge. Es handelt sich bei den „Berufsordnungen" um neoständische Relikte in mittelalterlicher Tradition, die zunehmend durch den Europäischen Binnenmarkt unter Druck geraten. Auf freiwilliger Basis – als Qualitätskartelle mit „Gütesiegel" – haben solche „Ordnungen" ihre Berechtigung. Gegenwärtig sind sie Schutzzäune für die, die „drinnen" sind, und Hindernisse für die, die „hinein" wollen. Das Argument der „Qualitätssicherung" verkennt, dass in einer Marktwirtschaft mit allgemeiner Gewerbefreiheit in erster Linie der Kunde über die gewünschte Qualität entscheiden muss, nicht die zukünftigen Konkurrenten in den Kammern.

„Besserverdiener"

Populärer Begriff aus der Neidökonomie. Da fast jeder in Bezug auf jemand anderen „besser" oder „schlechter" gestellt ist, kann ein Demagoge jeweils einen kleinen oder größeren Kreis von Erfolgreichen oder Wohlhabenden mit dem Vorwurf des „Besserverdienens" unter Neidbeschuss nehmen. In dem Ausdruck „Besserverdiener" schwingt regelmäßig die Erwartung mit, dass man diesen unverhältnismäßig stärker zur Kasse bitten darf. Das Neidressentiment hat dazu geführt, dass die 10 Prozent der „Bestverdiener" 53 Prozent des Steueraufkommens tragen, die oberen 50 Prozent 92 Prozent und 20 Prozent der „schlechter Verdienenden" keine Einkommensteuer mehr zahlen müssen, also Nutznießer von Staatsleistungen sind, ohne sich an deren Finanzierung beteiligen zu müssen, aber gleichwohl das volle politische Wahlrecht, sogar das passive, innehaben.

„Besteuerung nach Leistungsfähigkeit"

Dies ist der Grundgedanke der Progressivsteuer, einer Art Neid- oder Strafsteuer für den Erfolg. Je erfolgreicher, desto mehr ist abzugeben, desto höher ist die Grenzsteuerbelastung; umgekehrt: Die Nichterfolgreichen werden am Ende durch Sozialtransfers und Subventionen belohnt. Die Höhe des Grenzsteuersatzes richtet sich nach dem Grundsatz einer „sozialen Gerechtigkeit", die darauf hinausläuft, dem mehr besitzenden Nächsten so viel wie möglich wegzunehmen. Diese Art der Erfolgsbesteuerung wird gestützt durch eine pseudowissenschaftliche sogenannte „Opfertheorie", nach der das relative Opfergefühl für alle, die besteuert werden müssen, gleich sein soll. Jedoch kann Pauls Freude nicht mit Peters Leid verrechnet werden und was dem einen als Luxus gilt, ist dem anderen ein lebenswichtiges Gut (Unmöglichkeit eines „interpersonellen Nutzenvergleichs"). Auch die Proportionalsteuer (*flattax*) enthält den Gedanken der Besteuerung nach Leistungsfähigkeit, ist jedoch nicht so willkürlich wie die Progressivbesteuerung.

Betriebliche Altersversorgung

Zunehmendes Objekt der Begehrlichkeit der Sozialpolitiker wegen des Versagens des gesetzlichen Rentenversicherungssystems. Als freiwillige Initiative ist sie im Grundsatz positiv zu beurteilen, wird aber leider staatlich reguliert und damit unattraktiv gemacht. Im Vergleich zu den USA und der Schweiz spielt in Deutschland die betriebliche Altersrente nur eine kleine Rolle, da die gesetzliche Rentenversicherung bisher den Anspruch hat, „Lohnersatz" im Alter zu sein, dem sie indessen immer weniger gerecht wird. Das sogenannte Altersvermögensgesetz versucht über die Förderung der Betriebsrente (über „Entgeltumwandlung") den drohenden „Blutverlust" bei der Umlagerente auszugleichen. Die Betriebsrente wird immer stärker reguliert (Rechtsanspruch auf Übertragung, jederzeitiger Auskunftsanspruch, Beseitigung der Abfindungsmöglichkeit) und steuert mehr und mehr auf ein gesetzliches Obligatorium zu, das eine weitere Belastung der Privatwirtschaft bedeuten würde.

Betriebsrat
Als staatliche Zwangseinrichtung Überbleibsel der sozialistischen Revolution von 1918, die versuchte, aus Deutschland eine „Räterepublik" zu machen. Ein „Betriebsrat" ist als freiwillige Initiative wie etwa ein Unternehmensbeirat vertretbar. Gegenwärtig jedoch bekommt ein Betrieb durch einen gesetzlich genau normierten „Betriebsrat" eine Art Zwangskonstitution verpasst, die vielfach nicht den Bedürfnissen des Unternehmens entspricht, unternehmerisches Handeln behindert, zusätzliche Kosten verursacht und eine teilweise Enteignung des Unternehmenseigentums darstellt, besonders bei der sogenannten „Mitbestimmung" in Großunternehmen.

Betriebsverfassungsgesetz
Zwangsweise Vorschrift einer bestimmten Entscheidungs-, Beratungs- und Informationsstruktur in Unternehmen bestimmter Größe als folgenreicher Überrest der Rätebewegung von 1918. Auch wenn Betriebsräte in vielen Unternehmen nützliche Verhandlungspartner sind, bleibt der hässliche Makel des Zwangs und des Schemas, das jederzeit vorhandene Störpotenzial, das parasitäre Entkoppeln von Eigentum und Entscheidung. Die Zwangsregelungen dieses Gesetzes laufen auf eine Verschiebung der Verantwortlichkeiten bzw. eine Teilenteignung der Eigentümer- oder Unternehmerseite hinaus. Bei Großunternehmen spielen außengesteuerte Gewerkschaftsfunktionäre eine fragwürdige Rolle. Der Makel dieses Gesetzes könnte durch eine „Öffnungsklausel" abgeschwächt werden: Unternehmensleitung und Belegschaft (mehrheitlich) sollten das gesetzliche Zwangsschema nach Betriebsbedürfnissen abwandeln können. Eine vertretbare betriebliche Mitbestimmung im vollen Sinn gibt es nur auf freiwilliger Basis: über Miteigentum und unternehmerische Teilhaberschaft. Naturgemäß bekämpfen die Gewerkschaften diese Möglichkeit, Arbeitnehmer in Teilhaber umzuwandeln: dies macht sie für Gewerkschaftsparolen weniger empfänglich.

„Big Bang“ oder Gradualismus?

Die unvermeidlichen grundlegenden Reformen von Wohlfahrtsstaaten (geistig und strukturell) wie Deutschland werden erst möglich, wenn der Problemdruck wächst, namentlich im Zusammenhang mit der Schulden- und Geldkrise. Dann ist die Frage, nach welcher Methodik die Politik vorgehen soll. Anschauungsmaterial bieten die Reformen in Großbritannien, Dänemark, Niederlande, Finnland, Schweden und Neuseeland in den Achtziger- und Neunzigerjahren des 20. Jahrhunderts. Am erfolgreichsten waren bisher Großbritannien unter Thatcher und Neuseeland mit der Methode des *Big Bang*: In Neuseeland wurden z. B. das Beamtenrecht und die Agrarsubventionen von heute auf morgen abgeschafft (neben der Liberalisierung des Arbeitsmarkts, umfassender Privatisierung, betriebswirtschaftlicher Staatsmodernisierung u. a.). Dies wurde durch die zentralistische Verfassung und das Mehrheitswahlrecht dieser Länder begünstigt. Aber für alle Länder gilt folgende „Ökonomik der Reform“: Problembewusstsein wecken – „Leadership“ fördern – Glaubwürdigkeit herstellen – Verbündete gewinnen – Vetokräfte schwächen – stufenweises Vorgehen (wenigstens in Deutschland und der Schweiz).
Lesetipps: Avenir Suisse: Ökonomik der Reform (Schweiz), Zürich 2004; Avenir Suisse: Ökonomik der Reform (Deutschland), Zürich 2005; Unternehmerinstitut der ASU (Familienunternehmer) e. V.: Für Effizienzstaat und Direktdemokratie, Berlin 2001.

„Big Bang“
Vorteile • Bei Umverteilungskonflikten und mächtigen Interessengruppen ideal. Jeder Gruppe kann etwas angeboten werden. • Jeder wird durch eine Reformmaßnahme „getroffen“ und durch eine andere „belohnt“. • Zeitinkonsistenzen können vermieden werden.
Nachteile • Kompensatorische Transfers müssen finanziert werden. • Da man nicht weiß (asymmetrische Information), wer durch eine Reform welche Verluste hinnehmen muss, müssen alle gleich hoch entschädigt werden.

Gradualismus
Vorteile • Da ökonomische Reformen mit Unsicherheiten in Bezug auf ihr Ergebnis behaftet sind, ist ein graduelles Vorgehen weniger kostspielig (Experimentierkosten, Lernkosten). • Politische Akzeptanz kann einfacher sein, da es weniger kostspielig ist, Reformen rückgängig zu machen. • Weniger teuer (keine Kompensationen an die Reformverlierer). • Im Laufe von Reformen können Wählerschaften für weitere Reformen gebildet werden.
Nachteile • Niedrigere Effizienzgewinne als eine komplette Reform. • Beseitigt auch nicht alle Unsicherheiten über das zukünftige Resultat.

Quelle: Avenir Suisse

Bildungswesen

In Deutschland ist das Bildungswesen seit Jahrhunderten überwiegend staatsmonopolistisch organisiert. Seit Ende der Sechzigerjahre wurde es zunehmend zur Filiale staatlicher Sozialpolitik und Umverteilung. Es ist überwiegend als Bildungsplanwirtschaft ohne Preise und ohne echten Wettbewerb organisiert, sozusagen nach Art „volkseigener“ Betriebe (während doch die Planwirtschaft sonst überall abgewirtschaftet hat!). Das deutsche Bildungswesen zeigt die üblichen Mängel der Staatswirtschaft: falsche Anreize, schlechte Koordination mit der realen Nachfrage, Bürokratisierung, Demotivation und Anspruchsmentalität der Betroffenen und entsprechende Verschwendung von Ressourcen. „Nulltarife“, namentlich an Universitäten, bedeuten eine Umverteilung von unten nach oben, großzügige Geschenke an Kreise, welche die Ausbildung ihrer Kinder selber finanzieren könnten. Statt der asozialen Nulltarife wäre eine Bildungsfinanzierung über Preise oder Gebühren zweckmäßig, bei Direktunterstützung der begabten „Bedürftigen“ und gleichzeitiger Organisation eines Bildungskreditsystems. Das deutsche Bildungswesen und die deutschen Universitäten haben besonders seit den sogenannten Bildungsreformen an internationalem Renommee eingebüßt. Die schlecht aufgestellten deutschen Universitäten halten überdies den Weltrekord langer Studienzeiten ihrer Studenten. Die deutschen Studenten gelten als die ältesten der Welt. In der Regel sind sie um die 30 Jahre alt,

wenn sie die Universität verlassen. Dies hat auch demografisch ungünstige Folgen: Es verkürzt die beste Zeit für die Familiengründung. Mit einer Extremverschulung und Mechanisierung ist dann leider der falsche Reformweg eingeschlagen: Zwang statt Anreiz (siehe Bologna-Reform).
Lesetipp: Die Schriften von Ulrich van Lith (im Internet: http://www.vanlith.de).

Bismarck, Otto von (1815–1898)
Mit diesem großen Meister der Staatskunst, der Rede und der deutschen Sprache stehen Liberale auf zwiespältigem Fuß: Ein großer Teil unterlag seiner Faszinationskraft, so die Nationalliberalen Bennigsen oder von Miquel; der kleinere behauptete gegen ihn die liberale Programmatik (wie Ludwig Bamberger oder Eugen Richter). Mag ein deutscher Liberaler ihm noch (mit Bedenken) beim Werk der nationalen Einigung folgen, so trennen sich die Wege spätestens bei seiner neomerkantilistischen Politik (Wiedereinführung von Zöllen) und besonders der Teilentmündigung der Arbeiterschaft durch die Durchsetzung der Zwangsarbeiterversicherung (nach 1878). Auch sein Kampf gegen die katholische Kirche und seine Sozialistengesetze können kaum den Beifall eines Liberalen finden. B. stoppte die Demokratisierung und Liberalisierung Deutschlands. Sein Motiv für die heute sogenannte „Sozialversicherung“ war ein politisches: die Bindung der Arbeiter an das „Reich“ (durch Staatsversorgung), das Ausstechen der Sozialdemokratie und bürgerlicher Sozialreformer (Schulze-Delitzsch, Hirsch-Duncker u. a.). Durch sein Wirken spaltete sich die liberale Bewegung und der Niedergang des Liberalismus begann. An diesem Triumph Bismarcks leidet der Liberalismus bis heute. Nie mehr erlangte er die Bedeutung wie im 19. Jahrhundert, selbst nicht nach dem Zusammenbruch des Staatssozialismus in Russland und seinem Imperium (1989 ff.) und in der Krise des Wohlfahrtsstaates (gegenwärtig).
Lesetipps: Erich Eyck: Bismarck, 3 Bde., Zürich 1941–44; Ludwig von Mises: Im Namen des Staates, Stuttgart 1978; Wilhelm Röpke: Die deutsche Frage, 3. Aufl, Erlenbach 1948.

Bologna-Reform
Gründlich misslungener und in Zielsetzung wie Methoden verfehlter Anlauf auf europäischer Ebene (bisher sind 47 Staaten beteiligt), Studienabschlüsse und Strukturen zu vereinheitlichen, vor allem durch Einführung von Bachelor- und Masterabschlüssen unter Abschaffung

bewährter und international anerkannter Diplomabschüsse und Staatsexamen. Indessen die größte Bildungsreform der deutschen Nachkriegsgeschichte, aber ähnlich verfehlt wie die bizarre Rechtschreibreform oder das Euro-Experiment. Statt bei der allerdings überfälligen Bildungsreform auf Anreiz, Eigeninteresse, Wettbewerb (auch der nationalen Bildungssysteme) und Märkte zu setzen, eine demokratisch kaum besprochene, kaum legitimierte technokratische Gleichschaltung der Bildungslandschaften von oben. Sie hat zu einer extremen Mechanisierung und Verschulung des Lehrbetriebs geführt. Die gehetzten, wahrlich abgerichteten Studenten sind kaum mehr in der Lage, wichtige sonstige Engagements wahrzunehmen: weder kulturell noch politisch noch sportlich noch familiär noch ökonomisch (Werkstudententum). Das Lehrpersonal wird zu Lehrautomaten degradiert. Indessen wurde die Zielsetzung verfehlt: Weder wurde die innereuropäische Mobilität gesteigert noch die innernationale. Die jeweils universitätsindividuelle Anwendung der Vorgaben führt zu einer „Schollenbindung" des Studenten an die einmal gewählte Hochschule. Was sind das für Köpfe, die folgende Zielvorgaben oktroyieren: Zeitaufwand des Studierenden im Jahr: 1.800 Arbeitsstunden, errechnet aus 40 Stunden pro Woche und dies für 45 Wochen des Jahres, 30 Leistungspunkten pro Semester, pro Leistungspunkt 30 Stunden (Präsenzzeiten, Prüfungszeiten, Selbststudium und Praktika). Das Bildungswesen ist neben der Währungsunion und den Systemen sozialer Versorgung die hauptsächliche zukünftige Baustelle.
Lesetipps: Christian Scholz, Volker Stein (Hrsg.): Bologna-Schwarzbuch, Bonn 2009; Gerd F. Hepp: Bildungspolitik in Deutschland, Wiesbaden 2011.

Brutto / Netto
Das Verhältnis des Bruttoeinkommens (inkl. Arbeitgeberanteil an der Sozialversicherung, der selbstverständlich *Lohnbestandteil* ist) zum Netto bezeichnet den Verstaatlichungsgrad einer Gesellschaft. Je weniger privates Netto, desto mehr Staat und Sozialfiskus. An der *Sozialisierung der Einkommensverwendung* durch Zwangsabgaben ist der Fortschritt des Wohlfahrtsstaates abzulesen. Es ist dies die zeitgenössische Art des Sozialismus, ein „Sozialsozialismus". Nach einer Rechnung des Fernsehwirtschaftsjournalisten Günter Ederer kommt der deutsche Facharbeiter nach Abzug von Sozialversicherungsabgaben, direkten und indirekten Steuern auf nur noch ein Drittel netto. Sein amerikanisches und japanisches Gegenüber haben noch etwa zwei Drittel zur Eigenverfügung. So wurde der einstige „Stolz der Nation" bedürftig gemacht, ist jetzt auf

vielerlei Subventionen angewiesen. Er kann weder Schul- oder Studiengebühren für seine Kinder aufbringen noch aus eigenen Mitteln – ohne diverse Zulagen und Begünstigungen – ein Haus bauen. Schlussfolgerung: Gebt den Bürgern ihr Geld zurück, „Mehr Netto für alle!"
Lesetipp: Unternehmerinstitut der ASU (Familienunternehmer) e. V.: Wohlfahrtsstaat in Konkurs, Berlin 2005.

Bundesagentur für Arbeit
Monströse Behörde der Bundesarbeitsverwaltung in Nürnberg mit derzeit mehr Beschäftigten, als es zu Ludwig Erhards Zeiten Arbeitslose gab (ca. 90.000). Ursprünglich aus einer Arbeitslosenversicherung (1927) hervorgegangen, profitierte sie von der Einbildung der Politik, die Entwicklung auf dem Arbeitsmarkt zentral steuern, ja sogar Arbeitslosigkeit verhüten zu können. Zur Ursprungsfunktion inklusiv Arbeitsvermittlung, traten Arbeitsbeschaffungsmaßnahmen, Umschulung, Weiter- und Fortbildung. Dieses Monument keynesianischen Denkens scheiterte, wie anhaltende Arbeitslosigkeit belegt, komplett und auch die Umgestaltung („Hartz-Reform") bietet keine positiven Perspektiven: Sie verwaltet nur die Arbeitslosigkeit etwas umständlicher. Im Übrigen: Die Mittel, die diese „Agentur" in unproduktiven Maßnahmen und Arbeitsplätzen anlegt, mussten zuvor den Bürgern und Unternehmen abgenommen werden, die damit hätten produktive Arbeitsplätze schaffen können. Diese Behörde kann bis auf eine rudimentäre Arbeitslosenversicherung, deren Regie man den Gewerkschaften überlassen könnte, schrumpfen.

„Bürgerversicherung"
Wohlklingendes Projekt sozialdemokratischer Neidökonomie zur Verstaatlichung der privaten Krankenversicherungsbranche. Es geht im Kern darum, der fehlorganisierten gesetzlichen Krankenversicherung eine vorübergehende „Blutzufuhr" durch Ausweitung der Zwangskundschaft zu verschaffen – ein einmaliger Effekt, der bald verpufft. Der Dualismus von gesetzlicher und privater Krankenversicherung mit seinen Verzerrungen ist in der Tat nicht erfreulich: Er sollte durch eine Privatisierung der gesetzlichen Krankenversicherung, nicht jedoch durch eine Sozialisierung der privaten abgelöst werden. Mehr Sozialsozialismus: Dies ist nicht das Programm, Deutschland aus den Schwierigkeiten eines ausgeuferten und überschuldeten Wohlfahrtsstaates herauszuführen.

Burke, Edmund (1729–1797)
Dieser englisch-irische Politiker und Publizist ist in Deutschland vor allem als Kritiker der Französischen Revolution (Betrachtungen über die Französische Revolution, 1790) bekannt geworden. Für Liberale wie Friedrich A. von Hayek hat er entscheidende Argumente gegen den naiven Rationalismus formuliert, gegen Intellektuelle, die glauben, eine Gesellschaft nach einer Blaupause neu konstruieren zu können, einschließlich der Einführung einer neuen Zeitrechnung. Auf diesen Annahmen beruht auch der spätere Sozialismus, der so jämmerlich überall gescheitert ist, wo er Gelegenheit fand, seine Experimente durchzuführen. B. sah schon 1790, dass diese Revolution – im Unterschied zur gelobten Revolution in Amerika – in blutigem Terror, Chaos und schließlich einer Militärdiktatur enden müsse. Er ist kein konservativer Reaktionär wie Karl Ludwig von Haller oder Joseph de Maistre, sondern ein evolutionistischer Reformer, der weiß, dass sich die Weiterentwicklung von Gesellschaft und Staat nur auf Basis vorhandener erprobter Wissensbestände und Verhaltensformen („Tradition") vollziehen kann. Burke war im Übrigen ein Freund von Adam Smith, dessen Freihandelslehre er teilte. B. warnte vor den Exzessen einer unbeschränkten Demokratie.
Lesetipp: Detmar Doering (Hrsg.): Freiheit, Tradition, Revolution. Ein Edmund-Burke-Brevier, Bern 2009.

Bürokratisierung / Bürokratieabbau
Seit einigen Jahrzehnten ist „Bürokratieabbau" eine Alibiübung der Politiker, während gleichzeitig die Bürokratisierung der Gesellschaft, d. h. die Regulierung von Gesellschaft und Markt durch Staatsbürokratie, voranschreitet. So hatte das Bundesgesetzblatt 1950 825 Seiten, aktuell sind es ca. 4.000. Die Bürokratisierung geht auf vier Ebenen gleichzeitig vor sich: von der kommunalen Satzung über die Länder- und Bundesgesetze bis hoch zur EU-Richtlinie. Manchmal kommt es zu marginalen Erleichterungen wie z. B. bei der Arbeitsstättenverordnung (2004). Das Entbürokratisierungsergebnis z. B. 2003/2004: 280 Gesetze und 903 Rechtsverordnungen wurden neu erlassen; dagegen traten nur 55 Gesetze und 233 Verordnungen außer Kraft. Ein Plus an Bürokratie von 895. Das Bürokratieproblem kann nur gelöst werden, wenn sich der Staat von vielen angeeigneten Aufgaben wieder löst, namentlich im Sozialbereich. Die übertriebene Gesetzesmacherei ist auch eine Folge eines auswuchernden Präventionsgedankens z. B. im Verbraucherschutz. Staatsreduzierung, Privatisierung und strengere persönliche Haftung – das sind

die Gegenmittel gegen aufgeblähte Staatsbürokratien. In der Privatwirtschaft verhindern der Wettbewerb und die Möglichkeit des Konkurses das Schlimmste. Aber auch hier gibt es „Bürokratie", namentlich in Großkonzernen.

C

CDU/CSU

Es ist bedauerlich – noch ein schwacher Ausdruck für ihr Versagen in einer so entscheidenden Frage –, dass diese großen bürgerlichen Parteien zu Hauptträgern des sozialdemokratischen Wohlfahrtsstaates (unter Kanzlerin Merkel mehr noch als die SPD) wurden. Derzeit (September 2011) hat sie sich fast aller konservativ-liberal-christlicher Elemente entledigt und treibt ohne geistige Führung in egalitär-etatistischen Gewässern, ja wird in der Energiepolitik zur Trägerin planwirtschaftlicher Gedanken und der „Klimareligion", von ihrer Toleranz der Rechtsbrüche und phantastischen Illusionen in der Europapolitik abgesehen. Die FDP bietet seit ihrem Wahltriumph 2009 kein liberales Korrektiv mehr. Es gäbe heute mehr Wohlstand, mehr Freiheit, mehr Lebenszuversicht, wenn sich diese große Adenauer-Partei ihr bürgerliches Fundament in den Jahrzehnten seit Erhard bewahrt hätte und z. B. in der historischen Wendechance von 1982/83 eine selbstbewusste Politik mit klarem Wertefundament aufgenommen hätte. Interessant, dass von Hayek seinerzeit Franz Josef Strauß bei seinem Kampf ums Kanzleramt (1980) unterstützt hat.

„Chancengleichheit"

Freiheitsvernichtende Schimäre der Sozialpolitik: In einer freien Gesellschaft kann es nur *Rechtsgleichheit* geben. *„Zu verlangen, dass alle, die zu derselben Zeit in einem gegebenen Land leben, von demselben Stand beginnen sollen, ist mit einer sich entwickelnden Zivilisation ebenso wenig vereinbar, wie zu verlangen, dass diese Gleichheit Menschen zugesichert werden sollte, die zu verschiedenen Zeiten oder an verschiedenen Orten leben"* (Friedrich A. von Hayek). Um dieses Ziel zu erreichen, müsste die Regierung die gesamten physischen und sozialen Lebensumstände managen, welche die „Gleichheit" tangieren. Dieses Ideal ernst zu nehmen und durchzuführen, ist geeignet, einen Albtraum hervorzubringen.
Lesetipp: Friedrich August von Hayek: Der Weg zur Knechtschaft, München 2011.

Chicago-Schule

Neben Wien ist Chicago für Liberale eine gute Adresse, trotz aller Differenzen im Detail (z. B. hinsichtlich der Annahme „vollständiger" Konkurrenz oder der wirklichkeitsfernen mathematischen Modellierung und des *homo oeconomicus*). Beide Schulen sind von freien Märkten überzeugt und von Staatsskepsis geprägt, beide folgen dem methodologischen Individualismus, der vor dem Schwindel mit Kollektiv- oder Allgemeinbegriffen schützt (einer Art Geisterlehre, indem Begriffe zu handelnden Figuren werden). Die herausragenden „Chicago Boys" sind Frank H. Knight (1. Generation), Milton Friedman (2. Generation), Gary Becker (3. Generation). Besonders die Schriften Milton Friedmans sind für die wirtschaftspolitische Diskussion inspirierend.

Lesetipps: Milton Friedman: Kapitalismus und Freiheit, Frankfurt/M. 2002; Jesús Huerta de Soto: Die Österreichische Schule der Nationalökonomie, Wien 2007.

China

Dieser bewundernswerte Staat und Kulturkreis besteht länger als jeder andere. Wo sind das Römische Reich, das antike Ägypten oder das britische Empire? Das Grab des Konfuzius ist noch heute zu besichtigen und immer noch leben Nachkommen aus seiner Familie. Dies liegt an Konfuzius kluger und menschengemäßer Soziallehre, die selbst den Terror einer deutschen Philosophie (des Marxismus in der maoistischen Variante) überstanden hat. Seit der Liberalisierung der Wirtschaft (1978 ff.) lebt dieses alte Reich wieder auf. Zwar dominiert weiterhin die Kommunistische Partei und werden geistige und politische Freiheit brutal unterdrückt (Internetkontrolle, Zensur), aber wenn an der Behauptung von der „Interdependenz der Ordnungen" (Walter Eucken) etwas ist, wird der geistig-politische „Überbau" irgendwann der liberalen Wirtschaftsstruktur nachfolgen (wie in Chile). Umgekehrt steht freilich nach allen Erfahrungen und theoretischer Überlegung fest: ohne wirtschaftliche weder geistig-kulturelle noch politische Freiheit.

Lesetipp: Will Durant: Kulturgeschichte der Menschheit, Bd. 2, Der Ferne Osten und der Aufstieg Griechenlands, München 1981.

Christentum und Sozialismus

Zwei sich ausschließende Welthaltungen: Das Christentum lehrt die moralische Pflicht, frei *zu geben*, der Sozialismus lehrt das Recht, dem anderen – zur Not mit Gewalt – *wegzunehmen*, was er mehr hat. Nächstenliebe

und die Beraubung von wohlhabenden Minderheiten sind unvereinbar. Die Zehn Gebote enthalten überwiegend Imperative zur Sicherung von Eigentum und Leben des Nächsten („Du sollst nicht töten", „Du sollst nicht stehlen", „Du sollst nicht begehren" usw.). Der urchristliche „Kommunismus" bestand in einer freien *Konsum*gemeinschaft liebevollen Teilens und hatte nichts mit einer zwangsweisen „Verstaatlichung der Produktionsmittel" zu tun. *Der christliche Sozialist ist ein Missverständnis.* Christus hat sich für sein Ideal der Gewaltlosigkeit widerstandslos ans Kreuz nageln lassen. Die radikalen Sozialisten nageln dagegen ihre Gegner ans Kreuz. Christlicher Sozialismus ist einfach ein Irrtum, wenn er in der Verstaatlichung der Nächstenliebe besteht. Durch die Unterstützung der allumfassenden staatlichen Sozialpolitik berauben sich die Kirchen ihrer Substanz und ihres besonderen sozialen Auftrags.
Lesetipp: Richard Reichel: Urchristlicher Sozialismus, Solidarität und staatliche Umverteilung, Working Paper Nr. 2 – Lehrstuhl für Wirtschafts- und Entwicklungspolitik an der Universität Erlangen-Nürnberg, Februar 2000.

Cicero (106–43 v. Chr.)
Ein Stichwortgeber des modernen Liberalismus und als römischer Staatsmann, Publizist (und Redner) schon im Altertum berühmt. Als Gegner des Cäsarismus wurde er schließlich von einem Mordkommando des Marcus Antonius getötet – einer der frühen Märtyrer des Rechtsstaates. Freiheit, sagt er, kann es nur unter dem Gesetz geben und wir werden frei dadurch, dass wir den Gesetzen gehorchen – aber nicht jedem Gesetz, sondern nur denen, die sich natur- oder vernunftrechtlich begründen lassen, wozu namentlich das Gesetz des Eigentums gehört. Abgesehen von seinen bekannten staatsphilosophischen Schriften (De legibus, De re publica) empfiehlt sich heute besonders seine Pflichtenlehre, welche die Werte und Verantwortlichkeiten, denen auch und gerade ein Liberaler folgt, beschreibt, entgegen der flachen Lehre des „anything goes". Liberale sind keine Wertnihilisten.
Lesetipp: Cicero: De officiis. Vom pflichtgemäßen Handeln, Stuttgart 1992 (Reclam).

Constant, Benjamin (1767–1830)
Ein in Deutschland leider viel zu wenig bekannter Schweizer Essayist, Romancier und politischer Theoretiker (und auch Praktiker), dessen Werke – besonders „Vom Geist der Eroberung und Usurpation in ihrem

Verhältnis zur europäischen Zivilisation“ – eine ungewöhnlich beredte und schwungvolle Darstellung einer *liberalen* Demokratie wie auch eine entsprechende Ablehnung des modernen Cäsarismus (Napoleon) geben. Seine Schriften inspirierten im 20. Jahrhundert Liberale wie Wilhelm Röpke, Friedrich A. von Hayek und Bertrand de Jouvenel. C. lehnt das absolutistische Souveränitätskonzept ab, gleich ob im monarchischen, aristokratischen oder (heute) demokratischen Gewande. Der Staat findet seine Schranke an der Freiheit und der Privatsphäre seiner Bürger. Krieg ist archaisch, Freihandel mit seiner verbindenden und ausgleichenden Wirkung muss ihn ablösen.
Lesetipp: Karen Ilse Horn (Hrsg.): Die liberale Demokratie. Ein Benjamin-Constant-Brevier, Bern 2004.

Croce, Benedetto (1866–1952)
Diesen begeisterten Freiheitskämpfer (italienischer Philosoph, Historiker und gelegentlich liberaler Politiker) sollte jeder Liberale kennen. Er ist zwar ein Neo-Hegelianer, nimmt aber besonders den freiheitlichen Zug Hegels auf, indem er die Geschichte als Geschichte der Freiheit deutet, was ja ein sehr schöner Gedanke ist. Er überlebte den Faschismus in Oppositionshaltung, was belegt, wie viel weniger konsequent brutal der italienische Faschismus als der deutsche Nationalsozialismus war – und dass es insoweit eine Verharmlosung des Nationalsozialismus ist, ihn als „Faschismus“ zu bezeichnen. Er nennt den Liberalismus eine „Religion der Freiheit“. Ein bemerkenswertes Zitat soll nicht fehlen: „Merkwürdig, dass manche uns den Liberalismus gern als einen Propheten ohne Schwert malen, wo es doch nicht nur im Begriff der Freiheit und Politik, sondern durch die Tatsachen gegeben und erwiesen ist, dass für keine andere Idee so viele und heiße Schlachten gewagt, solche Ströme von Blut vergossen, so hartnäckig gekämpft und so großherzig Opfer gebracht wurden.“
Lesetipp: Benedetto Croce: Geschichte Europas im 19. Jahrhundert, Zürich 1947 (Taschenbuchausgabe 1979).

D

Darwin, Charles (1809–1882)
Dieser berühmte Biologe hat die soziale Entwicklungstheorie (von Moral, Recht, Sprache, Geld) auf die Natur angewandt, also die Lehren der schottischen Philosophen (Adam Smith, David Hume) und der Sprach- und Kulturtheoretiker, zudem wurde er inspiriert durch Thomas Malthus: Wie in der Natur durch Wettbewerb

und Auslese die Vielfalt der Arten (analog zur Arbeitsteilung) entstand und so das bis heutige gültige Weltbild der Biologen bestimmt. Fragwürdig war nun die Übertragung der spezifisch natürlichen Selektions- und Differenzierungsmechanismen auf die Sozialtheorie („sozialer Darwinismus“). In der Kultur geht es aber um Wettbewerb und Auslese von Regeln und Traditionen, die nicht durch biologische Vorgänge, sondern durch Lernen und Nachahmen und Auswahl derjenigen Regeln, die Gruppen prosperieren ließen, bestimmt werden – ein Vorgang jenseits der Biologie und jenseits bewussten Erfindens (wie der naive Rationalismus meint). Unsere Verhaltensregeln (Eigentum, Tausch, Moral, Sprache) bilden eine nicht zentral gesteuerte und auch niemals steuerbare (aber leider zerstörbare) spontane Ordnung. Die spontanen Ordnungen und Traditionen (die Popper'sche „Welt 3“) enthalten mehr Wissen und Erfahrung als je ein einzelner wissen kann und es ist einfach eine „Anmaßung“, die Kultur, deren Ergebnis der Mensch mit seiner besonderen Intelligenz ist, bewusst neu, sozusagen nach beliebiger Wünschbarkeit, zu machen, wie es aller Konstruktivismus oder Sozialismus verspricht. Der Wettbewerb in einer spontanen Ordnung geht im Übrigen nicht um „Leben und Tod“ („struggle for life“, „Kampf ums Dasein“), sondern nur um Status und Vorrang. Er ist nicht „sozialdarwinistisch“, wie auch Darwin sich gegen den „sozialen Darwinismus“ gewandt hat, besonders aber sein Schüler Thomas Huxley. Der Mensch ist „von Natur aus“ ein – Kulturwesen, nicht nur ein Teil der Popper'schen „Welt 1“).
Lesetipp: Friedrich August von Hayek: Die drei Quellen menschlicher Werte, in: Recht, Gesetz und Freiheit, Tübingen 2003, S. 460ff.

„Daseinsvorsorge“
Deutscher Ausdruck eines paternalistischen Staatsverständnisses, angeblich von dem Staatsphilosophen Hegel (und anknüpfend an ihn Ernst Forsthoff) stammend. Gegenwärtig wird damit die Zuständigkeit der Gemeinden für die Versorgung mit Wasser, Energie, Verkehr, Entsorgung usw. begründet – der „Gemeindesozialismus“ (oder auch, nach vielen Scheinprivatisierungen, der Gemeindekapitalismus). Dabei wurde diese Infrastruktur im 19. Jahrhundert größtenteils von Privatunternehmern geschaffen und erst, als sich ihr Erfolg zeigte, kurzerhand verstaatlicht (meist um 1900). Mit dem Ausdruck „Daseinsvorsorge“ lässt sich auch ein kommunistischer Staat begründen: Gehören nicht die tägliche Brotversorgung, die Kleidung, die Wohnung usw. zu dem, was man für sein „Dasein“ lebensnotwendig braucht? Die Privatisierungsbewegung sorg-

te für eine Erschütterung des traditionellen Verständnisses dieses Begriffs. Inzwischen ist sie vielfach einer Rekommunialisierung gewichen. Im Übrigen: Staatliche Aufgabe? Ja, vielleicht. Staatliche Durchführung? Gewiss nicht!

DDR

Ein kurzes und unerfreuliches Zwischenspiel der deutschen Geschichte von 1945/1949 bis 1990. Dieses Staatsgebilde ist keine originäre Schöpfung der Deutschen, sondern ein Kunstprodukt sowjetrussischer Eroberung von Mittel- bzw. Ostdeutschland nach dem Zusammenbruch von 1945. Hier wurde eine deutsche Ideologie in russischer Version ausprobiert, der Marxismus-Leninismus-Stalinismus. Die unglücklichen, von der Roten Armee „befreiten“, anfangs ca. 18 Millionen Deutschen mussten erfahren, dass der Sozialismus für moderne, komplexe Gesellschaften nicht passt. Sie bezahlten – im Unterschied zu den glücklicheren Westdeutschen – den vollen Preis für den nationalsozialistischen Exzess, kamen vom Regen in die Traufe. Millionen verließen diesen totalitären Kunststaat durch Flucht. Der dort verbliebene Rest sah sich mit ökonomischem Niedergang, geistiger Unfreiheit, ja Unterdrückung, archaischer Einsperrung und einer Dürftigkeit des Alltagslebens, auch einer Umwelt- und Naturzerstörung konfrontiert, die in der deutschen Geschichte ihresgleichen suchen. Kein Wunder, dass dieser Staat nicht die Zuneigung seiner Bewohner gewinnen konnte, sondern 1989/1990 durch Staatsbankrott und Unglaubwürdigkeit, schließlich durch einen „friedlichen“ Volksaufstand hinweggefegt wurde. Dabei war entscheidend, dass die russischen Besetzer – im Letzten Michail Gorbatschow – diesmal (im Unterschied zu 1953) keine Panzer auffahren ließen, da sie ihrerseits am Ende waren. Kurz danach brach das sowjetische Imperium zusammen.

Lesetipp: Klaus Schroeder: Die veränderte Republik Deutschland nach der Wiedervereinigung, München 2006.

„DDR light“

Etwas übertriebene Bezeichnung des deutschen Wohlfahrtsstaates angesichts einer Staats- bzw. Abgabenquote von über 50 Prozent, weit vorangetriebener Sozialisierung der Einkommen, stark eingeschränkter Vertragsfreiheiten in Elementarbereichen (Arbeit, Lebensvorsorge), Sozialisierung der Familie (staatliche Bezahlung der familiären Tätigkeit) und flächendeckendem Ausbau von Familienersatzeinrichtungen sowie katastrophaler Staatsverschuldung. Hinzu kommen Einschränkungen der Meinungsfreiheit über die Unkultur der sogenannten „politischen Korrektheit“. Auch die verschleiernde politische Sprache gehört dazu („Solidarität“, „soziale Gerechtigkeit“, „Generationenvertrag“, „Pflicht“ statt Zwang) und moralisierend überschriebene Gesetze (wie z. B. das „Gesetz zur Förderung der Steuerehrlichkeit“). Jedenfalls ist es wirklichkeitsfremd zu behaupten, dass wir gegenwärtig den „freiesten Staat der deutschen Geschichte“ hätten. In sozialer und wirtschaftlicher Hinsicht war das 19. Jahrhundert wesentlich freier.

„Deficit Spending“
Seit über zwei Jahrzehnten konstant geübte Ausgabepraxis des deutschen Fiskus mit der Folge einer Staatsverschuldung, wie es sie außerhalb von Kriegszeiten in der jüngeren Geschichte niemals gegeben hat (2011: über zwei Billionen Euro). Trotzdem – und gerade deswegen – leidet Deutschland unter hohen Arbeitslosenzahlen und wirtschaftlicher Stagnation. Dieses „Mehr-Ausgeben-als-Einnehmen“ wurde in einer speziellen historischen Situation von John M. Keynes als Mittel vorgeschlagen, verhärtete Strukturen speziell auf dem Arbeitsmarkt indirekt (über Inflation) zu bekämpfen. Inzwischen ist dies zu einem Dauerverfahren geworden bis zu dem Punkt, dass bei ungebrochenem Fortgang dieser Praxis ein Staatsbankrott droht. Es ist begreiflich, dass Politiker, auch über das Mittel von Schulden, gern den „Weihnachtsmann“ spielen, aber sich dann schwer tun, die ausgeteilten Geschenke wieder einzusammeln, wenn sie nicht mehr ohne weitere Schulden finanziert werden können.

Demografisches Problem
Die kritische demografische Entwicklung Deutschlands und anderer Wohlfahrtsstaaten Westeuropas hängt besonders mit den Strukturen der Sozialversicherung zusammen, die die Illusion verbreiten, man könne sich auch ohne Familie jederzeit auf den Staat stützen, namentlich, was die Versorgung im Alter betrifft. Gegenwärtig prämiert die gesetzliche Renten- und Pflege- sowie auch die Krankenversicherung sogar Kinderlosigkeit, d. h. beutet die Familie mit Kindern aus. Es wird auch dann eine unverkürzte Rente gezahlt, wenn man (aus freier Entscheidung für den Gegenwartskonsum) nichts zur biologischen Weiterexistenz der Rentenversicherung beigetragen hat. Das Umlageverfahren funktioniert nur, solange noch ausreichend Nachwuchs da ist. Es ermutigt jedoch

nicht dazu, ihn zu haben. So zerstört der Wohlfahrtsstaat sich auch biologisch selbst, er ist der scheiternde Versuch, die Familie durch Staatsvorsorge zu ersetzen: von der flächendeckenden „Kita“ bis zur Kranken- und Altersversorgung.

Lesetipp: Unternehmerinstitut der ASU (Familienunternehmer) e. V.: Weniger Staat, mehr Familie, Berlin 2006.

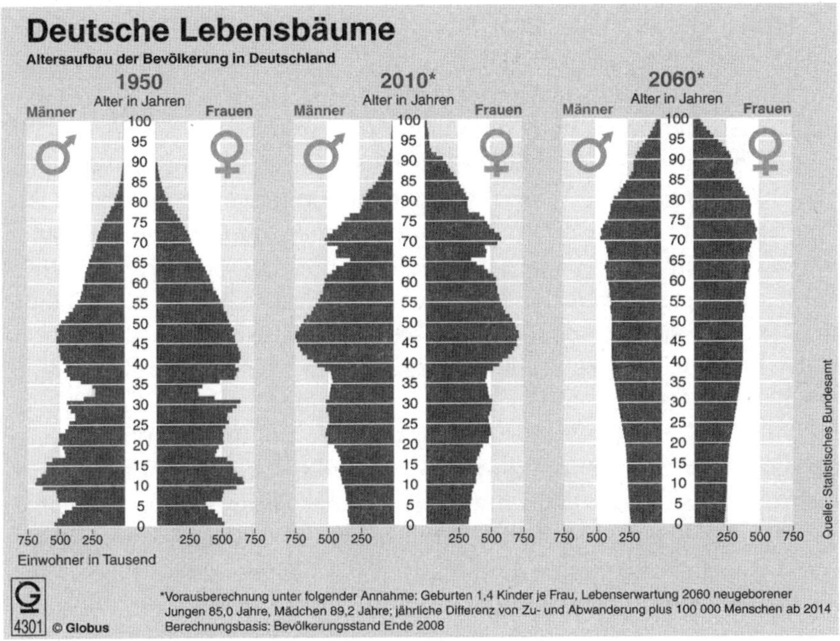

Demokratie

Als Technik der Entscheidungsfindung durch Mehrheitsbeschlüsse ethisch eher neutral, so positiv die Bürgerbeteiligung (besonders im Falle der Direktdemokratie) auch ist. Auf diese Weise lassen sich versagende politische Eliten bequem und ohne Blutvergießen ablösen. Das Prinzip der Mehrheitsentscheidung kennt keine Abgrenzung dessen, worüber entschieden und was entschieden wird: Dieses wichtige Element bringt erst der Liberalismus hinzu. Ohne diese Begrenzung kann eine Demokratie leicht in eine Gewaltherrschaft gegen Minderheiten übergehen, in eine „totalitäre“ Demokratie, wovon die Wohlfahrtsdemokratie in der Tat derzeit nicht weit entfernt ist.

Deutschland und die Geschichte der Freiheit
Deutschland wird seit den Exzessen des Nationalsozialismus gern als Land großer Staatsfrömmigkeit betrachtet und deutsche Geschichte – wenn man sie überhaupt noch aufmerksam behandelt – nur als Vorgeschichte des NS-Regimes wahrgenommen (womit man die Geschichtsfälschung eben dieses Regimes übernimmt). Die Wirklichkeit sieht anders aus. Es gibt keine Linie, die von Karl dem Großen oder Heinrich I. unvermeidlich zu Adolf Hitler führt. In Wirklichkeit hat dieses politisch zuletzt (nach Bismarck) so glücklose und ungeschickte Land auch große Traditionen der Freiheit von der deutschen Vorgeschichte, einigen germanischen Stämmen, an. Hermann der Cherusker, der nach seinem Triumph über die Römer versuchte, ein persönliches Regiment hochzuziehen, scheiterte an dem Widerstand seiner Stammesgenossen, die auf ihre Freiheitsrechte pochten, ja schon seiner eigenen Familie. Die Germanen waren ein Volk freier Bauern. Der Feudalismus begünstigte in extremer Weise die Nonzentralisation der Macht. Die Geschichte der freien Städte sind ein Ruhmesblatt deutscher Geschichte, ebenso die Freiheitskämpfe der Bauernrepubliken (Dithmarschen, Schweizer und Tiroler Bauern, der Bauernkrieg von 1525). Die Zersplitterung der politischen Macht, die viel gescholtene Kleinstaaterei, setzte der politischen Willkür enge Grenzen: Je mehr Grenzen und also mehr politischer Wettbewerb, desto mehr Chancen, der Willkür durch Flucht oder Auswanderung zu entgehen. Die Reformation – obwohl ihr an religiöser Toleranz wenig gelegen war – war doch für die Dezentralisation der Glaubensmeinungen günstig, förderte damit den religiösen Pluralismus und Wettbewerb. Viele verschiedenartige Glaubensbedürfnisse konnten sich ausdrücken statt der Dominanz eines Glaubensmonopols. Auch in Deutschland kennen wir große Liberale: Friedrich Schiller etwa, Kant mit seiner Elementarkritik am Wohlfahrtsstaat seiner Zeit, Wilhelm von Humboldt mit seinem hinreißenden Essay über die Grenzen der Wirksamkeit des Staates und der Hochpreisung der individualisierten Persönlichkei; die liberalen Politiker in der 1848er-Revolution (z. B. Friedrich Hecker als trotziger Held oder vorher Philipp Jakob Siebenpfeiffer und das „Hambacher Fest") und die große liberale Bewegung danach mit bezaubernden Männern wie Ludwig Bamberger oder unbeugsamen Kämpfern wie Eugen Richter. Wie dezentral war Deutschland auch noch nach 1871 und wie ernst genommen der „Rechtsstaat" schon vor 1914, auch wenn es mit der Demokratie haperte. Erst mit dem Unglück von 1914 begann politisch der Weg abwärts, auch mit dem forcierten freiheitsfeindlichen Ausbau des Wohlfahrtsstaates seit

Bismarck. Aber dann die großartigen Konzeptionen des Ordoliberalismus, ein Mann wie Ludwig Erhard und seine Taten! Auch die „Österreichische Schule“ der Ökonomie von Carl Menger an ist dem deutschen Kulturkreis zuzurechnen. Gegenwärtig freilich ist die zunehmende Unterwerfung der deutschen Bürger unter eine umfassende Wohlfahrtsbürokratie (statt „Macht“- nunmehr „Wohlfahrts“staat) und ihr fehlendes politisches Selbstbewusstsein, das sich auch in der Finanzkrise drastisch zeigt (ihr hochherziges, aber reichlich phantastisches Europäertum), eine Entwicklung, die Freiheits- und Lebensspielräume verkleinert und einen Schatten auf ihre Zukunft wirft.

Lesetipps: Gerd Habermann: Die Freiheit in der deutschen Geschichte, in: Roland Baader (Hrsg.): Die Enkel des Perikles, Gräfelfing 1995, S. 51ff.; Günter Ederer: Träum weiter, Deutschland, Frankfurt/M. 2011.

Dezivilisierung

Als eine Folge des zentralisierenden Wohlfahrtsstaates und der entsprechenden egalitären Philosophie läßt sich eine Schwächung aller Institutionen zwischen Staat/Bürokratie und dem Einzelnen feststellen, vorab der Familie, aber auch vieler Traditionen und Gruppen, die dem Einzelnen Sinn und Halt gaben und der dazugehörigen Einstellungen, „Tugenden“ und Werte. Wenn man sich im Letzten immer auf den Staat, den großen Übervater, verlassen kann, dann braucht man offenbar viele der inneren Disziplinierungen und Gemeinschaften nicht mehr, der letzte Lebensernst, ja selbst die Lebensspannung schwindet, weicht einem gegenwartsbesessenen Hedonismus („hohe Zeitpräferenz“) – und dem pseudoindividualistischen „anything goes“. Dies drückt sich schließlich selbst in der Geldpolitik des Staates aus, wie derzeit besonders krass in den USA und der EU zu sehen ist. Ein hemmungsloses Gelddrucken, um etwas Zeit zu gewinnen, hat um sich gegriffen (wie in Deutschland nach dem Ersten Weltkrieg). Sozial zeigt sich die Auflösung vieler Institutionen z.B. in der nur matt und erfolglos bekämpften Verschmierung der Mauern unserer Städte, in der Zahl der Scheidungen und der „Alleinerziehenden“, in den Kriminalitätsziffern, Suchtkranken, Depressiven, in Vandalismus, links- und rechtsextremer Gewalt und Exzessen des Nihilismus in der Kunst, schließlich sogar in der Demografie und dem Schuldenmachen. Arnold Gehlen spricht sehr schön von der „wohltuenden Fraglosigkeit in den Elementardaten“, die Entlastung zu beweglicher Freiheit gebe. Röpke schreibt von den lebenswichtigen Dingen „jenseits von Angebot und Nachfrage“ und Hayek lobt den Wert der Tradition,

von bewährten Verhaltensmustern heißt das, ähnlich wie de Jouvenel. Ohne dies alles, das dem Individuum Halt und Richtung gibt, muss der Staat totalitär werden: Er bietet eine *neue* Ordnung an, die er schließlich den desorientierten Individuen mit Gewalt aufzwingt.
Lesetipps: Arnold Gehlen: Moral und Hypermoral, 5. Aufl., Wiesbaden 1986, besonders S. 95 ff.; Günter und Peer Ederer: Das Erbe der Egoisten, München 1997; Hans-Hermann Hoppe: Demokratie, der Gott, der keiner ist, Leipzig 2003, S. 45 ff.

Direktdemokratie
Referenden, Volksinitiativen, Volksentscheide sind wichtige Mittel gegen eine Verselbstständigung der „politischen Klasse", auch auf europäischer Ebene, wie die heilsame Ablehnung des Europäischen Verfassungsvertragsentwurfs durch zwei wichtige Völker der Europäischen Union zeigte (Niederlande, Frankreich). Empirische Untersuchungen ergeben, dass bei direktdemokratischen Einrichtungen Staatsverschuldung und Staatsquote nicht in dem Maße steigen wie in den Ländern, in denen die Kontrolle von unten fehlt. Zudem ist Direktdemokratie eine Schule politischer Erziehung der Bürger. Wichtigste Vorbilder für Direktdemokratie sind einige Einzelstaaten der USA (besonders Kalifornien) und natürlich das Urbild aller freiheitlichen Demokratie: die *Schweiz*. Der Schweizer Stimmbürger ist häufig sachlich besser informiert als ein durchschnittlicher Abgeordneter des Deutschen Bundestages. Parteipolitische „Demagogen" haben hier kaum eine Chance. Die Idee der Direktdemokratie wird in Deutschland besonders durch Hans-Herbert von Arnim und den Verein „Mehr Demokratie" vertreten.
Lesetipps: Hans Herbert von Arnim: Demokratie ohne Volk, München 1993; Adolf Gasser: Die Geschichte der Volksfreiheit und der Demokratie, 2. Aufl., Aarau 1949.

Doering, Detmar (geb. 1957)
Einer der markantesten Publizisten des entschiedenen Liberalismus in Deutschland. Regelmäßiger Autor in der Frankfurter Allgemeinen Zeitung und der Neuen Zürcher Zeitung, Verfasser zahlreicher Broschüren. Auch als Redenschreiber für bekannte liberale Persönlichkeiten von Einfluss. Detmar Doering ist besonders dem angelsächsischen Liberalismus verpflichtet. Derzeit ist er Leiter des Liberalen Instituts der Friedrich-Naumann-Stiftung für die Freiheit. Unter seinen zahlreichen Schriften sei erwähnt: Traktat über Freiheit, München 2009.

„Dritte Welt“

Antiquierter Begriff aus der Zeit des „Kalten Krieges“ und der Blockspaltung für die Gesamtheit der Nichtindustrieländer der Welt. Aus dieser heterogenen Gruppe haben sich inzwischen viele Länder, besonders in Asien (Indien, China, die „asiatischen kleinen Tiger“) vom Elend traditioneller „Entwicklungsländer“ gelöst und sind zu Konkurrenten der alten Industrienationen geworden. Je mehr sie im globalen Netz verwoben sind, desto besser ergeht es ihnen (hinsichtlich Lebenserwartung, Bildungsstand, Einkommen pro Kopf). Nur die schlecht regierten, korrupten und isolierten Länder, etwa in Afrika südlich der Sahara oder in Nordkorea, verharren im Zustand des Elends. „Die Reichen werden reicher, die Armen aber auch.“ Marktwirtschaft ist eben kein Nullsummenspiel! Es lebe die Globalisierung!

Lesetipp: Johan Norberg: Das kapitalistische Manifest, Frankfurt/M. 2003.

Dumping

Der Begriff meint ursprünglich nur das Angebot von Gütern oder Leistungen unterhalb der eigenen Kosten. Soweit der Anbieter den Verlust dafür selbst trägt, bleibt dies in einer freien Wirtschaft unbenommen. Anders, wenn der Steuerzahler (z. B. durch staatliche Exportförderung) gezwungenermaßen diesen Verlust trägt (im Agrarbereich allgemein üblich und von der WTO erlaubt!). Inzwischen dient aber der Dumpingvorwurf vielfach dem Kampf gegen Wettbewerb überhaupt, namentlich zwischen Staaten, so wenn von Lohn-, Sozial-, Steuer-, Umweltdumping gesprochen wird, wo einfach national unterschiedliche Kostenstrukturen vorliegen, sich ein Land z. B. einen ausgedehnten Wohlfahrtsstaat erlaubt, der die Produktion dort verteuert, ähnlich bei unterschiedlichen Umweltstandards. Es sollen dann dem Konkurrenzland die höheren Standards aufgezwungen werden, was nicht zu billigen ist, auch nicht innerhalb der Europäischen Union.

„Dynamische Rente“

Seit der fragwürdigen Rentenreform von 1957 ist die Höhe der Altersrente teilweise von den Einzahlungen abgekoppelt und mit der allgemeinen Entwicklung des Lebensstandards verbunden. Dies geschah gegen den Widerstand Ludwig Erhards und vieler ökonomisch geschulter Liberaler. Mit dieser Reform gewann Adenauer zwar die Bundestagswahlen mit bisher zum einzigen Male absoluter Mehrheit für die CDU/CSU:

Die gesetzliche Rentenversicherung verlor aber ihre Krisenfestigkeit im Falle ökonomischer Stagnation und demografischer Verwerfung. Die Dynamisierung schadet im Übrigen auch der Kapitalbildung und Eigenvorsorge. All dies ist damals bereits vorausgesagt worden.

Dystopien
Die „schwarze" Abart der technischen und ethischen „Eutopien", wobei letztere die künstlich erdachten Idealwelten positiv darstellen, von Platons Politeia bis zu den technokratischen oder sozialistischen Utopien der Neuzeit. Dystopien schildern die Herabwürdigung und Zerstörung des individuellen Lebens als Egebnis der praktizierten „Eutopien". Wichtigste Autoren sind: H. G. Wells, Karel Čapek, J. Samjatin, Aldous Huxley und George Orwell. Angesichts der wissenschaftlich-technischen und ideellen Entwicklung muss man leider fürchten, dass die großen Experimente des 20. Jahrhunderts nicht die letzten waren.
Lesetipp: Henning Ottmann: Geschichte des politischen Denkens, Bd. IV, 1, Das 20. Jahrhundert, Stuttgart 2010, S. 1 ff.

E

Ederer, Günter (geb. 1941)
Brillanter Wirtschaftsfernsehjournalist, dem es gelungen ist, mit einer Reihe ordnungspolitisch ausgerichteter, erfolgreicher Fernsehfilme (vielfach preisgekrönt) das kritische Bewusstsein der deutschen Bürger auf die echten Probleme des Landes zu lenken, so z. B. mit „Die Trottel der Nation", „Land ohne Volk"; außerdem erfolgreicher Sachbuchautor: z. B. „Das Erbe der Egoisten" (2. Aufl., 1997) und „Träum weiter, Deutschland" (2011). Seine Karriere ging vom SWF über das ZDF, wo er jahrelang Wirtschaftskorrespondent in Tokio war, bis zur freien Wirtschaftspublizistik (seit 1990).

„Egoismus"
Heute meist moralisch abwertend gemeinter Begriff für die skrupellose Überbetonung des Eigeninteresses. Als elementares Bestreben jedes Individuums zur geistigen und materiellen Selbsterhaltung ist „Egoismus" die Zentralkraft jeder lebendigen Gesellschaft. Schädlich ist „Egoismus" nur, wenn er die allgemein verbindlichen „Regeln der Gerechtigkeit" verletzt (Gewalt- und Betrugsverbot). Ebenso, wenn er die Anstands-Liebespflichten gegenüber seinen „Nächsten" vernachlässigt, etwa gegenüber seiner Familie, seinen Freunden und auch gegenüber dem, was die politische Gemeinschaft von ihm fordern darf.

Lesetipp: Friedrich August von Hayek: Wahrer und falscher Individualismus, in: Individualismus und wirtschaftliche Ordnung, 2. Aufl., Salzburg 1976, S. 9ff.

Eigeninitiative

Die natürliche Tendenz der Bürger, selbst vorzusorgen und ihren Lebensplan selbst zu gestalten, die der Wohlfahrtsstaat aus Eigeninteresse seit Jahren erfolgreich bekämpft und zurückgedrängt hat. So ist entsprechend einem sogenannten „Solidaritätsprinzip" (Vorrang der nationalen Gemeinschaft!) die Aufblähung des Sozialbudgets auf (2011) ca. 760 Milliarden Euro entstanden (pro Kopf und Jahr: 8.600 Euro). Nach dem Subsidiaritätsprinzip hat die Eigeninitiative (des Einzelnen, der Familien, privater Verbände und Vereine) Vorrang vor der Staatsinitiative, die immer mit Zwang und Enteignung privater Verantwortung verbunden ist (und sei es auch nur, um sie zu finanzieren). Für die kommenden Sozialreformen ist „Eigeninitiative" ein entscheidendes Stichwort! Eigeninitiative, die die konkreten Umstände ihres Handelns kennt, kann verstreutes, nonzentrales Wissen bestmöglich verwerten und mobilisiert individuelle Energie und Aufmerksamkeit.

Eigentum

Diese für unsere moderne Gesellschaft kennzeichnende und überlebenswichtige Institution ist weder ein Sündenfall der Weltgeschichte oder gar „Diebstahl", sondern Voraussetzung einer Gesellschaft selbstbewusster Bürger. Es beginnt mit dem Eigentum an der eigenen Person (im Unterschied zum Sklaven), geht weiter mit dem Eigentum, das diese sich durch Arbeit, Fleiß, Geschicklichkeit und Glück erwirbt und schließt mit dem, was durch Geschenk oder Erbschaft legal übertragen wird. Ohne Eigentum weder Freiheit noch „Person" (allenfalls Nummer im Archipel Gulag oder Konzentrationslager). Eigentum schafft Frieden (durch klare Bestimmung des „Mein" und „Dein"), ist unentbehrlich als Basis einer Marktwirtschaft (sonst gäbe es nichts zu tauschen), gibt Unabhängigkeit und Widerstandsfähigkeit, ermöglicht es, für die Zukunft vorzusorgen und sich gegen Lebensrisiken zu sichern, verleiht schließlich die schöne Fähigkeit, als großzügiger Mäzen und Gastgeber in Erscheinung zu treten. Nichts ist in dem Sinne „sozialer" – auch wenn Eigentum niemals gleichmäßig verteilt sein kann. Diese Institution reicht bis in die graue Vorzeit der Menschheit zurück, beginnend mit dem persönlichen Eigentum an Kleidung, Haus, Waffen und den gemeinsam besessenen

Revieren der Horde. Die Schaffung einer Eigentümergesellschaft gegen die enteignende Wirkung des Wohlfahrtsstaates ist die wichtigste sozialpolitische Aufgabe der Gegenwart.
Lesetipps: Sascha Tamm: Eigentum, Berlin 2009; Friedrich August von Hayek: Die Verfassung der Freiheit, 4. Aufl., Tübingen 2005.

„Eigentümergesellschaft“
Das Antiprogramm zum Wohlfahrtsstaat: Statt die Bürger mit ihrem eigenen Geld von politischen Unterstützungsleistungen abhängig zu machen, dürfen sie es behalten und können so selbst vorsorgen. Dies geschieht konkret dadurch, dass man ihnen einerseits ihr zwangsweise konfisziertes Geld, namentlich die Sozialversicherungsbeiträge, zurückgibt (heute über 40 Prozent eines Durchschnittseinkommens), sodass sie damit Eigentum für die Lebensvorsorge bilden können, sie andererseits auch ermuntert, durch Aktienanteile oder Unternehmensbeteiligung als Arbeitnehmer selbst „Mitunternehmer“ zu werden. Es gibt somit zwei Arten von Sozialpolitik: eine freiheitliche Variante, die die Bürger zur Selbstständigkeit zurückführt, und eine kollektivistische, die sie immer weiter von Sozialtransfers abhängig macht und damit ihren Freiheitssinn und Unternehmungsgeist zerstört. Es ist klar, welche Art von Sozialpolitik allein mit dem Überleben von Demokratie und Rechtsstaat zu vereinbaren ist.
Lesetipp: Christian Hoffmann und Pierre Bessard (Hrsg.): Sackgasse Sozialstaat – Alternative zu einem Irrweg, Zürich 2011.

Eigenverantwortung
Mit Eigentum und Wettbewerb unmittelbar verbundener weiterer Zentralwert einer freien Gesellschaft. Die vergangenen Jahrzehnte brachten eine Erosion der Eigenverantwortung, die durch bürokratische Fremdverantwortung, d. h. Entmündigung der Bürger, ersetzt wurde. Die Schwächung der Eigenverantwortung führt nicht nur zum Sinken des moralischen Niveaus einer Gesellschaft, sondern auch zu einem Verlust an Dynamik und Optimismus. Erzwungene „Solidarität“ zerstört eigenverantwortliches Handeln und demoralisiert die Menschen. Nur freiwillige Solidarität ist von menschlich-moralischem Wert und entsprechend erfreulich. Die Zerstörung der Eigenverantwortung war einer der wesentlichsten Gründe für den Niedergang sozialistischstrukturierter Gesellschaften, vom Inkareich bis zur Sowjetunion.

Elite

Dieser Begriff meint wertfrei zunächst einfach die führenden Minoritäten einer Gesellschaft – ein universales und unvermeidliches Phänomen. Weitere Unterscheidungen dann in Leistungs-, Bildungs- und Machteliten – im Kontrast zur Masse des Durchschnitts. Eliten, namentlich politische Eliten, müssen nicht (obwohl es wünschenswert wäre) vorbildlich sein, schon gar nicht die „Besten“ darstellen. In den Wohlfahrtsdemokratien, auch Deutschlands, leidet ihr Ansehen daran, dass sie leidenschaftlich und erfolglos mit Problemen kämpfen, die wir ohne ihr Wirken gar nicht hätten (z. B. Staatsschulden- und Weltfinanzkrise). Politische Elitenauslese und -schulung sind ein schwer lösbares Problem, wenn der platonische Weg ausscheidet. So sollten politische Eliten möglichst wenig zu sagen haben, um den Schaden ihres Wirkens zu begrenzen. Dies ist ein Plädoyer für ein umfassendes Privatisierungsprogramm und ein möglichst kleines Angebot an öffentlichen Gütern, mit anderen Worten für John Locke, Benjamin Constant, Ludwig von Mises oder Friedrich August von Hayek.
Lesetipp: Gaetano Mosca: Die herrschende Klasse, Bern 1950.

„Ellbogengesellschaft“

Polemische Bezeichnung für eine Wettbewerbsgesellschaft, in der jeder Einzelne sich nur durch produktive Leistungen für seine Mitmenschen vorwärts bringen kann. Der Ausdruck zeugt von einer Verkennung der Tatsache, dass die Marktwirtschaft ein solidarisches Geflecht arbeitsteiliger wechselseitiger Dienste ist. Ellbogengesellschaften sollte man ausschließlich jene Gesellschaften nennen, in denen vor allem durch Protektion, Bestechung, Mobbing, Gewalt oder Einschüchterung voranzukommen ist, die sozialistischen oder halbsozialistischen Gesellschaften. Eine Leistungsgesellschaft wird umso mehr zur „Ellbogengesellschaft“, als sich Verbände durch Druck auf die Politiker Sondervorteile sichern, die nicht leistungsbezogen sind. In vielem legt das zeitgenössische Deutschland davon ein betrübliches Zeugnis ab, z. B. was Gewerkschaften oder verschiedene Wirtschaftsverbände betrifft – und natürlich auch die Staatsbürokratie selbst, sofern sie sich über die politische Gewalt Privilegien für ihre „Bediensteten“ sichert. Derzeit bilden die Staatsbediensteten und Gewerkschaftsmitglieder die stärkste Fraktion im Deutschen Bundestag, auch daher die fehlenden Reformimpulse.

Emerson, Ralph Waldo (1803–1882)
Ein amerikanischer Philosoph, der jedem, besonders jungen Menschen, der nach dem eigenen Weg sucht, das Herz höher schlagen lässt. Friedrich Nietzsche nennt ihn seinen „Bruder im Geiste“ – das will schon etwas heißen. Emersons „Essays“ zeigen einen enthusiastischen, pantheistisch überhöhten Individualismus, wie er sich besonders in dem berühmten Essay „Selbstvertrauen“ (self-reliance) zeigt. „Wer ein Mann sein will, muss ein Nonkonformist sein ... kein Gesetz kann mehr geheiligt sein als das meiner Natur“; „Vertraue dir selbst, jedes Herz fliegt bebend diesem eisernen Nerv zu“; „... aber von Feiglingen will Gott sein Werk nicht offenbart haben.“ Emersons begeisternde Botschaft zeigt, dass der liberale Individualismus als Persönlichkeitslehre mehr sein kann als Utilitarismus, Sozialtechnologie oder müde Toleranzpredigt.
Lesetipp: Ralph Waldo Emerson: Die Natur. Ausgewählte Essays, Stuttgart 1982.

Energiepolitik
Neben dem Trauerspiel in der deutschen Krankenversorgung („Gesundheitswesen“) steht gleichwertig das planwirtschaftliche Subventionschaos in der Energiewirtschaft, zuletzt der panisch-übereilte sogenannte „Atomausstieg“. Wer Herr der Energieversorgung ist, verfügt heute über enorme Macht über die Wirtschaft und das alltägliche Leben der Bürger, abgesehen noch von winkenden Monopolrenditen. So haben sich denn auch Regierungen auf der ganzen Welt der Herrschaft über die Ressource Energie bemächtigt und selbst die Außenpolitik steht häufig im Zeichen sicherer Energieversorgung.

Es geht hier um die Erzeugung, den Netzbetrieb und die Netzverteilung. Die EU hat seit 1998 etwas mehr Wettbewerb durchzusetzen versucht. Fatal ist die Anmaßung unserer Regierung, den (realistischen) Preiswettbewerb auszuschalten und stattdessen dem Markt einen Energieträger und Erzeugungsmengen vorzugeben, also z. B. 35 Prozent erneuerbare Energien, zwei Millionen Elektroautomobile bis 2020, keine Atomkraft. Eine mögliche Grenze dieser Manipulationen liegt im Willen der Bürger, diese ihnen vorgesetzte Planwirtschaft finanziell mitzutragen. Hierin liegt auch eine gewisse Hoffnung für eine marktwirtschaftliche Energiewende. Für die Atomkraft gilt: vollständige Kostenrechnung, auch der externen. Wenn das atomare Risiko nicht auf den Märkten zu versichern ist, muss dieser Energieträger aufgegeben werden, auch einseitig.

Lesetipp: Andreas Mihm: Planwirtschaft in der Energiewirtschaft, FAZ.net, 24.07.2011.

„Entwicklungshilfe“
Finanzhilfe an „unterentwickelte“ Länder zu marktwidrigen Konditionen oder als Geschenk, in der Regel aus Steuermitteln finanziert. Diese Art Hilfe führt in der Regel zu Misswirtschaft, Verschwendung und Zerstörung der Eigeninitiative der so Beglückten, auch zur direkten ökonomischen Schädigung der Strukturen des Empfängerlandes. Oft wurde sie aus politischen Gründen zu Bestechungszwecken gewährt. Ein Schuldenerlass auf Kosten der nationalen Steuerzahler ist kaum dazu geeignet, die Lage zu verbessern, schwächt vielmehr den Kredit der Empfängerländer weiter. Abgesehen von akuter Nothilfe bei Naturkatastrophen ist Entwicklungshilfe vor allem durch freien Handel und im Übrigen Hilfe zu Marktkonditionen erfolgreich, wie der Aufstieg etlicher, früher für „unentwickelt“ gehaltenen Länder im Zuge der Globalisierung zeigt (von China und Indien bis zu den phänomenalen „kleinen Tigern“).
Lesetipp: Lord Peter T. Bauer: The Development Frontier, London 1991.

Erasmus von Rotterdam (1466–1536)
Das „Lob der Torheit“ dieses berühmtesten aller Humanisten darf in der liberalen Bibliothek nicht fehlen – so wenig wie Montaignes Essays. E. ist ein liberaler Freigeist. Manche vergleichen ihn mit Voltaire. Man mag ihn auch Individualist, Epikureer, Skeptiker und Kosmopolit nennen und das bedeutet schon, dass er nicht ein Stürmer und Revolutionär in der Art Martin Luthers war, sondern ein milder, um eine Versöhnung der Gegensätze bemühter Reformer. Hätten sich seine Ansichten durchgesetzt, so wären uns die konfessionellen Wirren und Kriege des 16. und 17. Jahrhunderts erspart geblieben und Renaissance und Humanismus wären ohne Bruch in das Zeitalter der „Aufklärung“ übergegangen.

Erhard, Ludwig (1897–1977)
Die fast vergessene Ikone der Sozialen Marktwirtschaft. Erhard wollte eine Gesellschaft von Eigentumsbürgern, nicht die „komfortable Stallfütterung“ des Wohlfahrtsstaates, wie wir sie inzwischen haben. Sein Argument war: nicht immer umfassendere Umverteilung des Sozialprodukts, sondern dessen Mehrung („Multiplikation, nicht Division des Sozialprodukts“). Je mehr Wohlstand und Eigentum, desto weniger Sozialpolitik sei notwendig. Schließlich könne sie ganz absterben. Seine

christlich-sozialistischen Gegner argumentierten dagegen: Je wohlhabender wir werden, desto mehr soziale Sicherung können wir uns leisten. Die „soziale Sicherung" avancierte zum Selbstzweck, ein folgenreicher Irrweg.
Lesetipps: Gerd Habermann (Hrsg.): Vision und Tat. Ein Ludwig-Erhard-Brevier, 2. Aufl., Thun 2005; Alfred C. Mierzejewski: Ludwig Erhard. Der Wegbereiter der Sozialen Marktwirtschaft, Berlin 2005.

Erziehungsgeld, Erziehungsrenten, Elterngeld usw.
Elemente einer dubiosen Familienpolitik, die nach und nach die Selbstverantwortung der Familie und deren ökonomisch-moralische Solidarität auflöst. Es dominiert die Auffassung, dass „*Kinder nichts kosten dürfen*", dass es unzumutbar für die Eltern ist, für den Besitz von Kindern materielle Opfer zu bringen oder Einschränkungen der „beruflichen Selbstverwirklichung" in Kauf zu nehmen. Dahinter stecken egalitäre, neidgetriebene Leitbilder und Motive und ein ziemlich krasser Materialismus. Eltern mutieren so zu bezahlten Erziehungsfunktionären des Staates. Familien ist dagegen am besten geholfen, wenn man ihnen möglichst viel „netto" lässt, sodass sie z. B. auch Schulgelder, Studiengebühren und die Mittel für Wohnungseigentum aus Eigenem aufbringen können.
Lesetipp: Unternehmerinstitut der ASU (Familienunternehmer) e. V.: Weniger Staat, mehr Familie, Berlin 2006.

„ESM"
Ein Verzweiflungsakt unbelehrbarer, nur auf kurzen Zeitgewinn spekulierender europäischer Politiker ist der ab 2013 einzurichtende „Europäische Stabilitätsmechanismus" mit einer Kapitalbasis von 700 Milliarden Euro, darunter mit Bareinlagen von 80 Milliarden Euro (20 Mrd. von Deutschland). Er dient der subventionierten Kreditgewährung an konkursreife Staaten, nachdem der erste „Rettungsschirm" dieser Art (mit 250 Mrd. Euro) nicht mehr auszureichen schien. Der ESM stellt keine Lösung des Schuldenproblems der ehemaligen Weichwährungsländer wie Griechenland, Portugal usw. dar, sondern vermehrt noch deren Schuldenlast – wofür sich die helfenden Länder wie Deutschland ihrerseits noch mehr verschulden. Dies alles läuft auf einen europäischen Gesamtkonkurs und/ oder hohe Inflationsraten hinaus. Die Alternative: Zulassen der nationalen Zahlungsunfähigkeit, „no bailing out", Wiedereinführung der nationalen Währung wie der Drachme: Ein Ende mit Schrecken gewiss, auch

für etliche deutsche und französische Banken und viele einfache Bürger, die Staatsanleihen besitzen, aber besser als der europäische Gesamtruin. *Lesetipp: Peter Altmiks (Hrsg.): Die optimale Währung für Europa?, München 2011.*

Etatismus

Namentlich in Deutschland und Frankreich grassierende metaphysische Staatsgläubigkeit in dem Sinne, dass man den Staat als eine Art allwissende und neutrale Überperson ansieht, deren Anordnungen und Eingriffe das allgemeine Beste sichern. Indessen besteht der Staat in nichts als in einem Menschenapparat mit starken Eigeninteressen, die häufig nicht mit dem Gesamtwohl einhergehen. Der Staat ist nur als legitimer Zwangsapparat zur Sicherung der individuellen Freiheit vertretbar, allenfalls noch in der Bereitstellung einiger technischer Dienste, im Übrigen wegen seines legitimen Gewaltmonopols in Versuchung, über seine legitimen Grenzen hinauszugehen, eine ständige Gefahr für Freiheit und Eigentum der Bürger, wie auch in der gegenwärtigen „Finanzkrise“ zu sehen. Zudem eine Hauptquelle der Kriege. Im Unterschied zum „zivilen“ Markt, der auf freien Verträgen beruht, zieht der Staat eine breite Blutspur hinter sicher.
Lesetipp: Ludwig von Mises: Im Namen des Staates, Stuttgart 1978.

„Ethik des Teilens“

Die Idee des solidarischen Teilens ist lebenswichtig für die Existenz einer Gesellschaft. Sie findet vor allem im privaten Kreis, in den privaten Gemeinschaften statt, von der Familie, über die Freundschaft, Nachbarschaft bis – allerdings nur im äußersten Notfall – zur nationalen Gemeinschaft. Nur in spontanen Gemeinschaften gibt es so etwas wie „soziale Wärme“. In allen kleinen Gemeinschaften, die durch Neigung und Interesse zusammengehalten werden, teilen deren Mitglieder gerne, man denke an den Familientisch, an dem „jedem nach seinen Bedürfnissen“ (im Rahmen der gegebenen Mittel) ausgeteilt wird. Irreführend ist es, dieses sympathische Ideal als „soziale Gerechtigkeit“ auf die gesamtgesellschaftliche Ebene und den Markt zu erstrecken. In der Marktwirtschaft geht es nicht um das „Teilen“ des vorhandenen Brotes, sondern um dessen Mehrung. Ein unternehmerischer Sankt Martin teilt nicht den Mantel, sondern gründet eine Mantelfabrik und verschafft dem Bettler dort einen Arbeitsplatz, sodass er sich einen Mantel kaufen kann statt zu betteln. So lösen Unternehmer das Problem der Armut …

Lesetipp: Unternehmerinstitut der ASU (Familienunternehmer) e.V.: Eigentum verpflichtet, Berlin, 2004.

Euro

Die europäische Einheitswährung (seit 1999/2002) ist unter Liberalen umstritten. Klassisch-Liberalen mit ihrem Wettbewerbsgedanken, dem Subsidiaritätsprinzip und Antizentralismus ist dieses Unternehmen ein Gräuel, wurde doch die politische Macht des Währungsmonopols, dem man als gesetzlichem Zwangszahlungsmittel nicht ausweichen kann, durch die weitgehende Abschaffung der nationalen Währungskonkurrenz enorm gesteigert. Die politische Unabhängigkeit der Europäischen Zentralbank (EZB) erwies sich zudem ebenso als Fiktion wie der begleitende „Stabilitätspakt". Der Euro ist ein „gemeinsames Dach ohne gemeinsames Haus" der weiterhin glücklicherweise auf Eigenständigkeit bedachten Völker. Treibende Kräfte bei der Durchsetzung dieses Projekts waren die „Europäisten" – die Freunde eines europäischen Einheitsstaates mit weitgehend kartellierten Wohlfahrts-, Steuer- und Umweltstandards und Rechts- und Lebensverhältnissen überhaupt („Harmonisierung"); ferner besonders die Weichwährungsländer, die – mit Frankreich an der Spitze – die unbequeme D-Mark als Wettbewerber loswerden wollten. Mit dem verordneten Einheitszins für sehr unterschiedliche Verhältnisse wurde in den traditionellen Weichwährungsländern ein Scheinboom ausgelöst, während Deutschland stagnierte. Der Euro war für dieses Exportland in summa ein Nachteil, für den es bis heute enorm bezahlen muss/will. Als die „Blasen" platzten, waren die Staatshaushalte einiger Länder konkursreif (Griechenland, Irland, Spanien, Italien zunächst). Die panischen Bemühungen der Politiker, das Währungsprojekt unverkürzt zu bewahren, hat zu dem Verzweiflungsakt des „Europäischen Stabilitätsmechanismus" (ESM, s. o.) geführt, mit dem die europäische Geldverfassung endgültig einem ungewissen Schicksal preisgegeben wird, wenn er denn tatsächlich durchkommt (August 2011). Ein Liberaler sollte für den Wettbewerb der Währungen ohne staatliche Papiergeldmonopole eintreten, welche die Regierungen nur zur Schuldenmacherei und Inflationspolitik verleiten.
Lesetipps: Bruno Bandulet: Die letzten Jahre des Euro, 2. Aufl., Rottenburg 2011; Roland Baader: Geldsozialismus, Gräfelfing 2011.

Eurobonds

Die „Europäisierung" der nationalen Schuldenwirtschaft durch Ausgabe von Eurobonds unter gesamtschuldnerischer Haftung für Rückzahlung und Zinsen ist ein dreister Versuch der unsoliden Mitgliedstaaten (der berühmten PIIGS), sich auf Kosten der anderen, namentlich Deutschlands, noch eine Zeit lang vor der „Stunde der Wahrheit" zu drücken und lieber mit allen „solidarisch" zugrunde zu gehen, statt den beschwerlichen Weg der Sanierung der eigenen Finanzen zu suchen. Für die europaromantischen Deutschen bedeutet dies in der Tat ein weiteres Versailles. Eine Tragödie für dieses identitätsschwache Land! Nicht einmal in den USA haftet der Bund für die Schulden der Einzelstaaten. Wenn es zur Einführung von Eurobonds kommt, wird das Ende der Währungsunion wahrscheinlich und das europäische Projekt ist insgesamt gefährdet. Nach Berechnungen des IFO würde dies Deutschland mit ca. 47 Milliarden Euro jährlich zusätzlich belasten – und die Versuchungen des *moral hazard* für die parasitären Nutznießer wären auf Dauer unwiderstehlich.

Europäische Sozialcharta
Wichtiges politisches Zeugnis des Wohlfahrtsstaates auf europäischer Ebene, vom Europarat verantwortet (1961/1999). Sammelsurium von Anspruchsrechten gegen den Staat: vom Streikrecht bis hin zum Recht auf Sozialversicherung, auf „Schutz vor sozialer Ausgrenzung", auf ein „Verbot von Diskriminierung aufgrund familiärer Verpflichtungen", auf externe Kinderbetreuung, ein (verklausuliertes) Recht auf Arbeit u.a. Die Europäische Sozialcharta wurde nicht von allen Ländern, z.B. der Schweiz, akzeptiert, da sie in der Tat ein anachronistisches Dokument der Anspruchsmentalität ist und die sozialste Einrichtung der Welt, die Marktwirtschaft, vielfach einschränkt und teilweise um ihre wohltätige Wirkung bringt.

„Europäisches Sozialmodell"
Von einigen Politikern der kontinentaleuropäischen Wohlfahrtsstaaten (z.B. Chirac, Ex-Kanzler Schröder) behauptete gesellschaftspolitische Vorbildlichkeit des dahinsiechenden europäischen wohlfahrtsstaatlichen Musters. Wird abgegrenzt vom „angelsächsischen Modell" mit seinen „amerikanischen Verhältnissen". Das „Europäische Sozialmodell" ist indessen glücklicherweise nicht einmal in Europa einheitlich verwirklicht (vgl. z.B. die Sozialpolitik Großbritanniens von Thatcher bis Cameron oder die liberale Gesellschaftspolitik Irlands, Islands oder Estlands). Dieses „Modell" aus Umverteilung, Staatsfütterung und Egalitarismus ist ein Hauptgrund des ökonomischen Abstiegs etlicher Länder,

namentlich Deutschlands und Frankreichs, der hohen Arbeitslosenzahlen und der maroden öffentlichen Haushalte.

Europäische Union
Derzeit einmal mehr in eine Identitätskrise geratenes Konglomerat europäischer Staaten, das in Gefahr steht, zu einem bürokratisierten Euro-Supernationalstaat mit imperialen Zügen zu werden. Soweit die Europäische Union über einen gemeinsamen Markt inklusive Kapitalverkehrsfreiheit und gemeinsamer Außenhandelspolitik hinausgeht, tendiert sie dazu, politische Macht über die Bürger nicht aufzuheben, sondern sie nur auf eine höhere Ebene zu verlagern. Dies ist kein Fortschritt, sondern eher eine Gefahr für den Wettbewerb der Nationen und für die Eigenheit und Freiheit der europäischen Völker. Unter „Harmonisierung", verbindlichen „Mindestnormen" usw. verbirgt sich regelmäßig der Wunsch, den Wettbewerb der Nationen auszuschalten und Europa zu nivellieren, z. B. durch einheitliche Steuer-, Sozial-, Bildungs- oder Umweltstandards. Besonders bedenklich ist die ständige drohende Steuerharmonisierung: ein unentrinnbares Kartell der europäischen Finanzminister. Indessen ist der Wettbewerb der europäischen Staaten und Völker eine Voraussetzung des Aufstiegs und der Dynamik Europas gewesen. Gerade die Vielfalt und Nonzentralisation der Macht ist das Europäische an Europa. Es war ein Glücksfall, dass Europa bisher nicht zu einem „Imperium" verschmolzen ist. Treibende Kraft bei der Planierung Europas ist die EU-Kommission mit ihrer einzigartigen Macht des Initiativmonopols, ja sogar des Tagesordnungsmonopols für den Ministerrat: das Europa der Kommissare! Derzeit erwächst aus der Finanz- und Staatsschuldenkrise die Gefahr eines weiteren Zentralisierungsschubs (siehe Artikel „ESM"): „Europa" ist nicht „Brüssel"!

Lesetipps: Roland Vaubel: Europa-Chauvinismus. Der Hochmut der Institutionen, München 2001; Eric L. Jones: Das Wunder Europa, Tübingen 1991; Václav Klaus: Europa?, Obertshausen 2011.

„Existenzminimum"
Vage Bezeichnung, die ohne Aussagekraft hinsichtlich der tatsächlich verfügbaren individuellen Mittel ist, sofern über ein physisches Existenzminimum – also das Minimum zum Überleben – hinausgegangen wird. Es ist niemandem möglich, auf Dauer unter diesem Existenzminimum zu leben, schon gar nicht den Millionen, die angeblich inzwischen selbst

bei uns „unter dem Existenzminimum" vegetieren sollen. Maßgebend in der sozialpolitischen Diskussion ist dagegen ein sozial-kulturelles Existenzminimum, das weit vom physischen Existenzminimum entfernt ist und die garantierte Teilhabe am kulturellen Leben und üblichen technischen Komfort einschließt. Das sozial-kulturelle Minimum enthält ein großes Missbrauchspotenzial: Es erlaubt jenen, die skrupellos genug sind, es auszunutzen, ein zeitlich kaum begrenztes, recht komfortables Parasitentum auf allgemeine Kosten, ja Sozialhilfekarrieren und -biografien, selbst über Generationen hinweg, sind bekannt.

Lesetipp: Walter Krämer (Hrsg.): Armut in der Bundesrepublik, Frankfurt/M. 2000.

F

Familie, Familienpolitik

Biologische und kulturelle Zentralinstitution einer gesunden Gesellschaft. Sie wird durch einen natürlichen „Generationenvertrag" gegründet. Die Familie ist die kleinste Einheit sozialer Sicherung, eine Selbsthilfegemeinschaft, die durch zunehmende Staatsfinanzierung ihrer Funktionen bzw. deren Verlagerung auf Familienersatzeinrichtungen von der Kindertagesstätte bis zur Sozialversicherung enorm geschwächt worden ist. Fast 50 Prozent der Familienfinanzierung sind bereits sozialisiert, z. B. durch Sozialisierung der Ausbildungskosten und Kindergelder, insgesamt über 250 Milliarden Euro (Institut für Weltwirtschaft). Familienpolitik ist der vor allem „christlich-bürgerliche" Weg, unsere Gesellschaft zu sozialisieren. Der Wohlfahrtsstaat ist ein Versuch, die Familie durch staatliche Ersatzeinrichtungen (von der „Kita" über die Ganztagsschule bis zur gesetzlichen Renten- und schließlich Pflegeversicherung) zu ersetzen. Die Familie ist neben dem Privateigentum Haupthindernis sozialistischer Nivellierungspolitik. Ihre kulturell-moralische Abwertung hat den demografischen Schwund vieler europäischer Völker begünstigt. Die Wiederherstellung der Familiensouveränität sollte ein wichtiger Punkt moderner Gesellschaftspolitik sein. Indessen geht die Tendenz im Namen einer sogenannten „Familienpolitik" immer noch in die falsche Richtung. Die beste Familienpolitik ist staatliche Enthaltsamkeit gegenüber der Familie. Und: Familie, d. h. im Normal- und Idealfall Vater, Mutter, Kind.

Lesetipps: André Burguière, Christiane Klapisch-Zuber, Martine Segalen, Françoise Zonabend (Hrsg.): Geschichte der Familie: 20. Jahrhundert, Essen 2005; Unternehmerinstitut der ASU (Familienunternehmer) e. V.: Weniger Staat, mehr Familie, Berlin 2006; Udo Di Fabio: Die Kultur der Freiheit, München 2005.

Faschismus

Man sollte diese Bezeichnung der italienischen nationalistisch-autoritären Bewegung und Staatspraxis Benito Mussolinis vorbehalten. Mussolini konnte aus dem System heraus gestürzt werden. Die Rassenlehre spielte keine Rolle, kaum der Antisemitismus. Ein Benedetto Croce konnte publizieren. Den totalitären nationalen Sozialismus Hitlers „faschistisch" zu nennen, ist eine Verharmlosung dieses Regimes und geschieht wohl nur deswegen, weil Linkssozialisten nicht wahrhaben wollen, dass die Nazis ihre Brüder im Geiste sind, auch wenn anstelle von Rasse die Klasse tritt. In Methode und Struktur gibt es kaum Unterschiede zwischen dem leninistisch-stalinistischen System und dem Hitlerdeutschland oder doch nur in dem Sinn, dass Stalin (und vorher schon Lenin) noch allmächtiger war als Hitler, da er Bürgertum, Bauerntum, Adel und Priester liquidieren konnte, was Hitler (vorläufig) nicht wagte.
Lesetipp: Henning Ottmann: Geschichte des politischen Denkens, Bd. IV, 1, Das 20. Jahrhundert, Stuttgart 2010, S. 275ff.

FDP

Der politisch organisierte Liberalismus der Parteien ist nicht mit dem Liberalismus als freiheitlicher Doktrin zu verwechseln. Er war einmal, bis Bismarck ihn zähmte und spaltete, die stärkste politische Kraft in Deutschland. In der Weimarer Zeit kam er bis fast auf null. Nach 1945 bildete er als FDP ein mildes bürgerliches Korrektiv der beiden großen Massenparteien und trat z. B. mutig gegen die Adenauer'sche Rentenreform von 1957 auf, war auch ein verlässlicher Verbündeter des großen liberalen Wirtschaftsministers Erhard. In der sozialliberalen Koalition (1969–1982) unterstützte er den Ausbau des Wohlfahrtsstaates. In der anschließenden „bürgerlichen" Regierung Kohl stimmte er für die Einführung einer weiteren Staatsversorgungsfiliale im Bismarck-Stil, die „Pflegeversicherung". Die FDP ist mitverantwortlich für das misslingende Euro-Experiment. Derzeit, nach dem Triumph von 2009 mit den richtigen Parolen, stürzte sie dramatisch ab, da anschließend nur wenig von ihrer Wirksamkeit zu sehen war und ihre stärkste politische Figur – Westerwelle – sich in ein Ressort begab, für das sie nicht geeignet ist. W. hinterließ ein Führungsvakuum, das noch nicht gefüllt werden konnte. Auch programmatisch zeigt sich noch keine breitere liberale Renaissance. Nur eine bisher noch kleine Gruppe um den Bundestagsabgeordneten Frank Schäffler macht echten Liberalen Hoffnung.

Lesetipp: Gerd Habermann: Der angepasste Liberalismus, Handelsblatt vom 13.08.2010.

Feminismus
Eine über die rechtliche Gleichstellung der Frau hinausgehende ideologische Bewegung, die zu einer Art Geschlechterkampf mit Einsatz von Zwangsmitteln zugunsten der als „benachteiligt" angesehenen Frauen geführt hat („Frauenbeauftragte" als Gleichstellungskommissarinnen, Frauenquoten, Antidiskriminierungspolitik usw.). Hinter dem „Feminismus" steckt eine Spielart des Egalitarismus, der männliche Maßstäbe und Werte verabsolutiert. Von einigen Vertreterinnen (Mary Daly z. B.) wird aber auch im Gegenteil die gesamte männliche Welt der „Sachlichkeit", Wissenschaft, Industrie und Technik verworfen und zum einfachen Leben in anarchischen Frauengemeinschaften aufgerufen. In spezifischen „Frauenutopien" wird eine Gesellschaft mit Frauenherrschaft und männerfeindlicher Tendenz geschildert (z. B. Ursula K. Le Guin, Sally Miller Gearhart). In der besonderen Spielart des „theologischen Feminismus" wird auch religiös und metaphysisch die Dominanz der männlichen Götter und Werte angegriffen und eine Welt konzipiert, in der das mütterliche Prinzip und die Muttergottheiten das Überlegene und Ursprüngliche sind.
Lesetipps: Susanne Gaschke: Die Emanzipationsfalle, München 2005; Ursa Krattiger: Die perlmutterne Mönchin, Reinbek b. Hamburg 1987; Martin van Creveld: Das bevorzugte Geschlecht, München 2003.

Finanzausgleich
Finanzpolitische Nivellierungsmaßnahmen, um ein einheitliches Angebot an öffentlichen Gütern und „gleichwertige Lebensverhältnisse" in Deutschland – und vielleicht gar in der „Europäischen Union" – zu schaffen. Der Finanzausgleich garantiert jedem Bundesland fast 100 Prozent der durchschnittlichen Finanzkraft aller Bundesländer: Ähnlich ist es mit den Umverteilungen auf kommunaler Ebene. Es werden erfolgreiche Bundesländer (z. B. Bayern oder Hamburg) durch Wegnahme von Steuerertrag bestraft, weniger erfolgreiche (z. B. das Saarland oder Berlin) durch Zuschanzung von entsprechenden „Sozialtransfers" belohnt. Der Wettbewerb um bestmögliche Steuersätze und bestmögliche Güterangebote kann so kaum stattfinden. Der Finanzausgleich ist Ausdruck eines Egalitarismus, wie er in unserer sozialistischen Marktwirtschaft immer mehr an Einfluss gewinnt. Abhilfe kann nur eine Wie-

derherstellung des Wettbewerbsföderalismus, des Wettbewerbskommunalismus mit eigenen Steuerhoheiten und Verantwortlichkeiten bringen. Auch sollte (wogegen sich das Bundesverfassungsgericht bisher leider sträubte) der Konkurs eines Bundeslandes mit anschließender Übernahme seiner Verwaltung durch einen Bundeskommissar möglich sein. Wer seine kommunale oder ländermäßige Selbstständigkeit nur mit massiver Subventionierung durch die Allgemeinheit aufrechterhalten kann, hat den Anspruch auf sie verwirkt – sie ist in diesem Fall nur noch ein potemkinsches Dorf.
Lesetipp: Charles B. Blankart: Öffentliche Finanzen in der Demokratie, 7. Aufl., München 2008.

Finanzkrise
Vorweg: dies ist keine Krise des „Kapitalismus", denn die Geldverfassung ist nicht marktwirtschaftlich geordnet, sondern es handelt sich hier um staatliche Monopolwirtschaft: Der Staat hat das „Monopol legitimer Geldausgabe" mit Annahmezwang („gesetzliches Zahlungsmittel") und hat damit (seit 1914/1971) ein Papiergeld geschaffen, das von ihm bzw. den Regierungen regelmäßig missbraucht wird, einerseits, um billig Kriege zu führen, andererseits um Sozialpolitik zu betreiben und Wähler für sich zu gewinnen – oder soll man sagen, zu bestechen? So manipuliert er den Preis des Geldes, den Zins („Politik des billigen Geldes"), um die Konjunktur „anzukurbeln", und verursacht die erst dadurch wiederkehrenden Konjunkturzyklen mit ihren pseudodramatischen *booms and busts*. In den USA wurde dieses Mittel dazu gebraucht, um jedermann, besonders einigen Randgruppen, zu einem billigen Häuschen zu verhelfen. Als dann der Zins wegen der unvermeidlich anziehenden Inflation angehoben wurde (2007) war die Krise da, deren Folgen dann mit erneuter Geldvermehrung begegnet wurde. Auch das Mindestreservesystem, das den Banken erlaubt, praktisch unbeschränkt Kredite auszugeben, trug zu dem Fiasko bei, das auch mit immer mehr Papiergeld nicht abzuwenden ist. Inzwischen sind die Staaten weltweit tief in eine Schuldenkrise abgerutscht, die kaum mehr mit konventionellen Mitteln (z. B. Sparen) zu überwinden ist, sondern nur durch Staatskonkurs: offen und auf einmal oder schleichend (Inflation) oder in Kombination beider Mittel, indem eine schließlich galoppierende Inflation mit Konkurs endet, wie z. B. 1923. Dies ist ein Diebstahl an allen Geldvermögenbesitzern (Sparern, Lebensversicherungsinhabern, Rentnern usw.) und ein ernster Anschlag auf die Stabilität von

Wirtschaft und Gesellschaft: Private Lebensvorsorge und realistische Wirtschaftskalkulation sind nicht mehr möglich. Es hilft gegen dieses Risiko nur, dem Staat die Herrschaft über das Geld zu entziehen und Wettbewerb zuzulassen oder die Bindung staatlichen Geldes an knappe und begehrte Stoffe wie Gold oder Silber. Schwierig ist freilich der Übergang.
Lesetipps: Roland Baader: Geldsozialismus, Gräfelfing 2010; Roland Leuschel, Claus Vogt: Die Inflationsfalle, Weinheim 2009; Ron Paul: Befreit die Welt von der US-Notenbank, Rottenburg 2011.

„Fiskalsozialismus"
Nachfolgemodell des abgewirtschafteten Produktionssozialismus und der Planwirtschaft. Es werden hier den Unternehmern nicht die Produktionsmittel geraubt, sondern der Ertrag ihrer und ihrer Beschäftigten Arbeit sozialisiert. Der Fiskalsozialismus ist der natürliche Feind einer Leistungsgesellschaft, die er unterminiert und lähmt. Wenn die Grenzsteuerbelastung bei 70 Prozent, die Durchschnittsbelastung selbst für Arbeitnehmer zwischen 50 und 60 Prozent liegt, ist die Wurzel einer freien und dynamischen Gesellschaft beschädigt. Die Gesellschaft wird insgesamt an den „staatlichen Tropf" gehängt und um ihre produktive Kraft und ihr Selbstbewusstsein gebracht. Pessimismus und Wehleidigkeit, dazu Anspruchsmentalität, breiten sich aus. Die Menschen stellen zunächst einmal Ansprüche an andere, bevor sie an ihre eigenen Möglichkeiten denken, die ihnen so beschnitten wurden. Fiskalsozialismus, eine von Sozialkleptokraten geleitete Veranstaltung, macht die Bürger mit ihrem eigenen Geld vom Staat abhängig.

„Flat Tax"
Eine Proportionalsteuer wie der biblische „Zehnte". Zwar ist ein solches System auch nicht frei von zwangsweiser Umverteilung zu Ungunsten der „Besserverdienenden", doch sie enthält nicht dasselbe Maß an willkürlicher Besteuerung der Erfolgreichen wie die Progressivsteuer, die in sich keinerlei Begrenzung kennt und „Besserverdienende" schlechthin bis zur Erdrosselung schikanieren kann. Der Vorteil der „Flat Tax" ist ein gleicher, vorhersehbarer Steuersatz für alle. Im Übrigen gilt auch hier: je niedriger, desto besser. Der „Zehnte" ist vielleicht das Maß an Besteuerung, das einer gut aufgestellten Gesellschaft (bei privater Sozialvorsorge) am ehesten entspricht. Von niedrigeren Steuersätzen profitieren alle, auch die „Schlechterverdienenden", deren Einkommensabstand zu den

„Besserverdienenden“ dann größer sein mag als in einer sozialistischen Marktwirtschaft, die aber gleichwohl mehr verdienen und besser leben können, als sie es sonst könnten. Die extrem niedrigen Steuersätze vor dem Ersten Weltkrieg etwa ermöglichten eine enorme Kapitalbildung, die den ökonomischen Aufstieg der Arbeiterschicht ermöglichte. Je mehr Kapitalbildung, desto besser geht es den Arbeitnehmern. Vielleicht sollte man eher den Misserfolg als den wirtschaftlichen Erfolg besteuern: je erfolgreicher, desto weniger Steuern. So wird es in Samuel Butlers Utopie „Erehwon“ vorgeschlagen und ist in der Schweiz in einigen Kantonen, z. B. Obwalden und Schaffhausen, in einer Variante realisiert.

Föderalismus

Föderalismus ist eine wesentliche Säule einer freien Gesellschaft durch quantitative Aufteilung der politischen Macht auf möglichst voneinander unabhängige politische Einheiten, die im Wettbewerb miteinander stehen, bei nur minimalen Kompetenzen des Zentralstaates. Am stärksten ist der echte Föderalismus in Ländern wie den USA, Kanada, Belgien oder der Schweiz ausgeprägt. Deutschland ist nur ein „dezentralisierter Einheitsstaat“, der durch Finanzausgleich, fehlende Steuerhoheit der Länder sowie vielfache Harmonisierungen, namentlich im Bildungsbereich, verzerrt ist.

Lesetipps: Heinz Laufer, Ursula Münch: Das föderative System der Bundesrepublik Deutschland, Bonn 1998; Robert Nef: Nonzentralismus, St. Augustin 2002; Detmar Doering (Hrsg.): Kleines Lesebuch über den Föderalismus, St. Augustin 2005; Charles B. Blankart: Föderalismus in Deutschland und Europa, Baden-Baden 2007.

„Formierte Gesellschaft“

Versuch Ludwig Erhards als Kanzler ein Gesellschaftsideal im Sinne konsequenter Ordnungspolitik zu formulieren. Durch ökonomische Erziehung sollte jeder Einzelne und jede Gruppe sich über die Erfolgsregeln des Wirtschaftens und die eigene Funktion und Rolle darin klar werden und sich deren Imperativen unterordnen. Mit Erhards Worten: „Die Harmonie der Gesamtinteressen scheint nur dann als möglich, wenn die wirtschaftlichen und gesellschaftlichen Zusammenhänge und Beziehungen zwischen allen Gliedern einer Volksgemeinschaft klar erkannt sind.“ Das Konzept blieb zu vage und Erhard war zu kurze Zeit Kanzler, um es realisieren zu können. Ein neuer Gesellschaftsreformer jedoch könnte daran wieder anknüpfen, denn das Problem der durch

Partikularinteressen zerrissenen Gesellschaft stellte sich damals genauso wie heute.
Lesetipp: Gerd Habermann (Hrsg.): Vision und Tat. Ein Ludwig-Erhard-Brevier, 2. Aufl., Bern 2005.

„Frankfurter Schule“
Spätmarxistische Schule der Soziologie mit den Hauptvertretern Theodor W. Adorno, Erich Fromm, Max Horkheimer, Herbert Marcuse, Jürgen Habermas. Aus dem ursprünglich 1923 in Frankfurt gegründeten Institut für Sozialforschung hervorgegangen, lieferte diese Schule vielfach die Stichworte für die Studentenbewegung der Sechzigerjahre, deren Tendenzen und Wertprägungen sich in einer Art antibürgerlicher „Kulturrevolution“ bis heute bemerkbar machen. Diese „Revolution“ lief letzten Endes auf Anspruchsmentalität, Gemeinschaftsauflösung, Permissivität und krassen Egoismus hinaus.
Lesetipps: Günter und Peer Ederer: Das Erbe der Egoisten, 2. Aufl., München 1997; Horst Poller: Die Philosophen, München 2005, S. 441 ff.

Frauen
Die Gleichberechtigung der Frauen ist eine uralte liberale Idee, eine Idee der Männer, die den Liberalismus geprägt haben. Oft blieb dies aber nur Theorie – und erst ein liberaler Feminismus setzte diese Idee im 20. Jahrhundert auch praktisch durch. Dieser Feminismus hat keine Probleme mit den offenkundigen Unterschieden zwischen Mann und Frau. Die geschlechtliche Arbeitsteilung hat weitreichende Konsequenzen: die geringere Größe, die geringere Muskelbildung der Frauen auf der einen, ihre größere Sprachbegabung und überlegenes Einfühlungsvermögen auf der anderen Seite. So verlaufen auch die sportlichen Wettbewerbe nach Geschlechtern getrennt (mit Ausnahme des Reitens) und im Krieg werden Frauen klugerweise im Allgemeinen nicht in Kampfeinheiten eingesetzt, auch die Ausbildung verläuft meistens getrennt. Ebenso zeigen sich in der Berufspräferenz große Unterschiede zwischen den Geschlechtern. Der sozialistische Feminismus will aus der Gleichberechtigung eine faktische Gleichheit („Gleichstellung“) nach dem verabsolutierten Bild des Mannes machen und feiert diese Absurdität als „Selbstverwirklichung der Frau“.
Lesetipps: Desmond Morris: Mars und Venus, 1997; Martin van Creveld: Das bevorzugte Geschlecht, 2003; Gerd Habermann: Der Liberalismus und die Frauen, in: ders. und Marcel Studer (Hrsg.): Der Liberalismus – eine zeitlose Idee, München 2011, S. 83 ff.

Frauenpolitik
Für selbstbewusste Frauen demütigender Komplex paternalistischer Staatseingriffe, die Frauen erstens durchgängig und vollständig in die Erwerbsarbeit führen sollen (und damit auch die Einnahmen des Finanzministers steigern), zweitens eine faktische Egalisierung mit männlichen Karrieremustern und Berufsrepräsentation erzwingen wollen. Frauenpolitik gehört in den großen Komplex fragwürdiger „Antidiskriminierung“, zumal wenn sie mit Zwangsquoten, bevorzugter Behandlung bei Bewerbungen, politischer Überwachung durch Kommissare („Frauenbeauftragte“) arbeitet. Leider nur wenige Frauenpolitiker oder -politikerinnen sehen ein, dass es nicht der Würde einer Frau entspricht, solchermaßen Objekt paternalistischer Begönnerung zu sein und es als Emanzipation zu feiern, wenn ihr männliche Berufs- und Karrieremuster als das allein selig Machende zugemutet werden.
Lesetipp: Susanne Gaschke: Die Emanzipationsfalle, München 2005.

Frauenquoten
Von RadikalfeministInnen geforderte absolute Geschlechtergleichheit in Berufswahl und Führungsrepräsentanz, die sich um die realen Präferenzen, Neigungen und Begabungen der Frauen wenig schert. Dieser Feminismus will Mann und Frau nach männlichem Muster über einen Leisten schlagen – unter Abwertung speziell weiblicher Arbeit in Erziehung und privater sozialer Dienstleistung, die nicht über den Markt läuft, besonders der Mutterfunktion. Die paternalistische Begönnerung der Frau über Zwangsquoten ist für jede selbstbewusste Frau eine Beschämung. Besonders „Bündnis 90/Die Grünen“ tun sich mit dieser Programmatik hervor.
Lesetipp: Norbert Bolz: Diskurs über die Ungleichheit, Paderborn 2009.

Freie Berufe
Die „Freien Berufe“ sind überwiegend dadurch gekennzeichnet, dass sie nicht mehr „frei“ und eigenverantwortlich, sondern bis in feine Details, manchmal zunftähnlich, staatlich reguliert sind – besonders die Ärzte: vom Marktzugang über Preisregulierung bis hin zur Werbung und Altersvorsorge. Eine „Standesordnung“ dieser Art ist aber das Ziel vieler auch bisher noch nicht regulierter freier Dienstleistungsberufe bis „hinunter“ zum Fußpfleger. Ihnen wieder zu mehr unternehmerischer Freiheit und Selbstverantwortlichkeit, auch ohne Kammer- und Vereinigungszwang zu verhelfen, könnte ein Ziel liberaler Standespolitik sein

(namentlich für Ärzte und Rechtsanwälte). Jede freie Initiative auch „ständischer“ Selbsthilfe ist dagegen willkommen.

Freie Wohlfahrtspflege

Ursprünglich im 19. Jahrhundert entstandene soziale Selbsthilfeinitiativen von den Kirchen bis zur Arbeiterbewegung. Inzwischen aus Gründen egalitärer Behandlung der Staatsbürger vom Staat gründlich in Beschlag genommen und namentlich hinsichtlich Leistungsstandards und Finanzierungsweise reguliert. Der Staat tritt als Nachfragemonopolist an die sogenannten „freien Träger“ der Wohlfahrtspflege heran. Diese sind inzwischen zu bürokratischen Sozialkonzernen erstarrt, die durch ihre beispielsweise steuerliche Privilegierung vielfach Sozialinitiativen des freien Markts behindern oder gar nicht erst entstehen lassen (von den Rettungsdiensten bis zu den Krankenhäusern). Sozialkonzerne wie das Rote Kreuz, die Arbeiterwohlfahrt (AWO), der Deutsche Caritas-Verband gehören zu den größten Unternehmen überhaupt. Hier sind etwa drei Millionen Menschen haupt- oder nebenamtlich beschäftigt. Die überfällige Reform des Sozialstaates muss auch diesen Teil der sozial überregulierten Gesellschaft erfassen, echten Wettbewerb und Selbstverantwortung wieder ermöglichen.

Freihandel

Im Anschluss an die ökonomisch-freiheitliche Schule der Physiokratie und von Adam Smith eine Lehre und praktisch-politische Bewegung gegen die Störung internationalen freien Tausches durch Schutzzölle und andere Handelshemmnisse, die auf die Begünstigung von nationalen Interessengruppen hinauslaufen und den Konsumenten belasten. Höhepunkt dieser Bewegung war der 1860 abgeschlossene französisch-englische Handelsvertrag. Im weiteren Sinn versteht man unter Freihandel die Anhänger einer konsequent marktwirtschaftlichen Ordnung überhaupt. Repräsentanten dieses Denkens im politischen Raum waren im Deutschland des 19. Jahrhunderts u. a. John Prince-Smith oder später Ludwig Bamberger und Eugen Richter. Die Abkehr vom Freihandel stürzte die Welt im 20. Jahrhundert in nationalistische Abenteuer und Weltkriege. Gegenwärtig ist die Freihandelsbewegung global wieder in der Defensive (siehe auch Artikel Globalisierung).

Lesetipp: Detmar Doering (Hrsg.): Kleines Lesebuch über den Freihandel, St. Augustin 2003.

Freiheit
Als individuelle Freiheit („Freisein vom Herumkommandiertwerden durch andere", Isaiah Berlin) wichtigstes Element einer „offenen Gesellschaft". Bei den Sozialpolitikern vor allem als sogenannte „materiale" Freiheit, d.h. gute Versorgung, „Freiheit von Not", definiert. Wer „arm" ist, gilt als „unfrei". Nach dieser Logik ist der wohlversorgte Kettenhund im Bauernhof frei, der wilde Fuchs unfrei; der arme Almbauer ist unfrei, der wohlversorgte Sklave frei. „Frei" sind demnach auch Kinder und Gefängnisinsassen, die jederzeit gut versorgt sind. Frei sein, heißt aber vor allem: frei von willkürlichem Zwang durch andere Menschen, seinen selbst gewählten Zielen im Rahmen seiner Mittel und des allgemeinen gleichen Rechts folgen zu können, was Armut nicht ausschließen muss. Man kann arm und trotzdem „frei" sein.
Lesetipp: Gerhard Schwarz, Gerd Habermann (Hrsg.): Die Idee der Freiheit, 2. Aufl., Zürich 2007.

Friedman, Milton (1912–2006)
Eine Ikone des Neoliberalismus der ersten Generation und – neben F. A. von Hayek – wichtigster Gegenspieler von Lord Keynes. Sein Buch „Kapitalismus und Freiheit" (1962) brach einem kritischen Verständnis des Wohlfahrts- und Interventionsstaates der Nachkriegszeit Bahn. Sein besonderes Verdienst in „sozialer" Hinsicht war es, in unsentimentaler Weise klargemacht zu haben, dass der wichtigste Indikator der „Sozialbilanz" des Unternehmens die erzielte Rendite ist. Das Unternehmen ist aus sich heraus sozial, indem es die ökonomischen Bedürfnisse der Menschen befriedigt. Ein Unternehmen ist nicht für die eigenen Beschäftigten oder bestimmte gesellschaftliche Gruppen da, sondern für seine Kunden. Je besser es den „Dienst am Kunden" leistet, desto höher wird auch der Gewinn sein. Gewinn machen ist darum die erste moralische Pflicht und Schuldigkeit eines Unternehmers. Je höher der Gewinn – bei Wettbewerb – desto größer die soziale Leistung eines Unternehmens für die Konsumenten, für welche die Wirtschaft schließlich „veranstaltet" wird. Friedman ist einer der wichtigsten Vertreter des Konzepts der Direktunterstützung der Bedürftigen (z. B. über eine Negativsteuer statt politisch manipulierter Preise) und einer angebotsorientierten, „monetaristischen" Politik.
Lesetipp: Milton Friedman: Chancen, die ich meine. Berlin, Frankfurt/M., Wien 1980.

Frühverrentung

Verschleuderung von humanen Ressourcen durch subventionierten vorzeitigen „Ruhestand" – auch zwecks Manipulation der Arbeitslosenstatistik. Auch unter „moralischen" Gesichtspunkten – der Achtung älterer Arbeitnehmer und ihrer Leistung, selbst ihres eigenen Willens – eine fragwürdige Maßnahme. Die Frühverrentung, z. B. durch „vorgezogene Altersrenten wegen Arbeitslosigkeit" (und ohne entsprechenden versicherungsmathematischen Abschlag) hat dahin geführt, dass Deutschland auf der einen Seite sich den Luxus von Millionen arbeitsfähiger älterer Menschen erlaubt, die von Sozialtransfers leben, andererseits wegen der damit verbundenen hohen Belastung der arbeitenden Bevölkerung mit Sozialabgaben, also zu hoher Arbeitskosten, unter andauernder Massenarbeitslosigkeit leidet. Auffällig ist, dass in Ländern mit längerer Erwerbstätigkeit und entsprechend geringerer Sozialbelastung der jüngeren Arbeitnehmer die Arbeitslosigkeit geringer ist als in Deutschland (z. B. in der Schweiz, in den USA oder in Japan).

Fürsorgestaat

Synonym für Sozialstaat oder Wohlfahrtsstaat. Dieser Ausdruck macht klar, dass es sich bei Leistungen des Wohlfahrtstaates nicht um Zahlungen auf Basis berechneter Äquivalenz, sondern fragwürdiger „Solidarität" handelt. Jede Leistung ohne Gegenleistung entspricht insoweit dem Fürsorgeprinzip. Der Fürsorgestaat ist aufgrund seiner Finanzierungsweise (Steuern und Abgaben) immer ein Zwangsstaat. Der Ausdruck „Fürsorge" wird inzwischen ebenso ängstlich vermieden wie der ältere der „Armenhilfe", um so psychologische Hemmnisse bei der Inanspruchnahme seiner Leistungen abzubauen. Dies geschieht im Übrigen auch dadurch, dass man einen „Rechtsanspruch" auf Fürsorge (z. B. im Rahmen der Sozialhilfe) verankerte, wenn auch (noch) mit Bedürftigkeitsprüfung. Eine normale Altersrente hat insoweit „Fürsorge"-Charakter, als sie nicht durch tatsächlich gezahlte Beiträge gedeckt ist, sondern nach vertrackten Rentenformeln errechnet wurde.

G

Gebühr

Häufig Euphemismus für zusätzliche Steuern, denen man nicht ausweichen kann, z. B. die Rundfunkgebühr, die auch derjenige entrichten muss, der das Programm des öffentlichen Rundfunks gar nicht nutzt, ja (ab 2012) nicht einmal ein Empfangsgerät besitzt. Es handelt sich hier (ermöglicht durch die fragwürdige Rechtsprechung des Bundesverfassungsgerichts) um Bestandsgarantien zugunsten der (überholten) öffentlichen Rundfunk- und Fernsehszene Deutschlands.

Geld

Ursprünglich eine Errungenschaft der Märkte, wurde dieses Tausch-, Rechnungs- und Wertaufbewahrungsmittel vom Staat monopolistisch usurpiert und in der Regel zur verdeckten zusätzlichen Besteuerung der Untertanen durch Geldwertverschlechterung („Inflationssteuer") missbraucht. Besonders gefährlich wird es, wenn der Staat anstelle einer Goldwährung oder sonstigen Warenwährung eine manipulierbare Papierwährung mit Annahmezwang durchsetzt, deren Funktionsfähigkeit allein darauf beruht, dass ein allgemeines Vertrauen in die Entschlossenheit der Regierenden existiert, die Geldmenge knapp zu halten. Allein die Möglichkeit der Papiergeldschaffung hat die Staatsverschuldung in den gegenwärtigen Ausmaßen verursacht. Die Goldwährung, am besten im Wettbewerb und privat emittiert, fand ihr Ende, als die Staaten den Ersten Weltkrieg finanzieren mussten. Friedrich August von Hayeks Vorschläge einer „Entnationalisierung der Währungen" hat bisher leider wenig Fürsprecher gefunden. Der Wettbewerb manipulierter Staatswährungen bei Devisenfreiheit bietet heute einen gewissen Schutz gegen einen vollständigen, gleichzeitigen Ruin aller nationalen Geldwesen.

Lesetipps: Friedrich August von Hayek: Entnationalisierung des Geldes, Tübingen 1977; Roland Baader: Geld, Gold und Gottspieler, Gräfelfing 2005; Thorsten Polleit, Michael von Prollius: Geldreform, Grevenbroich 2010.

Gemeinlastverfahren

Ursprünglich Grundsatz der Umweltpolitik, wonach die Kosten von z. B. Umweltverschmutzung nicht von den Verursachern, sondern von der Allgemeinheit aufgebracht werden (etwa in der Entsorgungswirtschaft). Leicht übertragbar auf die Sozialpolitik: Die Folgen zu hoher Lohnabschlüsse durch das Tarifkartell oder durch die Übermacht der Gewerkschaften werden der Allgemeinheit, die die Arbeitslosigkeit zu finanzieren hat, aufgebürdet; ebenso die Folge von anderen willkürlichen Markthindernissen durch Wirtschaftsverbände, wenn z. B. eine sogenannte „Berufsordnung“ den Weg zur Selbstständigkeit unnötig verteuert. Die Betroffenen müssen dann eventuell arbeitslos bleiben, statt von einiger Arbeit zu leben, und fallen so möglicherweise der Allgemeinheit zur Last.

Gemeinnütziger Wohnungsbau

Da der Wohlfahrtsstaat ein „Recht auf Wohnung“ proklamiert, andererseits aber glaubt, dem Markt nicht den Ausgleich zwischen Angebot und Nachfrage zutrauen zu können und zudem gewisse Mindeststandards erzwingen zu müssen meint, ist der Wohnungsmarkt ein Lieblingsobjekt des politischen Eingriffs und entsprechend reguliert. Die irrationalen Folgen: Hemmung dieses Markts (z. B. durch ein pseudosoziales Mietrecht) und Förderung des Wohnungsbaus (z. B. durch Subventionen) zu gleicher Zeit. Im Osten Deutschlands wurden durch Subventionen große Überkapazitäten geschaffen, die nun, gleichfalls subventioniert, „rückgebaut“, vulgo abgerissen werden müssen. Würde der Wohlfahrtsstaat seinen Bürgern mehr Geld in der Tasche lassen, brauchten die Bürger keine gönnerhafte Unterstützung über Transfers. Der soziale Effekt ist im Übrigen höchst fragwürdig: Häufig, ja regelmäßig, werden Nichtbedürftige, namentlich aus den Mittelschichten, gefördert. Allenfalls das staatliche „Wohngeld“ hat sozialpolitisch Sinn, für sonstiges Regulieren auf dem Wohnungsmarkt, besonders für Mietrecht- und Preisregulierungen, gibt es keinen Grund. Aus diesem Teil ihrer sogenannten „Daseinsvorsorge“ kann sich die Politik getrost vollständig verabschieden.

Gemeinschaftsaufgaben

Die Definition einiger angeblicher „Gemeinschaftsaufgaben“ von Bund und Ländern, bei sonstiger Trennung der Kompetenzen, hat zu einer Orgie der politischen Enteignung der Länderverantwortung und zur Schwächung des Föderalismus geführt. Hierzu zählen im Besonderen die Aufgaben: „Verbesserung der regionalen Wirtschaftsstruktur“ und das Hochschulwesen. Auch hinter der Definition der „Gemeinschaftsaufgaben“ stehen egalitäre Vorstellungen. Die Lebensverhältnisse sollen nicht allzu ungleich sein. Über „Gemeinschaftsaufgaben“ wurde das Unsinnigste gefördert – bis hin zu den defizitären Wellnesszentren des Ostens. Diese sogenannten „Gemeinschaftsaufgaben“ sind in Wirklichkeit Aufgaben der einzelnen Länder, die auch im Wettbewerb erledigt werden könnten. Länder, die sich z. B. keine Landesuniversität erlauben können, müssen eben darauf verzichten oder ihre Selbstständigkeit als offenbar fiktiv erkennen. Oder sie müssen sich darum bemühen, eine Nische der Wettbewerbsfähigkeit zu entdecken, um ihre Leistungskraft zu steigern. Die jüngste Föderalismusreform hat leider nur partielle Verbesserungen gebracht.

Gemeinwohl
Das „allgemeine Wohl" besteht in liberalen Gesellschaften nur in der Geltung und erfolgreichen dauerhaften Durchsetzung allgemeinverbindlicher Handlungsregeln, vor allem der Regeln der Gerechtigkeit, daneben in der Selbstbehauptung der nationalen Staaten im Staatenwettbewerb. Die wichtigste Bedrohung des „Gemeinwohls" besteht neben der strafrechtlich sanktionierten Regelverletzung in den Ansprüchen von Gruppen, die sich durch Druck auf den Gesetzgeber Sondervorteile erpressen. Auf diese Weise gerät das Gemeinwohl in das politische Geschacher, wird zum bloßen Kompromiss zwischen rivalisierenden Partikularansprüchen, drastisch zeigt sich dies derzeit in der Finanz- und Schuldenkrise.
Lesetipp: Friedrich August von Hayek: Recht, Gesetz und Freiheit, Tübingen 2004.

„Gender Mainstreaming"
Systematische Egalisierungspolitik zugunsten der „Chancengleichheit der Frauen", offiziell auf europäischer Ebene zuerst 1997 im Amsterdamer Vertrag verankert. Es ist dies eine Art „Politik mit der Brechstange", die sich in Instrumenten wie Frauenkommissarinnen, Frauenquote, Frauenbonus usw. äußert. Zentrales Mittel sind dabei die Antidiskriminierungsgesetze und -richtlinien (siehe auch Frauenpolitik/Feminismus). Praktisch läuft dies auf eine Privilegierung der Frauen hinaus, sie sind „gleicher" als die konkurrierenden Männer. Eine Gleichschaltungspolitik dieser Art, die politischen Zwang einsetzt, ist mit den Idealen einer freien Gesellschaft nicht vereinbar. Faktisch kommt es zu einer Art neuen „Ständegesellschaft", besonders wenn auch andere Gruppen wie etwa Behinderte, Ausländer, „sexuell Abweichende" dieses „Mainstreaming" erfahren.

Generationenvertrag
Fingierter „Vertrag" der Sozialpolitiker auf nationaler Ebene, den niemals jemand mit irgend jemandem abgeschlossen hat. Es gibt jedoch

einen natürlichen familiären Generationenvertrag, ein stillschweigendes Abkommen zur gegenseitigen Unterstützung, namentlich in Notlagen. Der sogenannte „Generationenvertrag“ auf nationaler Ebene (Stichwort Sozialversicherung) ist eine politische Zwangsmaßnahme, die den natürlichen Generationenvertrag der Familie schwächt. Kinder müssen dann nicht mehr für ihre Eltern, sondern für die Eltern anderer Kinder sorgen. Hauptinstrument des nationalen Generationenvertrags ist die Zwangsumlage. Dieser Pseudovertrag ist faktisch „gekündigt“: zunächst dadurch, dass die ältere Generation sich weigerte, das Leben in eigenen Kindern weiterzugeben, und stattdessen lieber in den laufenden Konsum investierte, da sie sich darauf verlassen konnte, von anderer Leute Kinder versorgt zu werden. Auf der anderen Seite werden sich die erwerbstätigen Jüngeren schon bald nicht mehr dazu in der Lage sehen, das Versprechen dieses „Vertrags“ durch treue Bedienung der Sozialversicherung zu halten. Wahrscheinlich wird es zu massiven Streichungen der Leistungszusagen kommen – denn die Generationenbilanz, die Summe der Ein- und Auszahlungen nach Generationen gestaffelt, zeigt eine wachsende Minusverzinsung zulasten der Jüngeren, mit der sie sich nicht abfinden werden.

Gerechtigkeit
Das Prinzip der Gerechtigkeit enthält die Grundregeln des sozialen Zusammenlebens und den Kern des Gemeinwohls. Sie geht von dem Respekt vor der Person und dem Eigentum des Nächsten aus und verbietet, ihm willkürlichen Schaden zuzufügen: weder an Leib und Leben, noch an Hab und Gut. Betrug, Raub, Diebstahl, körperliche Verletzung und Tötung dieses Nächsten sind nach dieser Regel ungerecht und werden von der Rechtsgemeinschaft geahndet. Auf den Regeln der Gerechtigkeit basieren Markt wie Zivilgesellschaft. Ergebnisse des freiwilligen Tauschs unter Regeln sind als Leistungsgerechtigkeit moralisch in Ordnung, unabhängig von der Höhe des dabei erzielten Gewinns. Gerechte Preise sind nur als Markt- oder Knappheitspreise „objektiv“ zu definieren. Die Anforderungen und Postulate der Gerechtigkeit sind, wie Adam Smith sagt, so präzis wie die Regeln der Grammatik: Wem ich 100 Euro leihe, der schuldet mir genau diese 100 Euro. Dagegen ist der Ausdruck „soziale“ Gerechtigkeit unklar und öffnet jeder Willkür Tür und Tor. Gibt es auch „unsoziale“ Gerechtigkeit?
Lesetipp: Friedrich August von Hayek: Recht, Gesetz und Freiheit, Tübingen 2005.

„Gerechtigkeitslücke“

Phantastische Behauptung, dass die „Besserverdienenden“ durch Gesetze relativ und absolut mehr belastet werden müssen als der Rest der Bevölkerung – bis hin zur Grenze der „Erdrosselung“. Gibt es Erleichterungen für diese Gruppe, soll eine „Gerechtigkeitslücke“ entstehen. Jede Verschiebung zu ihren Gunsten, z. B. um Investitionen zu fördern, ist dann angeblich ungerecht.

Gesellschaftspolitik

Ambition der Regierenden, über traditionsgewachsene soziale Strukturen, Einstellungen und Sitten einer Gesellschaft mit Staatskommando beliebig zu verfügen, direkt oder über künstliche Anreize. Der Komplex zwischenmenschlicher Beziehungen wird hier wie Rohmaterial behandelt, das man nach Belieben formen kann – im Extremfall bis zum „neuen Menschen“. Zwar geht der Wohlfahrtsstaat hierin nicht so weit wie der radikale Sozialismus, aber mit seiner sozialen Sicherungs-, Umverteilungs-, Jugend-, Alten-, Familien-, Frauen-, Antidiskriminierungs-, auch Bildungs-, Kultur- und Wirtschaftspolitik usw. wandelt er doch auf einem verwandten „Weg zur Knechtschaft“. Die ursprüngliche Sozialpolitik des 19. Jahrhunderts wandte sich nur an die relativ armen und wenig gebildeten Arbeitermassen, der Gesellschaftspolitik von heute sind wir alle unterworfen, ein Prozess der Proletarisierung, der dem totalitären „État de providence“ zustrebt und fundamental korrigiert werden muss.
Lesetipp: Hans Achinger: Sozial- als Gesellschaftspolitik, 2. Aufl., Frankfurt/M. 1971.

„Gesetz der wachsenden Staatsausgaben“

Von einem der schlimmsten Staatsgläubigen, Adolph Wagner, gegen Ende des 19. Jahrhunderts aufgestelltes Pseudogesetz mit der Behauptung, dass der zunehmenden Komplexität einer modernen Gesellschaft eine Zunahme staatlicher Regulierungen und staatlicher Inanspruchnahme privater Mittel notwendig parallel gehe. Wahr ist jedoch das Gegenteil: Je komplexer, also arbeitsteiliger, eine Gesellschaft wird, desto weniger bedarf sie schematisierender Eingriffe des Staates, dessen Behörden naturgemäß nicht über das immer partikular verstreute und individuell gebundene Wissen verfügen können, um eine solche Gesellschaft zu steuern. Indessen hat dieses sogenannte „Gesetz“ als empirische Regel doch eine gewisse Richtigkeit : Im Gleichschritt mit der Demokratisierung und Nationalisierung haben sich die Staatsquoten im 20. Jahrhundert sehr stark erhöht, z. B. in Deutschland von 10 Prozent (1880) auf gegenwärtig über 50 Prozent – und so tendenziell auch in anderen Industrieländern, selbst in den USA und der Schweiz. Sie wurde und wird aber auch immer wieder erfolgreich zurückgefahren, jüngstens etwa in Neuseeland, selbst in Schweden ein wenig. Dieses „Gesetz“ war also eher ein frommer Wunsch des Kathedersozialisten Wagner.

Langfristige Entwicklung der Staatsquote in ausgewählten Industrieländern
(Anteil der Staatsausgaben am Bruttoinlandsprodukt in Prozent)

Land	**1913**	**2011**
Schweden	10,4	51,5
Frankreich	17,0	55,8
Belgien	13,8	53,1
Italien	11,4	49,4
Deutschland	14,8	45,3
Niederlande	9,0	50,2
Großbritannien	12,7	49,8
Japan	8,3	44,1
Irland	na	45,5
USA	7,5	41,7
Durchschnitt	**11,6**	**48,7**

Quellen: Bundesfinanzministerium, Frankfurter Institut

Gesundheitswesen, „Gesundheitsreform“

Begriffe aus dem Sozialkauderwelsch: Es geht hier eigentlich um Krankenversorgung und die Reform der gesetzlichen Krankenversicherung. Die gesetzliche Krankenversicherung ragt als stärkstes Relikt des Sozialismus und der Planwirtschaft in unsere moderne Gesellschaft hinein, zur Qual der noch halbfreien Anbieter in diesem Bereich wie der Ärzte, Apotheker und anderer Dienstleister. Die Patienten werden hier bis

heute nach den Grundsätzen des Armenrechts behandelt: mit Sachleistungen ohne Rechnung, ja selbst ohne Kostenkenntnis. Eigentlich privateste Entscheidungsbereiche wie z. B. die Finanzierung des Zahnersatzes werden tagelang Gegenstand parlamentarischer Debatten. Durch die Verbindung des Arbeitsvertrags auch mit der gesetzlichen Krankenversicherung hängt die Arbeitskostenentwicklung mit den Ausgaben auf diesem Feld zusammen und man sieht sich dazu genötigt, mit Folterinstrumenten wie Preisstopps („Beitragssatzstabilität", Budgetierung) eine an sich boomende Dienstleistungsbranche zu unterdrücken. Kuriositäten wie „solidarischer Wettbewerb" mit Gewinnausgleich unter den Kassen vollenden das Bild eines „organisierten Chaos", das nur durch eine gründliche Entpolitisierung und Privatisierung zu überwinden ist.
Lesetipp: Peter Oberender, Jochen Fleischmann: Gesundheitspolitik in der Sozialen Marktwirtschaft, Stuttgart 2002.

Gewerkschaften
Im 19. Jahrhundert nützlich gewesene Selbsthilfebewegung der Arbeiterschaft mit umfassendem sozialem Engagement (auch mit einem eigenen sozialen Sicherungsnetz gegenseitiger Hilfe), im 20. Jahrhundert, besonders nach 1918, mehr und mehr zu einem machtvollen Kartell am Arbeitsmarkt erstarrt, das die Löhne höher hält, als es den Marktverhältnissen entspricht, und dadurch Haupturheber der Massenarbeitslosigkeit war und ist, vor 1933 wie auch heute. Im Übrigen sind sie zu einem wichtigen Bestandteil des deutschen Korporatismus geworden, mit Mitbestimmungsrechten in Großbetrieben wie in der Arbeits- und Sozialverwaltung oder beim öffentlichen Rundfunk, während der eigentliche soziale Auftrag mehr und mehr an den Staat überging. Die führende Funktionärsschicht verstrickt sich immer wieder in Korruptionsaffären und pflegt einen Lebensstil, der sich kaum mit dem der angeblich vertretenen Arbeiterschicht verträgt. Die Bedeutung der Gewerkschaften ist international auf dem Rückzug. In Deutschland sind sie die stärksten Gegner sozialer Reformen und leider auch die stärkste Gruppe im Deutschen Bundestag neben den „öffentlich Bediensteten". In Großbritannien wie in Neuseeland konnte die Macht der Gewerkschaften zum Wohl des Landes gezähmt werden, allerdings nicht ohne heftige politische Kämpfe und vielleicht auch nicht auf Dauer.
Lesetipp: IW-Dossier 24: Gewerkschaften in Deutschland, Köln 2003.

Gewinn
Viel geschmähte und in der Höhe häufig überschätzte Erfolgsprämie für geglücktes unternehmerisches Handeln. Der Gewinn zeigt, dass und in welchem Maße der Unternehmer Produktionsfaktoren richtig eingesetzt hat. Unter marktwirtschaftlichen Bedingungen ist er in jeder Höhe moralisch gerechtfertigt. Je höher er ist, desto größer war der Dienst des Unternehmers am Konsumenten. Die Märkte stimmen täglich und mit jedem Euro und Cent über die unternehmerische Leistung ab. Ein Unternehmer, der nicht nach Gewinn strebt, wird sein Schiff bald untergehen sehen. Er bezahlt seinen Verstoß gegen das unternehmerische Ethos – „Biete deinem Nächsten Nutzen“! – mit seiner Insolvenz. Ob er die Gewinne nun „maximiert“ oder „optimiert“ ist nicht entscheidend, Hauptsache, er macht überhaupt Gewinne. Jedenfalls hat er das anvertraute Eigentum zu mehren, nicht zu mindern. Der Versuch der Sozialisten, die Kategorie des Gewinns in der Betriebsrechnung zu streichen, führte zu Kapitalverzehr und Chaos. Das Bestreben, ihn möglichst weitgehend zu schmälern wie in Deutschland (kümmerliche Nettorendite im internationalen Vergleich), führt auf Dauer zur Kapitalauszehrung und schließlich Abwanderung des Kapitals und leitet damit den Niedergang der Volkswirtschaft und die allgemeine Verarmung ein.
Lesetipp: Unternehmerinstitut der ASU (Familienunternehmer) e. V.: Der selbständige Unternehmer. Seine Bedeutung und sein Ethos, Bonn 1994.

„Gleichheit vor dem Gesetz“
Jene Gleichheit, die eine freie Gesellschaft allein gewähren kann und die die Voraussetzung der allgemeinen Freiheit ist. Die „materielle“ oder faktische Gleichheit ist nur um den Preis der Beseitigung von Eigentum und Freiheit und der Kontrolle der persönlichen Lebensumstände durch den Staat realisierbar, also der totalen Herrschaft der politischen Klasse, die neue und größere Ungleichheiten mit sich bringen muss. Gleichheit vor dem Gesetz heißt: Es gibt keine rechtlichen Hindernisse (Monopole, Marktzutrittsschranken, Meinungsverbote, Einschränkung der Freizügigkeit usw.) für den persönlichen Aufstieg oder die „Selbstverwirklichung“: Jeder ist seines Glückes Schmied, wenn er nur von seinen Kräften den richtigen Gebrauch macht. Allerdings: „Gott gibt die Nüsse, aber er beißt sie nicht auf.“ Sozialisten mit ihrem pessimistischen Menschenbild haben kein Zutrauen in die Kräfte des Einzelnen, darum wollen sie das Kollektiv, die „Horde“ allmächtig machen, auch ihre „gemäßigten“

Vettern im Wohlfahrtsstaat wollen das. Aber wie stark kann ein Kollektiv sein, das sich aus „Nullen“ zusammensetzt?
Lesetipp: Friedrich August von Hayek: Recht, Gesetz und Freiheit, Tübingen 2004.

„Gleichwertige Lebensverhältnisse“
Schimärisches Gleichheitsideal des deutschen Wohlfahrtsstaates, in fragwürdiger Interpretation des Artikels 72 Abs. 2 GG. Dies ist realisierbar nur unter Beseitigung der regionalen Unterschiede, die der Wettbewerbsföderalismus und die kommunale Freiheit hinsichtlich der öffentlichen Infrastruktur mit sich bringen. Im Übrigen auch sonst illusionär, da die Bewertung der Lebensverhältnisse immer subjektiv ist: Der eine zieht das Meer, der andere das Wohnen im Gebirge vor, der eine den Komfort der Stadt, der andere die einfachen Freuden des Landlebens mit intakter Umwelt. Wie soll das verrechnet werden? Diese Schimäre hat zum ökonomischen „Super-GAU deutsche Einheit“ geführt, indem man in den neuen Bundesländern möglichst schnell allgemein „blühende Landschaften“ im Umverteilungsweg und per Gesetz herbeiführen wollte, statt auf das organischere Wachstum der Märkte und die Eigeninitiative der Bewohner zu vertrauen – und die materiellen Differenzen erst einmal zu tolerieren.
Lesetipp: Uwe Müller: Supergau Deutsche Einheit, Berlin 2005.

Globalisierung
Segensreiche ökonomische und kulturelle Verknüpfung aller Völker der Welt über geografische und politische Grenzen hinweg, mit der Folge allgemeiner Verbesserung der Lebensverhältnisse durch Arbeitsteilung und friedensfördernde Interessengemeinschaft am allgemeinen Austausch. Besonders profitieren hiervon die sogenannten „Entwicklungsländer“, wie dort an der Entwicklung der Lebenserwartung, des Einkommens pro Kopf oder der Alphabetisierung abzulesen ist, phänomenal im Aufstieg Indiens oder Chinas. Nur Völker, die sich unter gewalttätigen Regimen gegen Außenbeziehungen möglichst abschirmen, wie in Afrika südlich der Sahara, verharren im Elend. Gegen die Globalisierung treten aggressiv sozialnationalistische Bewegungen wie Attac auf, die die möglichst weitgehende Macht der nationalen Regierungen über die Bürger erhalten wollen und dem Internationalismus freier Märkte misstrauen.
Lesetipp: Johan Norberg: Das kapitalistische Manifest, Frankfur/M. 2003.

„Glück“

Im Sinne von Wunscherfüllung das Ziel menschlichen Handelns und Hoffens und so subjektiv wie die Menschen selber es sind. Jeder definiert das Glück auf seine Weise und jemanden durch politische Maßnahmen „glücklich“ machen zu wollen (wie das unser Wohlfahrtsstaat anstrebt, indem er Risiko und Leiden zu minimieren sucht), heißt nur, ihn zum lamentierenden Hypochonder, wo nicht zu einem belanglosen Tropf zu machen. „Glück“, so schrieb einmal Manès Sperber, „ist eine Überwindungsprämie.“ Das Überwinden von Schwierigkeiten und Hindernissen macht uns glücklich, nicht die anstrengungsfreie Erfüllung unserer Wünsche. Nietzsche sprach sarkastisch einmal „vom letzten Menschen, der das Glück erfunden hat und blinzelt“ (Glück im Sinne von Komfort und langem Leben).

In einem anderen Sinn heißt Glück so viel wie Zufall: Wer man ist, was man ist, was man kann und nicht kann, welcher Lebenslauf einem bestimmt ist, was einem gelingt, was nicht, ob man gesund oder von schwacher Konstitution ist, ob man als Unternehmer oder Liebhaber Erfolg hat, das alles hängt zu einem guten Teil vom „Glück“ in diesem Sinne ab. Die Alten unterschieden entsprechend *beatitudo* von *fortuna*. Unser Wohlfahrtsstaat und alle Egalitarier versuchen, dieses Glück an die Kandare zu nehmen: Kampf gegen das „unverdiente“ Glück, die von Natur oder Tradition Begünstigten, die „happy few“. Glück dieser Art ist der Quell des Ressentiments derjenigen, die weniger gut weggekommen sind und Ausgangspunkt einer Ökonomie des Neids (Umverteilung, Gleichmacherei).
Lesetipp: Aldous Huxley: Schöne neue Welt (div. Ausgaben).

Glücksspiele

Seit jeher ist die Kontrolle des „natürlichen Spieltriebs“ ein Anliegen paternalistisch-staatlicher Regulierung, schon im antiken Rom. Es kommt hier immer wieder zu grotesker Bevormundung, um das Spielen in „geordnete und überwachte Bahnen zu lenken“, die Spieler gegen sich selbst, gegen die „Spielsucht“ zu schützen. Dies betrifft vor allem Casinos und Sportwetten, aber auch den Automatenbetrieb in Gaststätten und Spielhallen. Besonders scheinheilig wird es, wenn der Staat selbst das gewerbliche Spielen bei sich zu monopolisieren sucht, dafür sogar (z. B. über das öffentlich-rechtliche Fernsehen) wirbt und die entsprechenden Monopolrenditen abschöpft (etwa bei den Casinos und den Lotterien).

In Deutschland braucht man für das pedantisch regulierte, gewerbliche Glücksspiel eine staatliche Lizenz, ohne diese droht eine Gefängnisstrafe. Diese Gesetzgebung ist ähnlich negativ zu beurteilen wie das behördliche Vorgehen gegen den Konsum gefährlicher Güter wie das Rauchen oder den Alkohol. Zur Freiheit gehört auch das Recht der Selbstschädigung, sofern die Kosten dafür nicht die Allgemeinheit tragen muss.
Lesetipp: Hubertus Bardt: Staat und Glücksspiel in Deutschland, Köln 2004 (Broschüre des Instituts der deutschen Wirtschaft).

Goethe, Johann Wolfgang (1749–1832)
Wie stehen Liberale politisch zu Goethe, dem großen deutschen Dichter, der für über zehn Jahre Verkehrs-, Kriegs-, schließlich Finanzminister im Kleinstaat Sachsen-Weimar (1.900 km², 120.000 Einwohner, 800 Beamte) war? Seine Grundposition war die eines wohlwollenden, vorsichtigen Reformers, der nicht unbeeindruckt war von den liberalen Wirtschaftstheorien und (mit wechselhaftem Erfolg) so manches in deren Sinn versuchte. Er war von Anfang an Gegner der Französischen Revolution, Antimilitarist (halbierte die kleine Armee), Antinationalist (kein Freund der Befreiungskriege), Bewunderer Napoleons, großer Europäer und Kosmopolit. Man konnte von ihm als Staatsdiener und engem Freund des regierenden Herzogs wohl kaum verlangen, dass er sich an die Spitze der Umsturzpartei setzte oder radikaler Demokrat würde. Er bezeichnete sich einmal als „gemäßigten Liberalen wie alle vernünftigen Leute“, polemisierte gegen den Sozialismus in Gestalt des Saint-Simonismus und fand gute Worte für den Freihandel: „Der Freihandel der Begriffe und Gefühle steigert ebenso wie der Verkehr in Produktion und Bodenerzeugnissen den Reichtum und das allgemeine Wohlbefinden der Menschheit.“ Er verteidigte die überlieferte ständische Ordnung und das aristokratische Prinzip.
Lesetipp: Ekkehart Krippendorff: Goethe. Politik gegen den Zeitgeist, Frankfurt/M. 1999.

Gold
Gold war im 19. Jahrhundert der Anker für alle wichtigen nationalen Währungen. Dies stellt den damaligen Regierungen ein gutes Zeugnis im Sinne freiwilliger Selbstbeschränkung aus. Beliebige Geldvermehrung wurde unmöglich. So wurde das Zeitalter des Goldes auch das goldene Zeitalter für Freiheit, Eigentum, Sicherheit und Wohlstand. Mit dem Ersten Weltkrieg, verursacht durch nationale Borniertheit und

überspannte Dummheit der Regierenden, ging diese Belle Époque zu Ende. Von da an kam es zu Katastrophen von Dimensionen, wie sie sich frühere Generationen nicht hätten vorstellen können. Seit 1914 gewannen die Regierenden die absolute Herrschaft über das Geld zurück, schufen sich ein Papiergeldmonopol (eine Lizenz zum Gelddrucken), das bis heute beliebigen Diebstahl an den Untertanen über Inflation erlaubt, geschehe es zur Kriegsfinanzierung oder zur Finanzierung eines überbordenden Wohlfahrtsstaates. Indessen bleibt Gold die heimliche Universalwährung. Am Steigen und Fallen des Goldkurses lässt sich ablesen, was ökonomisch und finanzpolitisch die Stunde geschlagen hat. Er steigt seit Jahren fast kontinuierlich ...
Lesetipp: Roland Baader: Geld, Gold und Gottspieler, Gräfelfing 2005.

Gorbatschow, Michail (geb. 1931)
Es bleibt ein Wunder, dass dieser seit Chruschtschow erste sowjetische Politiker „mit menschlichem Antlitz“ und der Gabe wie John F. Kennedy, sich nichts vorzumachen, in dem Apparat von verlogenen, machtversessenen und korrupten Bürokraten der „Nomenklatura“ – besonders Geheimpolizei und Militär – hochkommen konnte. Wir Deutsche sind ihm mit Recht seit der Wiedervereinigung dankbar zugetan und er ist bei uns populärer als in seinem eigenen Land, wo er als „Reichszerstörer“ bei vielen in Misskredit geraten ist. Es gibt auch in Deutschland einige superkluge Kritiker ohne eigene politische Praxis, die ihm Letzteres offenbar vorhalten – als Mangel an Staatskunst, realpolitische Naivität usw. In der Tat wollte er – im Kampf mit Boris Jelzin – die Sowjetunion erhalten und hatte etliche Illusionen hinsichtlich der Interdependenz von Ordnungen. Die „List der Vernunft“ machte aus dem Reformer auch einen Zerstörer – aber was lag denn an der Erhaltung dieses auf einer menschenfeindlichen Idee und unsäglicher Brutalität und Menschenopfern beruhenden Sowjetreiches? Gewiss, dieses Imperium war ökonomisch am Ende, aber das schmälert doch nicht die Größe dieses Mannes, der mutig, unter Lebensrisiko, den neuen Weg suchte.
Lesetipp: György Dalos: Gorbatschow. Mensch und Macht, München 2011.

„Grüne“
Bündnis 90/Die Grünen ist eine egalitär-kollektivistische nicht liberale Partei. Einige ihrer führenden Mitglieder haben eine linksextreme Vergangenheit (z. B. Jürgen Trittin). Sie ist derzeit die klassische Partei des Wohlfahrtsstaates und seines Ausbaus (Einheitsstaatsversorgung für alle,

das betrifft auch die Bildungseinrichtungen wie Einheitskita, Einheitsschule, BAföG für alle). Sie ist auch von ihrem ökologischen Anliegen her eine wirtschafts- und wettbewerbsfeindliche Partei. Sie hängt einer apokalyptischen Klimareligion an, von deren Doktrinen her sie sich berechtigt glaubt, die Energiemärkte planwirtschaftlich zu ordnen und darüber Privatleben und Marktwirtschaft an die Kandare zu nehmen. Ihre Mitgliederschaft und Klientel setzt sich vorwiegend aus mittlerem und unterem Staatspersonal zusammen („BAT-Boheme"): die zahlreichen Sozialarbeiter, Lehrer, Psychoberater usw. und ein Teil des staatsnahen Bildungsbürgertums in Universitätsstädten. Insgesamt ist „möglichst viel Staat" ihre Parole. Der Naturschutz im engeren Sinn läuft nebenher noch mit. Sie tritt für den globalen Wohlfahrtsstaat und für eine europäische Transferunion ein. Sie kennzeichnet eine antinationale, deutschfeindliche Haltung.
Lesetipp: Bündnis 90/Die Grünen: Wahlprogramm 2009, Grundsatzprogramm 2002.

Grundeinkommen, bedingungsloses, oder: über Schlaraffia
Man staunt, welche Sumpfblüten unser Wohlfahrtsstaat hervortreibt: so die Idee einer Staatsrente für jeden, unabhängig vom persönlichen Bedürfnis und ohne Erwartung einer Gegenleistung (Arbeit), Monat für Monat, von Kindesbeinen an. Dies überbietet selbst sozialistische Utopien. Götz Werner, ein bekannter Unternehmer, fordert derzeit 1.500 Euro für jeden, um alle vom elementaren Arbeitszwang frei zu machen und so, wie es heißt, ihre unternehmerischen Energien und ihre Kreativität zu entfesseln. Andere meinen, es sei „menschenunwürdig" unter ökonomischem Druck zu arbeiten. Noch hat keine Regierung es gewagt, sich auf ein solches Experiment einzulassen, in der (berechtigten) Furcht, dies könne die Arbeitsmotivation namentlich der „Schlechterverdienenden" lähmen und sei im Übrigen unfinanzierbar. Wie war es noch im Schlaraffenland? „Jede Stunde Schlafen bringt ein Silberstück ein und jedes Mal Gähnen ein Goldstück. Wer gerne arbeitet, das Gute tut und das Böse lässt, der wird aus dem Schlaraffenland vertrieben. Aber wer nichts kann, nur schlafen, essen, trinken, tanzen und spielen, der wird zum Grafen ernannt. Und der Faulste wird König im Schlaraffenland."

Grundgesetz: Bewährung?
Eine Verfassung ist Mittel zum Zweck: Sie dient zur Sicherung von Freiheit und Eigentum der Bürger und zur Optimierung der politischen und ökonomischen Stellung eines Volkes in einer Welt des Wettbewerbs. Sie

soll individuelle Freiheit und die freudige Identifikation der Bürger mit dem Gemeinwesen auf Dauer sicherstellen, Letzteres besonders durch demokratische Teilhabe an den Entscheidungsmechanismen. Auch der höchste Zweck einer Demokratie ist Sicherung der Freiheit des Einzelnen. Wenn nun betrachtet wird, wie unsere deutsche Verfassung in den letzten Jahrzehnten Eigentum und Freiheit, Föderalismus, kommunale Selbstregierung ausgehöhlt und die Herrschaft einer sich selbst bedienenden Parteienoligarchie und dahinter mächtigen Interessengruppen ermöglicht hat – so muss man als Liberaler wohl zu den Schlussfolgerungen Hayeks gelangen und auf tiefgreifenden Reformen bestehen – in fast jeder Richtung. Viele Stichworte dieses Handlexikons sind diesem Anliegen gewidmet.
Lesetipps: Friedrich August von Hayek: Recht, Gesetz und Freiheit (namentlich Teil III), Tübingen 2003; Hans Rentsch, Stefan Flückiger, Thomas Held, Yvonne Heininger, Thomas Straubhaar: Ökonomik der Reform, Avenir Suisse, Zürich 2004; Unternehmerinstitut der ASU (Familienunternehmer) e. V.: Für Effizienzstaat und Direktdemokratie, Berlin 2001.

Grundsicherung

Die Grundsicherung gegen die normalen Einkommensrisiken wegen Krankheit, Alter, Arbeitslosigkeit usw. ist zunächst einmal Privatsache. Infrage kann nur stehen, was an staatlicher Grundsicherung für den Notfall geboten werden sollte. Hierzu dienten seit Langem die Armenhilfe, Fürsorge, heute Sozialhilfe und „Hartz IV". Viele geniert die vorausgehende „Bedürftigkeitsprüfung". Aber ist es nicht klar, dass ich, bevor ich ins öffentliche Portemonnaie, genauer in die Tasche meines Nachbarn, greife, erst einmal nachweise, dass ich zur Selbsthilfe nicht in der Lage bin? Der Umfang dieser Grundsicherung muss knapp sein, damit es nicht attraktiv wird, auf Kosten seiner Mitmenschen zu leben. In Deutschland hat sich diese Grundsicherung so verbessert, dass sich nur allzu viele Bürger in ihr auf Dauer eingerichtet haben. Eine Fantasterei ist die „bedarfsorientierte Grundsicherung" der „Grünen" und der „Linken". Wer legt denn hier den „Bedarf" fest?

„Gutmenschen"

Im Unterschied zu guten Menschen, die Gutes tun aufgrund eigenen Gewissens und vor allem aus eigenen Mitteln, bezeichnet der Begriff vor allem politisches Personal, das Gutes mit fremden Mitteln, also auf Kosten beraubter Mitmenschen zu tun sucht und aus diesem dubiosen

Treiben seinen Lebensunterhalt bestreitet, namentlich die Sozialkleptokraten. Urbild des Gutmenschen ist Robin Hood, jener muntere Bandit, der die Reichen ausraubte, um mit der Beute seine armen Freunde zu erfreuen. Namentlich unsere Sozialpolitiker sind von einer Art Robin-Hood-Komplex besessen, der sie zur Organisation immer neuer sozialer Wohltaten treibt, deren Kosten dann andere bestreiten müssen. Für die Armen sind diese Gutmenschen kein wirklicher Segen, da die Umverteilung auf Dauer alle ärmer macht, auch die, die davon kurzfristig profitieren mögen. „Gutmenschen" sind auch typische Vertreter der „politischen Korrektheit" mit ihrem Gleichheitsfanatismus im Interesse der sogenannten „Benachteiligten", von denen sie kein Mandat haben.

H

Haftung

Wichtiger Grundsatz einer freien Gesellschaft: Jedermann muss für die Folgen seines Tuns geradestehen, mit der Folge eines Gefühls der Verantwortlichkeit für seine Handlungen und entsprechend entwickelter Umsicht. Im Wohlfahrtsstaat vielfach abgeschwächt: nicht nur durch Mitbestimmungsregeln ohne Miteigentum an Unternehmen und umfassende Subventionierungen, sondern auch durch den Sozialversicherungszwang, der die individuelle Haftung für die Eigenvorsorge aufhebt, oder durch die (Teil-)Sozialisierung der Familien- und Ausbildungskosten. Hier tritt die Generalhaftung des Staates an die Stelle der allein wirksamen Einzelhaftung. Die Wiederherstellung persönlicher Haftung ist ein wichtiger Punkt bei der Zurückdrängung der Wohlfahrtsdemokratie.

„Harmonisierung"

Politisch ein Euphemismus für die Gleichmachung von Unterschieden und für die Ersetzung des Wettbewerbs durch Kartelle oder ein Monopol. Wichtigstes Mittel der EU-Kommission bei der Planierung des Kontinents, z. B. hinsichtlich steuer-, sozial-, umweltrechtlicher Normen, sogar was den Umwelt- oder Verbraucherschutz betrifft. Vielfalt weicht der Einheitlichkeit, damit geht Wissen verloren, der Wettbewerb als Entdeckungsverfahren wird unterdrückt und die Macht zentralisiert. Suboptimale allgemeinverbindliche Standards werden politisch perpetuiert – die Gesellschaft erstarrt. Durch „Harmonisierung" wird das „europäische Wunder" als Ergebnis von Nonzentralisation und Wettbewerb in der europäischen Staatenvielfalt umgekehrt.
Lesetipp: Gerard Radnitzky: The European Miracle in Reverse, in: The European Journal, 9, 2002, S. 30 ff.

„Hartz-Reformen“

Ein fruchtloser Versuch der rot-grünen Bundesregierung, das Problem der Massenarbeitslosigkeit durch eine Verbesserung der staatlichen Arbeitsverwaltung und Kürzung von Sozialleistungen zu lösen, um so die eigentlich notwendige Liberalisierung des Arbeits-, namentlich des Tarifrechts zu vermeiden, die gegen den entschlossenen Widerstand des Arbeitsmarktkartells, namentlich der Gewerkschaften, politisch nicht gewagt wird. Etwaige Kürzungen der Lohnersatzeinkommen (als Arbeitslosengeld II) sind zwar anzuerkennen – auch die Verschärfung der Zumutbarkeitskriterien –, müssen aber ohne ausreichendes Angebot an freien Arbeitsplätzen verbitternd wirken und den Reformgedanken diskreditieren. Durch die Aufhebung des Subsidiaritätsprinzips gab es aber nicht eine Ersparnis, sondern eine Steigerung dieses Etats.

Hausunterricht (homeschooling)

Es stellt sich vom liberalen Standpunkt die Frage, ob nicht nur eine Bildungs- oder Unterrichtspflicht, sondern auch eine gesetzliche Schulpflicht – der Zwang, Unterricht in öffentlichen Schulräumen und durch staatliche Angestellte nach staatlichen Lehrplänen zu nehmen – vertretbar ist. Führende westliche Staaten wie die USA, Australien, auch Frankreich, Großbritannien kennen derlei nicht; in Italien, Irland und Spanien hat die Möglichkeit des Hausunterrichts sogar Verfassungsrang. In Dänemark ist die Schulpflicht seit 1855 abgeschafft. In der Schweiz ist dies kantonal unterschiedlich; in Österreich ist Hausunterricht, allerdings in restriktiver Form (mit „Externistenprüfung“), erlaubt. In Deutschland wurde die sehr restriktive Schulpflicht erst durch den Nationalsozialismus (1938) eingeführt. Große Liberale wie John Locke, Wilhelm von Humboldt, John Stuart Mill wenden sich gegen ihn. Viele große Persönlichkeiten, z. B. Goethe und Mozart, genossen häuslichen Unterricht durch Privatlehrer. Ebenso wie Hausunterricht ist auch Fernunterricht für Kinder in Deutschland nicht möglich.

Es verträgt sich schlecht mit dem liberalen Individualitäts- und Freiheitsgedanken, Kinder staatlicherseits in dieser Weise generell – und bei oft fragwürdigen Zielen, Stoffen und Methoden – zu prägen, oft im Widerspruch zu den Vorstellungen von Elternhaus und Familie. So sollte, wenn schon nicht gleich ein vollständiges „Freilernen“, doch ein Rückzug des Staates vom Schulzwang zu einer bloßen Unterrichtspflicht beschlossen und auch die Lage der Privatschulen verbessert werden.

Lesetipps: Jan Edel: Schulfreie Bildung, Münster 2007; Dagmar Neubronner: Die Freilerner, Bremen 2008.

Hayek, Friedrich August von (1898–1992)
Bedeutendster Freiheitsphilosoph und -ökonom des 20. Jahrhunderts, Gegenspieler von Lord Keynes, entschiedenster Gegner von Sozialismus und Wohlfahrtsdemokratie. H. inspirierte die erfolgreichen Reformen Ronald Reagans, Margaret Thatchers oder des slowakischen Finanzministers Ivan Mikloš. H. sieht die „Schacherdemokratien" auf dem „Weg zur Knechtschaft" und setzte dagegen die Konzeption einer „Verfassung der Freiheit" (Neuaufl. 2005). Besonders weitgehend, aber bisher wenig beachtet sind seine Vorschläge zur „Entthronung der Politik" (Demokratiereform) und zur Entnationalisierung der Währungen. Das Geldmonopol ist das gefährlichste und am häufigsten missbrauchte Staatsmonopol überhaupt.
Lesetipps: Hans-Jörg Hennecke: Friedrich August von Hayek. Die Tradition der Freiheit, Düsseldorf 2000; Gerd Habermann (Hrsg.): Philosophie der Freiheit, 4. Aufl., Bern 2005.

Hayek-Gesellschaft, Hayek-Stiftung für eine freie Gesellschaft
1998 bzw. 2001 in Freiburg im Breisgau gegründete Initiative von Wissenschaftlern, Unternehmern und Publizisten zur Verbreitung freiheitlicher Ideen. Gesellschaft und Stiftung wirken durch Bücher, Veranstaltungen, Schulungen (Juniorenkreise für Wissenschaft, Politik, Publizistik und Wirtschaft) und örtliche Hayek-Clubs (derzeit etwa 20). Die Hayek-Gesellschaft verleiht auf den jährlichen Hayek-Tagen die Hayek-Medaille an im Sinne der Gesellschaft ausgezeichnete Persönlichkeiten, so u. a. an Gary Becker, Roger Douglas, Graf Lambsdorff oder Elisabeth Noelle-Neumann. Vorsitzende der Gesellschaft ist seit Juni 2011 Dr. Karen Horn, Vorsitzender der Stiftung von Anfang an: Professor Dr. Gerd Habermann. Mitglied wird man durch Kooptation über die Mitgliederversammlung. Die Gesellschaft hat derzeit etwa 300 Mitglieder. Wer möchte sich einem regionalen Hayek-Club anschließen oder die Gesellschaft unterstützen? Details unter: www.hayek.de.

„Heuschrecken"
Populär gewordenes Bild des früheren SPD-Vorsitzenden und Arbeitsministers Müntefering zur Bezeichnung internationaler Finanzinvestoren. Dieses Bild des Abgrasens und dann Weiterziehens parasitärer In-

sekten verrät die Unwissenheit und Ratlosigkeit der SPD-Führung auf der Suche nach Ursachen für die wirtschaftlichen Probleme Deutschlands, die im Wesentlichen politikgemacht und durch die rot-grüne Bundesregierung in fast sieben für echte Reformen verplemperten Jahren noch verschärft worden sind. In Wirklichkeit sind diese Finanzunternehmer in Zeiten der Unterkapitalisierung vieler Unternehmen und des restriktiven Verhaltens der Geschäftsbanken für die freie Wirtschaft willkommene Helfer in Notlagen. Das auffällige Wirken verschiedener internationaler Finanzinvestoren und Kapitalfonds, denen Deutschland offenbar nichts Gleichwertiges entgegenzusetzen hat, liegt in dem durch das „Umlageverfahren" der Sozialversicherung bedingten Mangel an freiem Kapital. Amerikanische und britische Finanzinvestoren kommen aus einem Land mit einer weitgehend kapitalgedeckten sozialen Vorsorge, die Anlagemöglichkeiten sucht.

„Hilfe zur Selbsthilfe"
Gesunder Grundsatz subsidiärer Sozialpolitik. Im Wohlfahrtsland Deutschland jedoch von der Politik missbraucht zu einem beliebigen „Fördersozialismus", der mit Hunderten, ja Tausenden von gut gemeinten unkoordinierten Unterstützungen auf allen politischen Ebenen, von der Existenzgründung über die Eigenheimzulage, Kindergeld bis zur Regionalförderung und „Industriepolitik", Steuergelder verschwendet und individuelle Energien schwächt. Schließlich werden Projekte nur noch deswegen unternommen, weil es dafür Fördermittel gibt, mit der Konsequenz fehlerhafter Rentabilitätsberechnungen und dann irgendwann notwendiger Insolvenzen, z. B. bei sogenannten „Wellnesseinrichtungen" oder kommunalen Technologiezentren. Das Geld dafür muss aus anderen Bereichen abgezogen werden, denn der Staat ist bekanntlich keine Kuh, die im Himmel gefüttert, auf der Erde aber nur gemolken zu werden braucht.

Hitler, Adolf (1889–1945)
Das deutsche Volk hatte nach Bismarck außenpolitisch wenig Glück, so weltpolitisch unerfahren und unpolitisch es nach Jahrhunderten der kleinstaatlichen Bevormundung und „Innerlichkeit" war. Aber es musste noch einiges im Sinne des politischen Pechs hinzukommen, damit dieser diabolische Massenverführer seine Chance bekommen konnte: so der unselige sogenannte „Friedensvertrag" von Versailles (1919) mit seinen psychologischen und ökonomischen Folgen; so die ahnungslo-

se Inflationspolitik der Weimarer Politiker; so die politisch verursachte Weltwirtschaftskrise (Missbrauch des Geldmonopols der FED für eine fragwürdige Konjunkturpolitik) mit der Folge anhaltender Massenarbeitslosigkeit auch in Deutschland; so die Vermachtung der Märkte, besonders des Arbeitsmarkts; nach dem 30. Januar 1933 dann der Beifall, ja die Bewunderung, etlicher ausländischer Regierungen. Die Bestialitäten des Hitler-Regimes (nach Vorbild des bolschewistischen Terrors) waren schließlich für den Normaldeutschen unvorstellbar und wurden nach Möglichkeit verborgen. Hinzu kam die teuflische Inszenierungskunst der Nazis, die alle Mittel moderner Massensuggestion virtuos beherrschten. Hitler war groß im Sinne des Monsters, des großen Ruinierers. Das deutsche Volk bezahlte seinen Irrtum mit Millionen eigener Toten und Vertriebenen, Gebietsamputation, Zerstörung vieler seiner schönen Städte, eine über 40 Jahre währende Teilung und Fremdherrschaft, schließlich und vor allem mit einer tiefen Beschämung und einer Erschütterung seines politischen Selbstbewusstseins und seines historisch verwurzelten Gefühls als Nation, die bis heute anhält.
Lesetipp: Hans-Peter Schwarz: Das Gesicht des Jahrhunderts, Berlin 1998, S. 293ff.

Homo Oeconomicus
Abstrakte, idealtypisch konstruierte Kunstfigur der ökonomischen Theorie. Im engeren Sinn: ein Mensch, der – bei vollständiger Information – immer im Sinne seiner materiellen Interessen oder Nutzenmaximierung handelt. Parallelfigur zum Homo Politicus, Homo Sociologicus, Homo Eroticus, Homo Religiosus. Kein erkenntniskritisch geschulter Wissenschaftler verwechselt dieses Kunstgebilde abstrahierenden Denkens mit der Realität des praktisch handelnden Menschen, in dem viele Motive parallel gehen oder sich kreuzen – freilich in jedem Fall das Wichtigere dem weniger Wichtigen entsprechend den jeweiligen Präferenzen vorgezogen wird (manchmal selbst, wenn dies die eigene Existenz kostet). Unwissende werfen der ökonomischen Theorie die „Einseitigkeit“ ihres idealtypischen Abstrahierens vor und übersehen den Erkenntniswert solcher Fiktionen zum Vergleich mit der Realität.
Lesetipp: Ludwig von Mises: Nationalökonomie, München 1980 (1940). Jesús Huerta de Soto: Die Österreichische Schule der Nationalökonomie, Wien 2007.

Horn, Karen Ilse (geb. 1966)
Eine führende freiheitliche Wirtschaftsjournalistin, ab 1995 bei der Frankfurter Allgemeinen Zeitung; seit 2000 Leiterin des Hauptstadtbüros des Instituts der deutschen Wirtschaft; Ludwig-Erhard-Preisträgerin (1997). Abgesehen von ihren journalistischen Arbeiten übersetzte sie Wilhelm von Humboldts berühmten Essay „Ideen zu einem Versuch, die Grenzen der Wirksamkeit des Staates zu bestimmen" neu ins Französische und übertrug Philippe Nemos (Paris) verdienstliches Büchlein „Qu'est-ce que l'Occident?" ins Deutsche („Was ist der Westen?", 2006). Ferner: „Die Soziale Marktwirtschaft" (2010). Seit 2011 Vorsitzende der Friedrich August von Hayek-Gesellschaft.

I

Ideologie
Häufig abwertend gemeinter Komplex von in sich möglichst konsistenten Ideen oder Theorien zur Erklärung und „Verbesserung" der sozialen Wirklichkeit. Auf einen solchen Schatz von Ideen und zutreffenden Erklärungsmustern ist jedermann zu seiner persönlichen Orientierung angewiesen. Doch sollte man unterscheiden zwischen Ideen, die prinzipiell realisierbar sind, da sie der Natur des Menschen oder ökonomischen und politischen Erfolgsregeln entsprechen, z. B. die Idee von Marktwirtschaft und Liberalismus, und solchen, die unrealisierbar sind, da sie einen „neuen Menschen" voraussetzen oder ihn gar erzeugen wollen. Der Sozialismus gehört zur Ideologie vom Typ zwei. Es ist heute nicht nur sinnlos, sondern auch unmoralisch, sozialistischen Ideen selbst nur als fernem Ideal zu folgen, denn seine auch nur allmähliche „Realisierung" ist mit Gesellschaftszerstörung und Niedergang erkauft, wie die Erfahrungen des 20. Jahrhunderts um den Preis von Millionen von Menschenleben gezeigt haben.

Imperium
Glanzvolles, aber häufig labiles Gebilde, das auf eine zentralisierende Bürokratie angewiesen, oft zum Grab von Kultur und Bürgerfreiheit wurde. Bürger im vollen Sinn des Wortes zu sein, ist angesichts der Dimensionen von Imperien unmöglich. Die Verwertung des immer lokalen oder regionalen Wissens und die individuelle Energieentwicklung wird umso schwächer, je mehr sich die zentralisierenden und nivellierenden Tendenzen durchsetzen. An einem Übermaß bürokratischer Zentralisierung (und entsprechendem Fiskalterror) ging das ganze Weströmische Reich zugrunde, auch das Sowjetimperium implodierte nach jahrzehntelangem Niedergang

und ebenso wird die EU-Kommission mit ihrem Bestreben scheitern, sich die europäischen Nationen durch „Harmonisierung“, Nivellierung und Finanzausgleich gefügig zu machen und so eine „EUdSSR“ herzustellen.
Lesetipps: Leopold Kohr: Das Ende der Großen. Zurück zum menschlichen Maß, Salzburg, Wien 2002; Herfried Münkler: Imperien: Die Logik der Weltherrschaft, Hamburg 2007.

Individualismus
Soziale Lehre, die den Einzelnen in den Mittelpunkt der Betrachtungen stellt, nicht Kollektive wie Staat, Nation, Gesellschaft, Klasse usw. Auch Kollektive lassen sich überdies nur aus Handlungen der Einzelnen erklären („Methodologischer Individualismus“). Es gibt „die Gesellschaft“ oder „den Staat“ als handelnde Einzelwesen nicht! Man kann sich mit ihnen z. B. nicht zum Frühstück treffen! Normativ sind diese Kollektive für den Einzelnen da, nicht umgekehrt. Dies bedeutet nicht anzunehmen, dass der Mensch außerhalb seiner sozialen Gruppenbezüge denkbar wäre oder ohne seine Mitmenschen auskommen sollte, wie ein verbreitetes Vorurteil dem Individualismus unterstellt. Individualismus hat auch nichts mit „Egoismus“ zu tun. Man kann als Unternehmer z. B. nach maximalem Gewinn streben, um damit wohltätige Stiftungen zu finanzieren. Der Einzelne ist immer durch seine Mitmenschen und das „Sozialkapital“ von Tradition, Sitten usw. geformt. Utopisch ist dagegen die Annahme, ein echter „Individualist“ sei durch den sozialen Einfluss seiner Umgebung sich selbst „entfremdet“ und müsse sich darum diesen Einflüssen entziehen, um ganz „er selbst“ zu werden. Dies ist sogenannter „Atomismus“, der wirklichkeitsfremd ist, denn niemand kann durch „Selbstzeugung“ entstehen, weder physisch noch sozial-kulturell. Man kann freilich andererseits die Macht der Kollektive über den Einzelnen so weit steigern, dass er zur Nullität wird, ein Sklave, der dann auch für diese Gemeinschaften nur von geringem Wert ist. Gemeinschaften sind nur stark, wenn sich der Einzelne mit ihnen identifizieren kann, wenn er sie auch innerlich selbst bejaht und möglichst frei gewählt hat.
Lesetipp: Friedrich August von Hayek: Wahrer und falscher Individualismus, in: Individualismus und wirtschaftliche Ordnung, 2. Aufl., Salzburg 1976, S. 9ff.

Industrialisierung
Industrialisierung bedeutet die Revolutionierung traditionellen Wirtschaftens durch moderne Naturwissenschaften und Technik in arbeitstei-

ligen Märkten mit der schon im 19. Jahrhundert beobachtbaren Folge, dass mehr Menschen besser ernährt werden konnten und länger lebten als je vorher, ja sogar eine Bevölkerungsexplosion einsetzte. Die Industrialisierung beseitigte überkommene Armut überall dort, wo sie sich ausbreitete. Die revolutionierende Eisenbahn z. B. schaffte mehr Arbeitsplätze, als das Postkutschenwesen je bieten konnte. Ohne die Industrialisierung hätte ein Millionen-„Proletariat" nicht existieren können. Die These von der Verelendung durch Industrialisierung und „Frühkapitalismus" ist ein sozialistisches Ammenmärchen, das von modernen Sozialhistorikern vielfach widerlegt worden ist, aber sich bis heute in Schulbüchern fortpflanzt. Der entscheidende Motor der Industrialisierung ist aber nicht Naturwissenschaft oder Technik, sondern der marktwirtschaftliche Wettbewerb (wie sich im sozialistischen Großexperiment zeigte).

Industriepolitik
Gesamtbezeichnung für staatliche Subventionierung von bestimmten industriellen Wirtschaftszweigen, regelmäßig auf Nationalismus oder „Anmaßung von Wissen" über die zukünftige Entwicklung beruhend. Dies betrifft sowohl die allgemein übliche Protektion absteigender Industriezweige („Schutz der Verlierer") als auch die „fortschrittliche" Unterstützung von technischen Entwicklungen und Industriezweigen, denen angeblich die Zukunft gehört („Technologieförderung"). Eine grundsätzlich überflüssige und von vielen Fehlschlägen begleitete staatliche Intervention (z. B. in Deutschland: „Transrapid" oder jetzt die aufgegebene Atomenergie). Hauptprofiteure sind Großkonzerne, die diese Unterstützung über geschickte politische Lobbyarbeit immer gern „mitnehmen". Technik und Wirtschaft sind auf solche Interventionen nicht angewiesen, namentlich dann nicht, wenn ihnen sowieso die Zukunft gehört. Der Staat kann die technische Entwicklung positiv durch günstige Rahmenbedingungen wie z. B. niedrige Steuersätze, günstige Abschreibungssätze und wenig Bürokratie sichern.

Inflation
Die Kaufkraftverminderung des Geldes durch heute regelmäßig politisch verursachte Geldmengenvermehrung ist eine wahre Pest unserer Zeit. Sie ist – auch bei mäßigen Inflationsraten, der schon lange anhaltenden chronischen Inflation – kein Schicksal, sondern Schuld derjenigen, die für das Geld zuständig sind: der Regierungen und ihrer Zentralbanken, die der Bevölkerung monopolistisch das von ihnen emittierte Geld als alleiniges ge-

setzliches Zahlungsmittel oktroyieren („legal tender“). Auf die Einrichtung einer privaten Konkurrenzwährung droht Gefängnis, selbst der Besitz der heimlichen zeitlosen Universalwährung Gold wurde schon verboten, sogar in den USA von 1934–1974. So werden die Menschen an den Nationalstaat gefesselt, namentlich wenn das Verbot des Besitzes von Fremdwährungen hinzukommt („Devisenzwangswirtschaft“). Selbst der Schweizer Franken und die frühere D-Mark, die als stabil galten bzw. gelten, waren dies nur relativ: Die D-Mark verlor von 1949 bis zu ihrer (vorläufigen) Ersetzung durch den Euro 95 Prozent ihres Werts. Inflation beraubt alle Geldvermögensbesitzer (die Millionen Versicherungs- und Bausparer, die Besitzer von Sparkonten, von Anleihen und Pfandbriefen usw.) und alle, die feste Einkommen beziehen (Rentner, Pensionäre usw.), alle Gläubiger überhaupt. Und wem nützt sie? Den Schuldnern, vorweg den verschuldeten Regierungen: Hinter dem pathologischen Phänomen der Inflation stehen unmoralische Regierungen, die Interessentendruck nachgeben und nur an das Brot von heute, nicht aber den Hunger von morgen denken. Gegenmittel: freie Goldwährung oder besser noch Freihandel mit Geld. Das Geldmonopol ist das gefährlichste Staatsmonopol überhaupt.

Lesetipps: Roland Baader: Geldsozialismus, Gräfelfing 2010; Murray N. Rothbard: Das Scheingeldsystem, Gräfelfing 2000 (mit einem wertvollen Nachwort von Guido Hülsmann); Friedrich August von Hayek: Entnationalisierung des Geldes, 2. Aufl., Tübingen 2011.

Kaufkraft des US-Dollars, Januar 1913 = 1,00 $

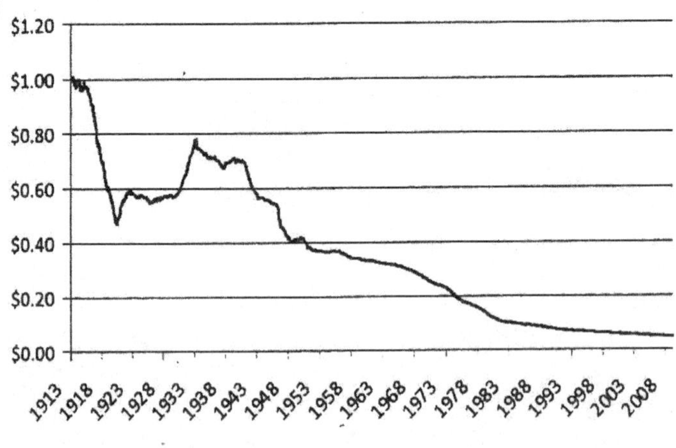

Quelle: Ron Paul

Inflationsstatistik
Diese Statistik ist nicht weniger kritisch zu betrachten als z.B. die politisch ständig manipulierte Arbeitslosenstatistik. Der Warenkorb eines rein fiktiven Durchschnittskonsumenten wird ständig geändert. Wichtiges (wie Immobilien- oder Aktienwerte) tauchen nicht auf, anderes wie neuerdings Nahrungsmittel und Energie in den USA werden herausgenommen. Teurere Produkte werden als „neue" Produkte bewertet usw. Aber auch die harmlos scheinenden offiziell ausgewiesenen Inflationsraten wirken mittelfristig katastrophal: So hat die angeblich stabile D-Mark seit ihrer Einführung bis zu ihrer Abschaffung (1999/2002) 90 Prozent ihres Werts verloren, allein seit 1990 bis heute (auch als Euro) 51 Prozent! Bei Dollar und Pfund sieht dies noch schlechter aus. „Geldreform" wird ein großes Thema der Zukunft sein müssen.

Intellektuelle
Allgemein übliche Bezeichnung von wissenschaftlich oder literarisch geprägten Menschen, die in der Verbreitung von sozialen und ökonomischen Lehren oder Ideologien ihren Lebensinhalt suchen, entweder als deren Schöpfer wie z. B. Karl Marx oder als „Gebrauchtwarenhändler in Ideen" wie Lehrer, Journalisten usw. Intellektuelle neigen zur Abstraktion und zur Überschätzung der „Machbarkeit des Sozialen" („Konstruktivismus"), ihre Ethik ist oft die archaische Ethik der Kleingruppen („soziale Gerechtigkeit"). Vor allem Linksintellektuelle leben von der Erzeugung von Unzufriedenheit gegen die vorgefundenen Ordnungen und wurden zu Verursachern und Verantwortlichen historischer Katastrophen. Sie spielen in sogenannten „Revolutionen" die Hauptrolle. Aber auch der „Kapitalismus" wird nicht nur von Politikern, sondern auch von Intellektuellen gedeutet, dargestellt und verteidigt (von Adam Smith an). Jedenfalls gehören sie zur modernen Welt – oft in der Nachfolge oder Ergänzung der Priester als „Sinndeuter" und sind auch unentbehrlich in dieser Funktion.
Lesetipps: Roland Baader: Totgedacht. Warum Intellektuelle unsere Welt zerstören, Gräfelfing 2002; Ludwig von Mises: Die Wurzeln des Antikapitalismus, Frankfurt/M. 1958.

J

Japan
Auch ein Liberaler wird Japan bewundern, seine kulturellen Traditionen, die shintoistisch-konfuzianisch-buddhistische Synthese scheint geglückt und ist ein schönes Beispiel für eine kulturelle *complexio oppositorum*. Dies gilt erst recht für die ohne vieles Blutvergießen gelungene „Reform von oben" durch eine staatskluge Adelsschicht (nach 1868) und dem folgenden ökonomischen und politischen Aufstieg, bis heute unter der Formel: europäische Technik, japanischer Geist. Allerdings leidet das Land seit zwei Jahrzehnten unter einer törichten Geldpolitik im Sinne des Lord Keynes, die das Land in riesige Schulden und andauernde Stagnation gestürzt hat (seit der Weltfinanzkrise von den USA und den Ländern der EU nachgeahmt: Wo hat eine Politik je aus Elementarfehlern gelernt; jede neue Generation beansprucht offenbar für sich ein Recht auf wiederholten Irrtum). Beunruhigend ist der demografische Niedergang dieses Landes, der Ausdruck tiefer liegender Fehlentwicklungen ist.
Lesetipp: Inazo Nitobe: Bushido (1969).

Jouvenel, Bertrand de (1903–1987)
Dieser französische Ökonom und Sozialphilosoph kann als ein „Bruder im Geiste" Friedrich A. von Hayeks angesehen werden und seine Hauptwerke wie „Über die Staatsgewalt" (deutsch 1972) und „Über Souveränität" (deutsch 1963) sollten in keiner liberalen Bibliothek fehlen. Seine Kernthese ist, dass der Freiheit Verhaltensregeln wie Moral, Sitten, religiöse Bindungen, Gewohnheiten und Vorbilder vorgelagert sein müssen, um die soziale Kohäsion zu ermöglichen. Diese werden aber geschwächt von einem sozialen Rationalismus / Konstruktivismus, der nur den isolierten Einzelnen und den Staat sehen will und so die Staatsmacht entfesselt. Diese „destruktive Metaphysik verkannte die Rolle moralischer Autoritäten und aller jener intermediären gesellschaftlichen Mächte, die den Menschen einrahmen, beschützen und lenken. Sie hat nicht vorausgesehen, dass die Zerstörung dieser Hindernisse und Bollwerke die Regellosigkeit egoistischer Interessen und blinder Leidenschaften verursachen würde, die eine unheilvolle Tyrannei unvermeidlich erscheinen lassen". Niemand hat so eingehend wie de Jouvenel auch die Idee einer „sozialen Gerechtigkeit", die der Zerstörung der sozialen Ordnung das ethische Fundament gibt, kritisiert.
Lesetipp: Gerd Habermann: Die soziale Weisheit des Bertrand de Jouvenel, in: Ordo, Bd. 46, 1995, S. 57ff.

K

Kammerstaat Deutschland

Zur deutschen (und österreichischen) Krankheit zählt auch die Zwangsverkammerung so vieler Berufe oder gar der gesamten industriell-gewerblichen Wirtschaft wie in den Industrie- und Handelskammern. Was gibt es da nicht alles: die Ärzte-, Handwerks-, Apotheker-, Rechtsanwalts-, Architekten-, Steuerberater-, Ingenieurskammern usw. Sie figurieren sämtlich als „berufsständische Körperschaften“ nach öffentlichem Recht, sind mit hoheitlichen Rechten (Berufszulassung, Prüfungsrichtlinien usw.) ausgestattet und sollen die Interessen ihrer Branche politisch vertreten. Aber leben wir in einer Ständegesellschaft? Die Kammern als privatrechtliche Einrichtung ohne Beitrittszwang können gewiss – wie in der Schweiz, den USA und anderen Ländern – als freie Selbstorganisationen nützliche Funktionen innehaben, auch als „beliehene“ Vereine hoheitliche Aufgaben übernehmen, aber dazu braucht es keinesfalls den Beitrittszwang. Es ist ärgerlich, dass dieser Zwang so hartnäckig verteidigt wird. Sind die Kammern so nützlich, wie sie immer behaupten, werden sie sich auch ohne Zwang bewähren.

Kant, Immanuel (1724–1804)

Dieser große Philosoph auch des Rechtsstaates und der Freiheit ist ein Höhepunkt in der Geschichte des deutschen Liberalismus, da jeder Mensch zunächst als Eigner seiner selbst sich selbstständig seine Lebensziele suchen muss, „Glück“ immer nur subjektiv definiert werden kann und der Mensch als vernunftbestimmtes Wesen nicht nur Mittel im Dienste fremder Zwecke sein darf. So ist für Kant klar, dass ein Staatstyp abgeleht werden muss muss, der – wie der alte Wohlfahrtsstaat seiner Zeit, der „aufgeklärte Polizeistaat“ – ebenso wie der gegenwärtige, in hohem Maße über Eigentum, Freiheit und Lebensglück seiner Bürger verfügt. Es gibt kaum einen schärferen moralischen Kritiker des Wohlfahrtsstaates als Kant: „Nachdem sie ihr Hausvieh zuerst dumm gemacht haben und sorgfältig verhüteten, dass diese ruhigen Geschöpfe ja keinen Schritt außer dem Gängelwagen, darin sie sie einsperrten, wagen dürften: so zeigen sie nachher die Gefahr, die ihnen drohet, wenn sie versuchen, allein zu gehen.“ Wilhelm Röpke wird später von „komfortabler Stallfütterung“, Konrad Lorenz gar von der „Verhausschweinung des Menschen“ im Wohlfahrtsstaat sprechen.

Lesetipp: Immanuel Kant: Über den Gemeinspruch: Das mag in der Theorie richtig sein, taugt aber nicht für die Praxis (div. Ausgaben).

Kapitaldeckungsverfahren
Im Unterschied zum Umlageverfahren („von der Hand in den Mund"), das unsere sozialen Sicherungssysteme gegenwärtig kennzeichnet, ein Verfahren, das durch Sparen Renten aus einem Kapitalstock entstehen lässt. Während das Umlageverfahren, ein moralisch fragwürdiger und juristisch unhaltbarer Vertrag zulasten Dritter, politökonomisch instabil ist und Wohlfahrtsverluste zur Folge hat sowie sonst mögliche Selbstständigkeit der Bürger reduziert, bildet das Kapitaldeckungsverfahren echte, übertragbare Eigentumsansprüche und steigert den allgemeinen Wohlstand. Es ist ferner ziemlich unabhängig von demografischen Schwankungen, da die Anlage des Kapitals nicht auf den nationalen Raum beschränkt ist. Die Umstellung von Umlage auf Kapitaldeckung ist das Zukunftsprogramm für eine Reform unserer sozialen Sicherung, wobei die individuelle Kapitalbildung im Vordergrund stehen muss, nicht etwa die bestehende Sozialversicherung Kapitalrücklagen bilden sollte, die ja immer der fiskalischen Begehrlichkeit der Politiker ausgesetzt wäre.

Kapitalflucht
Natürliche Reaktion des mobilen Kapitals auf unbillige und ungerechte Enteignungsakte durch Progressivsteuern, konfiskatorische Abgaben oder sonstige fragwürdige Einschränkungen des Eigentums wie z. B. Inflation, Devisenzwangswirtschaft oder Mitbestimmung ohne Mithaftung. Eine Regierung, die den ungeschriebenen Gesellschaftsvertrag der Gegenseitigkeit durch Fiskalismus verletzt und für ihre unwirtschaftlichen Projekte und aufgeblähten Apparate das Privateigentumsrecht unterminiert, wird immer Gegenreaktionen des in seinem legitimen Kernbereich bedrohten Bürgers hervorrufen, der auf sein Urrecht „auf den Ertrag der eigenen Arbeit" und dem Recht legitimer Eigentumsübertragung besteht. Das Gebot „Du sollst nicht stehlen" gilt schließlich auch für die Regierenden oder das „Kollektiv". Bisher ist es nicht gelungen, die Eigentumsgarantien des Grundgesetzes (Artikel 14) gegen staatliche Aneignungspolitik und Begehrlichkeiten effizient zu schützen. Der staatliche Griff ins private Portemonnaie gilt immer als „legal", unabhängig von seiner Höhe. So war bis heute – nach vorübergehendem Schwanken unter dem Verfassungsrichter Paul Kirchhof – die Rechtsprechung des Bundesverfassungsgerichts. Es konnte sich so trotz der Eigentumsgarantien des Grundgesetzes ein schleichender Sozialismus durchsetzen, gedeckt von der unklaren Formel, dass Eigentum „sozial verpflichte".

Kapitalismus

Meist polemisch gemeinte Bezeichnung für die industrialisierte, liberale Marktwirtschaft. Bei der Negativbewertung wird verkannt, dass Kapitalbildung die Grundlage des allgemeinen Wohlstands, ja des physischen Überlebens, der heutigen Menschenmassen ist. Kapitalismus ist Massenproduktion. Ohne einen großen Kapitalstock, gute Anlagemöglichkeiten mit annehmbaren Renditen und gesicherten Eigentumsrechten ist eine moderne Nation zum Abstieg verurteilt. Es ist eine Überlebensfrage moderner Zivilisation, ob der „Kapitalismus“ genug Freiheitsräume hat. Der mystifizierte Begriff darf aber nicht darüber hinwegtäuschen, dass er nur eine Abstraktion ist und in der Realität sich nur in einzelnen produzierenden Unternehmen, Investoren, Finanziers und Konsumenten vorfindet. Der Kapitalismus ist also keine Person, die selbst handeln kann, er kann weder an etwas schuld noch unschuldig, weder gerecht noch „ungerecht“ sein oder handeln. Das wäre „Anthropomorphismus“ oder „Begriffsrealismus“.

Lesetipp: Roland Baader: Kapital am Pranger, Gräfelfing 2005.

Kapitalismuskritik

Seit Auftreten der modernen Marktwirtschaft vor 200 oder 300 Jahren ständige Begleiterscheinung des ökonomischen und sozialen „Fortschritts“. Betrüblicher Hintergrund der Kritik ist das Unverständnis für die Zauberformel des „Kapitalismus“: dass in diesem System jedermann nur vorwärtskommt, indem er anderen nützliche Leistungen bietet, und dass er eine Einrichtung für die Menschen als Konsumenten insgesamt, vor allem für die „kleinen Leute“ ist. Sozialisten können nicht begreifen, dass sich aus dem Eigeninteresse unter allgemeinen Verhaltensregeln mit Preisen als rechnerischem Koordinationsmittel eine spontane Ordnung ergeben kann, die an Effizienz und Wohlstandserzeugung alles übertrifft, was die Welt bis heute gesehen hat. Häufig wird auch für ein Versagen des Kapitalismus gehalten, was nur Ergebnis des Staatsversagens ist: z. B. Massenarbeitslosigkeit als Ergebnis staatlich gesetzten Arbeits- und Sozialrechts, Inflation und Staatsbankrott als Ergebnis des staatlichen Geldmonopols und staatlicher Ausgabenpolitik, das Umweltproblem als Ergebnis fehlender staatlicher Rahmensetzung für die Nutzung von Gemeingütern wie Luft und Wasser, für deren Schutz ja der Staat zuständig ist. Kapitalismuskritik ist reaktionär: Sie geht meistens von totaler Gemeinschaftlichkeit („Solidarität“) und einer Ethik des familiären Teilens aus, die in einer offenen Marktgesellschaft nicht funktionieren kann und

die nur die Verbesserung der allgemeinen Lebensverhältnisse behindert. „Teilen“ gehört in die übersichtlichen Primärgruppen wie Familie, Freundschaft usw.
Lesetipps: Friedrich August von Hayek: Der Weg zur Knechtschaft, München 2011; Roland Baader: Die belogene Generation. Politisch manipuliert statt zukunftsfähig informiert, Gräfelfing 1999.

„Kasino-Kapitalismus“
Zunächst einmal ist ein Kasino nichts Anrüchiges. Solange man mit seinem eigenen und ehrlich erworbenen Geld spielt, darf man das auch tun. Erstaunlicherweise wird in Deutschland das Glücksspiel aber vor allem vom Staat betrieben. So zeigt sich die Fragwürdigkeit seines moralisierenden Gehabes, indem er den Privaten jede Art von gewerblichem Spielbetrieb als Laster zu verbieten sucht und selbst das Milliardengeschäft als Geldmonopolist exzessiv betreibt (Roland Baader).

Die Milliardenflutwelle spekulativen Geldes, die um die Welt rast, ist staatlich erzeugtes Geld. Es geht hier um Anleihen, die der Staat überwiegend im Konsumsektor „anlegt“ (Rentenzahlungen, Pensionen, Politikergehälter usw.). Man denke an die ungeheuren Stimulierungspakete der japanischen Regierung in den Neunzigerjahren oder der amerikanischen Regierung gegenwärtig, eine wahre Kamikazepolitik. Mit Kapitalismus haben die riesigen Geldmengen wenig zu tun, denn im Markt entsteht neues Geld nur als gesicherter Kredit, hinter dem der unerbittliche Rückzahlungszwang mittels Zwangsvollstreckung und Konkursgericht steht. Mit Kapitalismus hat dieser Abertausend-Milliarden-Schwindel nichts zu tun. Was an Kapitalismus „Kasino“ ist, das ist in Wirklichkeit das Ergebnis einer betrügerischen Staatslotterie.
Lesetipp: Roland Baader: Die belogene Generation, Gräfelfing 1999, S. 99ff.

Kathedersozialismus
Mildere Form des Sozialismus, wie sie in Deutschland während des Kaiserreichs und von Universitätsgelehrten wie Gustav Schmoller, Adolph Wagner usw. (im „Verein für Sozialpolitik“) vertreten wurde. Der Kathedersozialismus legte die geistige Grundlage für die Erschaffung des deutschen Wohlfahrtsstaates. Bismarck war ihr Testamentsvollstrecker. Bis heute neigen sowohl Wissenschaftler, wenigstens außerhalb der Ökonomie, wie auch sonstige Intellektuelle zu eher marktkritischen Positionen, die sie manchmal weit ins „linke“ Lager führen. Bei der Feindschaft vie-

ler Intellektueller gegen den „Kapitalismus“ darf nicht unerwähnt bleiben, dass dieser nur jenen Menschen gute Positionen versprechen kann, die sich durch Leistungen für andere nützlich machen, während im Sozialismus naturgemäß die führenden Positionen nach der Erstürmung der Staatszitadelle den Intellektuellen als Beute zufallen.

Kaufkrafttheorie
Ladenhüter der Ökonomie, heute vor allem von den Gewerkschaften und opportunistischen Politikern vertreten – trotz vielfacher praktischer Widerlegung. Man glaubt, durch Lohnsteigerungen oder Staatsausgaben über Verschuldung, die „Nachfrage“ erhöhen zu können. Dabei wird übersehen, dass dieser künstlichen Lohnerhöhung Kosten bei den Unternehmen gegenüberstehen und auch nur ein Teil des zusätzlichen Einkommens in den Kauf nationaler Konsumgüter eingeht (ein Teil wird gespart, ein anderer für den Kauf von Importgütern verwendet). Stimmten die Annahmen der Kaufkrafttheorie, brauchte man sich nur vor die Büros und Fabriken zu stellen und jedem Arbeitnehmer Euroscheine in beliebiger Höhe zu schenken, um so die Wirtschaft „anzukurbeln“. Mit diesen Maßnahmen gelangt man, wenn die Zentralbank mitmacht, nur zur Inflation, die immer besonders den „kleinen Mann“, seine Rente und seine Ersparnisse trifft. Realistisch ist allein die Angebotstheorie, die von allen erfolgreichen Reformregierungen des Westens angewendet wurde (Reagan, Thatcher, Roger Douglas).

Keynes, John Maynard (1883–1946)
Britischer Ökonom und Zyniker, der die chronische Inflation hoffähig gemacht und mit dem berühmten Satz „Auf lange Sicht sind wir alle tot“, dahinwurstelnden Pragmatikern der Politik das Stichwort geliefert hat. Die nachfrageorientierte Schule der keynesianischen Ökonomie geht von Illusionen möglicher Gesellschaftssteuerung aus. Sie arbeitet mit Globalgrößen („Gesamtnachfrage“ usw.), die eher metaphysischer Art sind, da es kausale Beziehungen nur zwischen Individuen geben kann, nicht zwischen abstrakten Aggregaten. Für die Ökonomie wäre es insgesamt besser gewesen, hätte dieser Engländer nicht gewirkt. Er ist einer der Hauptverantwortlichen an dem extremen Anstieg der Staatsquoten in den vergangenen Jahrzehnten, für das Aufkommen des „Wohlfahrtsstaates“ und seiner Schuldenkrisen.
Lesetipp: Henry Hazlitt (Hrsg.): The Critics of Keynesian Economics, New York 1995.

Kinder
Kinder sind derzeit Hauptobjekt politischer Begönnerung durch alle Parteien im Wettbewerb. Je mehr dies geschieht, desto schlechter wird jedoch die Geburtenrate in Deutschland und anderen Wohlfahrtsstaaten. Es ist die Meinung aufgekommen, dass die Opportunitätskosten (vulgo: der materielle und berufliche Verzicht) für Kinder heutzutage zu hoch sind und für diesen Verzicht der Staat, die Allgemeinheit, finanziell aufzukommen habe: „Mein Kind, deine Ausgabe!" So kommt es zur Sozialisierung der Kinderkosten und zum Aufbau von Familienersatzeinrichtungen bis zur faktischen Auflösung der Familie, ohne dass dies die demografischen Werte verbessern muss. Es geht hier im Kern nicht um materielle Fragen, sondern um grundsätzliche Einstellungen, die im Bereich der Werte liegen.
Lesetipp: Unternehmerinstitut der ASU (Familienunternehmer) e. V.: Weniger Staat, mehr Familie, Berlin 2006.

„Kinderarbeit"
„Kinderarbeit" ist keine Erfindung des „Kapitalismus", sondern stellte die Übertragung einer jahrtausendealten, allgemein üblichen Praxis in die industrielle Welt des 19. Jahrhunderts dar, war als „Fabrikarbeit" aber eher eine Ausnahmeerscheinung. Besonders der absolutistische Staat im 18. Jahrhundert hat Kinderarbeit gefördert, um die Kinder so von der Straße wegzubekommen und ökonomisch zu erziehen. Kinderarbeit lieferte, bevor die Marktwirtschaft ihre produktive Wirkung entfalten konnte, einen oft lebenswichtigen Beitrag zum Haushaltseinkommen der Familie. Sie wurde erst nach und nach beseitigt, als der ökonomische Fortschritt dies erlaubte. „Kinderarbeit" wird heute nur noch als allgemeine „Schulfron" und in genau definierten Ausnahmefällen gesetzlich akzeptiert. Anders ist die Lage in den sogenannten „Entwicklungsländern", in denen die Kinderarbeit weiterhin häufig zum Überleben der Familie notwendig ist. Wer zum Boykott von mit Kinderarbeit gefertigten Artikeln (etwa Teppichen) aus diesen Ländern aufruft, stürzt, wenn dieser sich durchsetzt, oft genug Familien ins Elend, treibt die Kinder zur Prostitution oder in die Kriminalität. Hinter der Agitation gegen „Kinderarbeit" steckt das protektionistische Interesse von nationalen Industrien, die mit pseudohumanitären Argumenten die Einfuhr von Billigprodukten (z. B. Textilien) verhindern wollen.

Kinderarmut
Ein ernstes Problem in den europäischen Wohlfahrtsstaaten (aber auch in Japan) ist „Kinderarmut" in dem Sinne, dass bei Weitem zu wenig Kinder geboren werden, um den Bevölkerungsstand annähernd zu halten oder wenigstens nicht wie in Deutschland, Italien, Spanien und vielen osteuropäischen Ländern dermaßen dramatisch zurückgehen zu lassen (jede Generation vermindert sich hier um mehr als ein Drittel). Diese Entwicklung, die auch auf den Versuch des Wohlfahrtsstaates zurückgeht, die Funktionen der Familie auf den Staat zu übertragen (staatliche Finanzierung der Familien, staatliche Übernahme von Familienfunktionen durch Kitas, Horte usw., Sozialversicherung), zeigt, dass der Wohlfahrtsstaat im Begriff ist, sich in einem elementaren Sinne selbst zu zerstören: Die Bevölkerung, die ihn tragen soll, „schafft sich ab".

Sozialegalitarier jedoch meinen mit „Kinderarmut", die sie isoliert von den Haushalten und Familien betrachten, dass Kinder in Unterschichten nicht dieselben materiellen Bedingungen vorfinden wie in Mittel- und Oberschichten, dass sie also „relativ arm" sind – eine Trivialität, denn der Begriff der „relativen Armut" ist beliebig definierbar und sieht von absoluter echter Armut, wie man sie in weiten Teilen der „Dritten Welt" (und früher auch bei uns) vorfindet, ab. Relative Armut im Vergleich zu „Bessergestellten" wird es immer geben und verträgt sich damit, dass es „absolut" jedem materiell recht gut geht. Bei einer Umverteilung von über einem Drittel des Sozialprodukts und umfassender Familienpolitik, welche die Kosten der Familien zu fast 50 Prozent sozialisiert hat, ist diese „Armut" im Übrigen verwunderlich. Die „armen" Kinder werden als neue Betreuungsgruppe diverser Soziallobbys ausgemacht und man möchte ihnen „helfen", zuletzt (2011) mit ungeschickten „Bildungspaketen". Mit Recht hält es Walter Krämer für hochgradig pervers, dass in einer Zeit, in der weltweit 18 Millionen Menschen jährlich verhungern, deutsche Halbstarke nur deswegen arm sein sollen, „weil sie anders als ihre Klassenkameraden keine Diesel-Lederjacke oder Nike-Turnschuhe besitzen".
Lesetipp: Walter Krämer (Hrsg.): Armut in der Bundesrepublik, Frankfurt/M. 2000.

Kinderbetreuung
In einer freien Gesellschaft ist dies Vorrecht und wichtigste Aufgabe der Eltern, die selbst entscheiden müssen, wie sie die Betreuung ihrer Kinder organisieren und finanzieren, ob intern oder extern (Tagesmütter, ge-

genseitige Familienhilfe, Krippen, Kindergärten, Horte, Ganztagsschulen). Ein familienfeindlicher Wohlfahrtsstaat sucht jedoch zunehmend, diese Aufgabe an sich zu ziehen, vorwiegend aus egalitären Gründen. So wird in Deutschland derzeit nach dem Vorbild Schwedens und der früheren DDR ein weitgehend steuer- (also zwangs-)finanziertes staatliches Familienersatzsystem hochgezogen (mit „Rechtsanspruch"). Die Kinder werden nicht gefragt, ob sie diese Kasernierung möchten. Traditionelle Familienbetreuung wird dagegen propagandistisch abgewertet, auch mit dem Argument nicht ausreichender Erziehungskompetenz der Eltern. Eine private Gegenbewegung ist das „Familiennetzwerk".

Klassenkampf
Kategorie des sozialistischen Denkens, die schon überholt war, als sie (im 19. Jahrhundert) viele noch für richtig und zutreffend hielten. Nicht nur gibt es keine einheitliche Interessenlage einer „Klasse", die sich im Übrigen schwer abgrenzen lässt, noch haben sich solche „Klassen" insgesamt politisch organisiert. Das Klassendenken verkennt besonders das Gesamtinteresse einer arbeitsteiligen Gesellschaft an freiem und gerechtem Austausch von Gütern und Dienstleistungen, die „Solidarität" der Marktgesellschaft. Es ist heute noch vor allem bei Gewerkschaften und Parteien vertreten, die sich als „Umverteiler" im Namen von „sozialer Gerechtigkeit" verstehen: den einen wegnehmen, um den anderen zu geben. Das Klassendenken spiegelt sich vielfach in unserem gegenwärtigen Arbeitsrecht wider, im Tarifvertragsrecht wie im individuellen Arbeitsrecht, ebenso im Sozialrecht. Die vordergründigen „Gegensätze" zwischen Arbeitgeber (was auch der Staat sein kann) und Arbeitnehmer sind unbedeutend im Vergleich zu den gemeinsamen Interessen an der Bewahrung der arbeitsteiligen, freien Austauschverhältnisse und des Privateigentums. Nicht physische Machtausübung, sondern ökonomische Erfolgsregeln regieren die Wirtschaft. Wenn man z. B. die Löhne durch die Zwangsmacht des Tarifkartells höher treibt, als sie es unbehindert wären, kann man nur Arbeitslosigkeit hervorrufen. So sind es auch nicht die Erpressungsmaßnahmen der Gewerkschaften gewesen, das Kartell mitsamt Streik, welche den Aufstieg der Arbeitnehmer seit dem 19. Jahrhundert gebracht haben, sondern die zunehmende Produktivität der Marktwirtschaft. Polemisch könnte man freilich heute von zwei Großklassen sprechen: den „öffentlich Bediensteten", den steuerfinanzierten Trägern des politischen Apparats, und denen, die diese „politische Klasse" zu unterhalten physisch gezwungen werden, die Masse der Staatsbürger als Steuerzahler, „tax-payers and tax-eaters".

Kleinstaat

Idealform des sozialen und politischen Lebens. Hier kann das bürgerliche Leben voll gedeihen, ist echte Staatsbürgerschaft möglich. Die Identifikation mit einem Ganzen, das man übersehen kann, macht keine Mühe. Das lokal vorhandene Wissen kann optimal ausgenutzt werden. Die Verwaltungskosten eines so kleinen Gebildes sind niedrig. Das Milizsystem (Ehrenamt) kann eine große Rolle spielen. Kleinstaatliche Strukturen zeichnen sich durch eine besondere kulturelle Produktivität aus. Man denke an die konkurrierenden Poleis im antiken Griechenland, die Stadtstaaten in Deutschland und in Italien im späten Mittelalter und der Renaissance oder an das Deutschland des 18. Jahrhunderts, besonders Thüringen. Bei internationalen Vergleichen wirtschaftlicher Freiheit fällt auf, dass es besonders Kleinstaaten sind, die sich der Welt öffnen und auch öffnen müssen, da jede Autarkiebestrebung – im Unterschied zu Großstaaten, die ganze Kontinente umfassen – illusorisch ist. Man denke an Hongkong, Singapur, Neuseeland oder die Schweiz. Der Nachteil von Kleinstaaten ist ihre militärische Schwäche. Sie sind durch Großmächte leicht erpressbar und nur eine kluge Neutralitäts- oder Bündnispolitik kann ihre Freiheit bewahren. Äußerster Gegenpol zum Kleinstaat ist das Imperium.

Lesetipps: Gerd Habermann: Der bürgernahe Staat: eine jahrtausendealte Forderung, in: Orientierungen zur Wirtschafts- und Gesellschaftspolitik, Nr. 56 (1993); S. 2ff.; Leopold Kohr: Das Ende der Großen, Salzburg, Wien 2002; Fürst Hans-Adam II. von Liechtenstein: Der Staat im dritten Jahrtausend, Schaan 2010.

„Klimareligion"

Soweit ein Laie sich darüber ein Bild machen kann, handelt es sich bei dem Beschwören einer bevorstehenden Klimakatastrophe um eine interessengesteuerte Hysterie (namentlich des Weltklimarates [IPCC]), welche die Regierungen und Völker, die von ihr ergriffen werden, hohe Wohlfahrtsverluste durch fehlgesteuerte Ressourcen im Energiesektor bringt und an Freiheit kostet. Es scheint indessen in zentralen Fragen keine Einigkeit unter Wissenschaftlern zu bestehen: ob es überhaupt eine ungewöhnliche Klimaerwärmung gibt (bis vor wenigen Jahren wurde noch eine drohende neue Eiszeit vorausgesagt); ob diese Erwärmung, wenn vorhanden, menschengemacht und menschlich steuerbar ist (vielleicht gar auf zwei Grad höchstens weltweit); ob diese Erwärmung, wenn wirklich gegeben, nicht auch Vorteile hat. Unser Klima hier in Mitteleu-

ropa wird „mittelmeerischer“– ist das so übel? Oder wenn das unter Permafrost erstarrte Sibirien menschenfreundlicher wird? Es gibt offenbar einen Menschentyp, der einen Gefallen an apokalyptischen Bildern findet und die Hoffnung auf Weltuntergänge niemals aufgeben kann – und dahinter stehen häufig Interessengruppen.
Lesetipps: Václav Klaus: Blauer Planet in grünen Fesseln, Wien 2007; Harry G. Olson: Handbuch der Klimalügen, 2. Aufl., Jena 2010.

„Komfortable Stallfütterung“
Polemisches Bild des „Alt-Neoliberalen“ Wilhelm Röpke (1899–1966) für das Ideal des Wohlfahrtsstaates: gleichmäßige Staatsversorgung für alle von der Wiege bis zur Bahre: in allen kritischen Lebenssituationen (Unfall, Krankheit, Alter, Pflege usw.) bis hin zu den Details des Verbraucherschutzes, der am liebsten z. B. Tabak, Süßigkeiten und Alkohol verbieten würde, wenn sich die Puritaner der EU-Kommission durchsetzen könnten. Schon Immanuel Kant sprach im 18. Jahrhundert im Hinblick auf den preußischen Wohlfahrtsdespotismus seiner Zeit, vom „zahmen Hausvieh“, das durch diese Bevormundungspolitik erzeugt würde. In unserer Zeit sprach Konrad Lorenz sarkastisch von „Verhausschweinung“. Wer die Menschen vor den normalen Lebensrisiken „schützen“ will, muss sie zugleich beherrschen und raubt ihnen Erfahrungsmöglichkeiten. So ist der Wohlfahrtsstaat der Gegenwart immer auch ein Zwangsstaat (Wegnahme von Eigentum, Einschränkung der Vertragsfreiheit) – und er verdummt die Bürger.
Lesetipp: Wilhelm Röpke: Jenseits von Angebot und Nachfrage, 5. Aufl., Stuttgart 1979.

Kommandowirtschaft
Eine zwar polemische, aber zutreffende Bezeichnung für eine zentrale Planwirtschaft, in der alle Einzelpläne wirtschaftender Menschen dem Wollen und Wünschen der leitenden Planer untergeordnet werden. Die Kommandowirtschaft muss über Menschen, Kapital und Güter zentral verfügen, wenn sie funktionieren soll. Sie kann Freiheit in der Berufswahl, des Aufenthalts, der Verwendung des Eigentums, des Konsums nicht erlauben und weil sie über alle Mittel zur Lebensführung und Berufsausübung verfügt, ist sie dazu in der Lage, die Menschen auch geistig zu kontrollieren, denn z. B. der Schriftsteller braucht Papier, Druckerei und Verlag, er braucht eine Wohnung, er braucht die tägliche Versorgung mit Lebensmitteln, auch die geistige mit Büchern, er braucht eine

Schreibmaschine oder einen Computer. Wo all dies in den Händen einer bewilligenden Bürokratie liegt, ist er deren Ermessen ausgeliefert. So ist, wer die Wirtschaft in der Hand hat, Herr des gesamten privaten Lebens und „geistige" Freiheit wird unmöglich. Dies betrifft entsprechend auch Kirchen, Theater, die Presse, die elektronischen Medien, die Parteien und Verbände. „Freiheitlicher Sozialismus" ist eine Illusion. Ein Plädoyer für die wichtigste „Gewaltenteilung" überhaupt: die zwischen Staat und Wirtschaft!
Lesetipp: Friedrich August von Hayek: Der Weg zur Knechtschaft, München 2011.

Kommunismus
Zustand vollständiger Vergemeinschaftung des Individuums zugunsten der „Horde", des Stammes oder Staates. „Privat ist nur der Schlaf" (und vielleicht noch die Zahnbürste). Alles andere ist der Horde untertan bzw. den Hordenchefs. Auf technisch-naturwissenschaftlicher Grundlage (d. h. mit „volkseigenem" Versorgungskomfort in Kollektivküchen, Hotelunterbringung usw.) das fragwürdige Ideal des Kommunismus marxistischer Prägung. Der „Sozialismus" ist die vorbereitende Stufe zur vollkommenen Auflösung des Privat-Individuellen. Unter modernen Lebensbedingungen würde die weltweite Einführung des Kommunismus zum Untergang der Zivilisation führen.
Lesetipp: Igor Schafarewitsch: Der Todestrieb in der Geschichte, Erscheinungsformen des Sozialismus, Frankfurt/M., Berlin, Wien 1980.

Kommunistisches Manifest
Berühmtes Pamphlet von Karl Marx und Friedrich Engels (1847/1848). Dieses „Manifest" und die anderen Schriften der sozialistischen Bewegung führten leider nicht nur Intellektuelle, sondern auch viele Arbeiter in die Irre und sorgten für unendliches Leid, indem man die Marktwirtschaft gemäß Theorie durch eine sozialistische Planwirtschaft zu ersetzen suchte. Die „Jahre der Wahrheit" waren in Europa die Jahre vom Fall der Berliner Mauer bis zum Zusammenbruch der Sowjetunion (1991). Vieles aus diesem „Manifest" wurde unter wohlfahrtsstaatlichem Kennzeichen in Europa und darüber hinaus verwirklicht: so z. B. eine starke Progressivsteuer; zwar nicht die Abschaffung, aber doch Einschränkung des Erbrechts; die Zentralisation des Kredits in den Händen des Staates (Nationalbank); die Zentralisation des Transportwesens in den Händen des Staates (inzwischen durch motorisierten Individualverkehr, Flugver-

kehr, Reprivatisierung usw. korrigiert); die öffentliche unentgeltliche Erziehung aller Kinder. Die Ziele des Sozialismus/Kommunismus im Übrigen – materieller Güterüberfluss für alle und viel Freizeit – wurden im Kapitalismus realisiert. Der Sozialismus brachte, wo er ans Ruder kam, nur allgemeine Verarmung und Willkür.

Kommunitarismus
Eine normative, vor allem in Amerika (etwa Michael Walzer, Charles Taylor, Amitai Etzioni) verbreitete Theorie der Gemeinschaften, die den Zusammenhalt und die Integration einer Gesellschaft ausmachen und von der reinen Markttheorie und naiven Liberalen häufig übersehen werden: von der Familie bis hin zur nationalen Gemeinschaft. Die (liberalen) Vertreter dieser Schule warnen vor einer Gefährdung des Zusammenhalts durch Schwächung der Gemeinschaften, sowohl durch ein wirklichkeitsfremdes „atomistisches" Denken als auch durch den Wohlfahrtsstaat. Freilich sehen einige Kommunitarier den Wohlfahrtsstaat gerade als Ausdruck des Gemeinschaftsdenkens und wehren sich gegen seine „neoliberale" Reform. Zutreffend ist, dass es in der Tat nicht nur die marktwirtschaftliche Organisationsform gibt, dass den Märkten Gemeinschaften vorgelagert sind, die die Nachfrageströme strukturieren und der konkreten Gesellschaft erst ihre Identität geben.
Lesetipps: Gerd Habermann: „Kommunitarismus" oder: Institutionelle Voraussetzungen der Freiheit – einige Thesen, in: Georgios Chatzimarkakis, Holger Hinte (Hrsg.): Freiheit und Gemeinsinn – Vertragen sich Liberalismus und Kommunitarismus?, Bonn 1997, S. 12–23.

Konkurrenz
Im Gegensatz zum lähmenden Monopol mit seinen Missbrauchsmöglichkeiten ist die Konkurrenz eine höchst sinnreiche „soziale Erfindung" und die wichtigste Garantie für materiellen Fortschritt und Lebensfreude. Konkurrenz ist nicht nur das Leben des Geschäfts, sondern auch das Geschäft des Lebens. Im Wettbewerb müssen wir uns um die Gunst des Nächsten bemühen, Wettbewerb lehrt uns Wissen, Möglichkeiten und Fähigkeiten zu entdecken, spornt uns an, hindert uns am Einschlafen, belohnt uns und ist politisch das wichtigste Entmachtungsinstrument. Wer Konkurrenz als „darwinistisch" brandmarkt, sollte sich klarmachen, dass Konkurrenz in Wirtschaft und Kultur unter verbindlichen moralischen Regeln verläuft; dass es hier nicht um einen „Kampf ums Dasein", sondern nur um sozialen Rang und Lebensstandard geht. Der

geschäftlichen Konkurrenz gelingt im Übrigen unzählige Male immer wieder, was sonst nur der Liebe gelingt: das Ausspähen der innersten Wünsche des Nächsten als Konsumenten. Nirgends geht es überdies den wirklich „Schwachen" besser als in einer Wettbewerbsgesellschaft mit ihrer hohen Produktivität, die auch entsprechend großzügige private und öffentliche Leistungen für Hilflose bereithält.
Lesetipp: Gerd Habermann: Zum Lob des Wettbewerbs, in: Orientierungen zur Wirtschafts- und Gesellschaftspolitik der Ludwig-Erhard-Stiftung, Nr. 79 (1999), S. 56–60.

Konsensgesellschaft
Ein besonders in Deutschland verbreitetes Politikideal, das – selbst zur Durchsetzung des Gemeinwohls – auf Konfrontation mit mächtigen Gruppen verzichtet und praktisch eine Kapitulation vor egoistischen Partikularinteressen darstellt. Es kommt zu Kompromissen, die das sachlich Notwendige nicht mehr durchzuführen erlauben. Politiker übernehmen dann die Rolle als bloße steuerfinanzierte Manager und Moderatoren des Konflikts. Die Konsensgesellschaft ist der direkte Weg in den „Korporatismus", d.h. in eine Ständegesellschaft – eine Gesellschaft abgestufter Berechtigungen und segmentierter Märkte. Zum Thema Konsenspolitik bemerkte Margaret Thatcher einmal: „Konsenspolitik ist ein Vorgang, bei dem man alles aufgibt, woran man glaubt, alle seine Prinzipien, Werte und politischen Ansichten und etwas anstrebt, woran niemand glaubt, aber wogegen auch niemand etwas einzuwenden hat. Der Vorgang, bei dem man genau die Probleme, die gelöst werden müssen, umgeht, nur weil man sich in einem bestimmten Punkt nicht einigen kann. Aber für welche große Sache kann man unter dem Banner des Spruches ‚Ich stehe für den Konsens' siegreich streiten?"

Konservatismus
Liberale werden häufig auch als „Konservative" bezeichnet, so schon Montesquieu, Burke oder Tocqueville, zuletzt selbst ein Mann wie F. A. von Hayek. In den USA heißen die Liberalen im ursprünglichen Sinn Konservative. Wenn man an einen Mann wie Wilhelm Röpke denkt, verfließen die Grenzen vollends. Legt man auf Präzision wert, sollte man diesen Begriff auf die Gegentheoretiker zur Französischen Revolution wie de Maistre, Donoso Cortés, de Bonald oder Karl Ludwig von Haller beschränken. Schon bedenklich ist es, Ansichten, welche die beliebige Machbarkeit des Menschen und seiner Umwelt infrage stellen, „konser-

vativ" zu nennen. In diesem Sinne – auch in der Wertschätzung traditionellen Wissens und guter Formen – sind zweifellos viele „klassisch" Liberale konservativ und damit nur realistisch. Dem stehen utopische Fantasten wie viele Sozialisten gegenüber, selbst wenn sie sich für „wissenschaftlich" erklären wie Marx und Engels. „Strukturkonservativ" sind schließlich fast alle Regime, wenn sie sich einmal etabliert haben: Sozialdemokraten mit ihrem Wohlfahrtsstaat nicht weniger als sozialistische Revolutionäre, dann eben als „Sozialkonservative". Ähnlich verschwommen ist der Begriff „fortschrittlich" – in Bezug auf welche Werte denn, ist hier die Frage? Technik, individuelle oder kollektive Freiheit, Kulturstandard, Wohlstand (und hier erneut: in welcher Hinsicht? Materieller Komfort oder mehr?), kollektive Macht? Viele Liberale nennen sich auch „Liberal-Konservative", eine Versöhnungsformel, die vieles offen lässt. Wenn Staatsgläubigkeit, Nationalismus, religiöse Borniertheit „konservativ" sind, dann haben Liberale damit wenig zu tun (Beispiel: Hayek). Die eigentliche Linie verläuft zwischen den Freunden individueller Freiheit und spontaner Ordnung und denen, die an menschliche Allmacht glauben und im Interesse ihrer Ziele bedenkenlos Gewalt gegen widerstrebende Mitmenschen anwenden, den „Konstruktivisten", wie Hayek sie nennt, wozu auch, um die Verwirrung voll zu machen, etliche Liberale der französischen Traditionslinie zählen.
Lesetipp: Friedrich August von Hayek: Konservatismus, und Liberalismus, in: Die Verfassung der Freiheit, Nachwort, 4. Aufl., Tübingen 2005.

Konstruktivismus
Ein hässliches Wort für eine hässliche Sache: die Anmaßung machtversessener oft fanatisch-begeisterter Intellektueller, „die Gesellschaft", d.h. ihre Mitmenschen, nach rationalistischen oder archaischen Ideen modeln zu können, namentlich die Sozialisten mit ihren Vorstellungen von Planwirtschaft und „sozialer Gerechtigkeit". Das Unglück des 20. Jahrhunderts, der Untergang so vieler Menschen, ist diesen Irrtümern zu verdanken, mit denen besonders von Hayek abgerechnet hat. Eine komplexe moderne Gesellschaft kann nicht durch Behörden zentral gelenkt werden oder nur um den Preis, dass die Mehrheit zugrunde gehen muss, weil sich nur in einer spontanen, arbeitsteiligen Ordnung (Markt) immer individuell gebundenes Wissen zum Wohle aller verwerten lässt.
Lesetipp: Gerd Habermann: Philosophie der Freiheit, ein Friedrich-August-von-Hayek-Brevier, 5. Aufl., Bern 2008, S. 59ff.

Konsument
Der Souverän der Marktwirtschaft, der mit seiner Geldausgabe die Produktion lenkt und so auch Herr über die Unternehmen ist, ähnlich wie der Stimmbürger mit dem Wahlzettel die Richtung der Politik bestimmt, nur weit präziser. Da Konsumenteninteressen wegen ihrer Allgemeinheit schwer zu organisieren sind, ist es vielfach gelungen, sie an die Seite zu schieben und stattdessen über Subventionen und Vorrechte auf allgemeine Kosten zu leben. So werden etwa unrentable Arbeitsplätze und Unternehmen aufrechterhalten, die nicht mehr den Wünschen der nachfragenden Konsumenten entsprechen. Der freie Markt ist ein tägliches Plebiszit der Konsumenten über das richtige Angebot an Gütern und Dienstleistungen: „Konsumentendemokratie."

Korporatismus
Herrschaft der privilegierten Privatverbände auf Kosten gemeinwohlbezogener Politik und des Rechtsstaates, die in einem Ständestaat nach Beispiel der frühen Neuzeit enden kann. An die Stelle der unterschiedlich privilegierten Herzöge, Barone oder Stadtpatriziate treten heute die Verbandsfürsten, deren Veto jede weitergreifende politische Reformabsicht zum Scheitern bringen kann. Stärkste Verbände in Deutschland, politisch hoch privilegiert, z. B. in der sozialen Selbstverwaltung und im Tarifvertragsrecht, sind die Gewerkschaften, danach die Industrieverbände und mächtige Mittelstandsverbände wie der Zentralverband des Deutschen Handwerks. Auch die Verbände der Sozialversicherung, z. B. der Verband der Rentenversicherungsträger oder der Hauptverband der Gewerblichen Berufsgenossenschaften in St. Augustin, erfreuen sich großen Einflusses auf die Politik. „Politik wird (nach Friedrich August von Hayek) zunehmend ein Synonym für den Prozess des Stimmenkaufs und für das Schmieren und Belohnen von unlauteren Sonderinteressen, ein Auktionssystem, in dem alle paar Jahre die Macht der Gesetzgebung denen anvertraut wird, die ihren Gefolgsleuten die größten Sondervorteile versprechen." Die derzeitige Massenarbeitslosigkeit und die gewaltige Staatsverschuldung in Deutschland sind Ergebnis dieses „Korporatismus". Ohne die ostdeutsche „Lobby" oder die Mehrheit der Länder im Bundesrat läuft derzeit nichts mehr. Die Marktwirtschaft wird unter diesen Voraussetzungen nach und nach gelähmt. Mit konsequenter korporatistischer Durchorganisation beginnt der Abstieg einer Nation: Es geht nichts mehr, überall ist Sand im Getriebe, die kleinste Reform bleibt stecken.

Lesetipp: Mancur Olson: Aufstieg und Niedergang von Nationen, Tübingen 1985.

Korruption
Vor allem in Gesellschaften mit großer Staatsbürokratie eine Versuchung, durch widerrechtliche Zahlungen an Regierungsbeamte die erstarrte und lähmende politische Maschine etwas in Bewegung zu bringen, zu „schmieren". In Diktaturen wird der Repressionscharakter durch „Korruption" abgemildert. So konnte der Sozialismus überhaupt nur so lange existieren, weil er durch Korruption als „Schmieröl" gemildert wurde. Grundsätzlich gilt: Je mehr Staat, desto mehr Versuchungen zur Korruption. Darum ist das beste Antikorruptionsprogramm: *mehr Marktwirtschaft*. Hier kann man sich nur durch reale Vorteile für den Nächsten vorwärtsbringen.

„Kostendämpfung"
Seit den Siebzigerjahren zu beobachtender, immer vergeblicher und trotzdem wiederholt unternommener Versuch unbelehrbarer Politiker, eine boomende Branche, das sogenannte „Gesundheitswesen", durch eine Art Preisstopp niederzuhalten (Ideal der „Beitragssatzstabilität"). Dies, um die Folgen der Hochlohnpolitik des Tarifkartells zu mildern bzw. die Arbeitskosten trotz (falscher) Verbindung des Arbeitsvertrags mit der sozialen Sicherung zu fixieren. In einem bewegten Meer von Millionen Preisen sollen die Preise einer Branche politisch festgehalten werden! Trotz aller historischen Erfahrung, dass Preispolitik dieser Art nichts an den tatsächlichen Knappheitsverhältnissen ändern kann, nur zu Verwerfungen und zur Verbitterung der „kostengedämpften" Gruppen wie Ärzten, Apothekern usw. führt, die um ihr wohlverdientes Einkommen geprellt werden, irrt die „Gesundheitspolitik" immer wieder in diese Richtung ab. Unser Gesundheitswesen wurde durch diese Politik zu einer Art Irrenhaus, in dem niemand mehr berechnen kann, was ihn in den nächsten Monaten an kapriziösen Einfällen des Gesetzgebers noch erwarten mag und wo ein Parlament seine Zeit damit vertut, über Einzelheiten der Selbstbeteiligung bei Stützstrümpfen zu streiten.

Kostenerstattung
Das Minimum einer Transparenz von Behandlungskosten im „Gesundheitswesen" wird durch das Kostenerstattungsprinzip gewährleistet. Der

Patient erhält eine Rechnung, die er an seine Versicherung weitergibt. Fehlt diese Kostenerstattung, hat der Patient keine Kontrolle über die Kosten, die er verursacht, gibt sich vielleicht der Illusion des „Umsonst" hin. Statt der Kontrolle durch Abrechnung mit den Patienten übernehmen dann die gesetzlichen Kassen eine Art Kostenpolizei, die sie in ständige Konflikte mit Ärzten verwickelt. Da ihnen diese Polizeifunktion aber eine willkommene Machtstellung gibt, sind sie gegen jede Änderung des Status quo. Für Ärzte mit grenzwertiger Moral ist das vordergründige „Nulltarif-System" eine Versuchung zu großzügiger, ja selbst betrügerischer Abrechnung. Marktwirtschaft und Preise wären auch hier die besten Kontrolleure, aber sie entziehen natürlich den Eingriffen der Politiker ein interessantes Spielfeld.

„Kostenexplosion"
Seltsamer Begriff aus dem deutschen „Gesundheitswesen". Abgesehen davon, dass dies bei genauerer Betrachtung durchaus nicht der Fall ist, ist schon der Begriff fragwürdig und Ergebnis willkürlicher politischer Bewertung. Eine Marktwirtschaft kennt größere oder geringere Knappheiten, die sich in der Preisentwicklung widerspiegeln. Wenn diese im „Gesundheitswesen" in die Höhe strebt, signalisiert sie eine steigende Nachfrage, die mit steigender Produktion beantwortet wird, oder politische Fehlsteuerungen, die künstlich die Kosten in die Höhe treiben, z. B. die Illusion, man dürfe in diesem Bereich nicht marktwirtschaftlich rechnen. Natürliche Preiserhöhungen durch politischen Preisstopp bremsen zu wollen, ist ökonomischer Analphabetismus, der aber leider unter vielen sogenannten „Gesundheitspolitikern" endemisch ist.

Krankenversicherung
Die private Krankenversicherung ist eine Erfindung der Marktwirtschaft im Interesse des „kleinen Mannes", der allein schwer kalkulierbare Risiken wie die Kosten einer Erkrankung nicht meistern kann. Die gesetzliche Krankenversicherung ist dagegen gar keine Versicherung (sie so zu nennen ist nur ein demagogischer Trick), sondern vor allem eine Umverteilungsanstalt über das Umlageverfahren (keine Prämie, sondern am Einkommen orientierte Beiträge, „kostenlose" Mitversicherung nicht erwerbstätiger Eheteile und Kinder). Die gesetzliche Krankenversicherung ist heute keine Einrichtung für „schwache" Arbeitnehmer mehr, sondern durch viele wohlhabende freiwillige Mitglieder vielfach eine Veranstaltung zur Verteilung von „unten nach oben" (der Generaldirek-

tor mit seiner Familie auf Krankenchip). Durch Anhebung der Beitragsbemessungs- wie der Zwangsversicherungsgrenze wird verhindert, dass eine wohlhabender werdende Bevölkerung aus dieser Sozialprothetik herauswächst. Die Umwandlung der gesetzlichen Krankenversicherung in private Versicherungsfirmen ist eine der wichtigsten kommenden Reformagenda. Wer die Prämie nicht aufbringen kann, wird direkt unterstützt statt über verschwenderische „Nulltarife" für Sach- und Dienstleistungen.

Krankheit
Ähnlich wie der Ausdruck „Gesundheit" ein kaum objektiv präzise definierbarer Begriff. Nehmen wir beispielsweise die Gesundheitsdefinition der Weltgesundheitsorganisation (WHO) aus dem Jahre 1948: „Zustand des vollkommenen physischen, psychischen und sozialen Wohlbefindens", so sind wir alle krank. Wenn auch Schwangerschaft, Geburt und Abtreibung, natürliches Altern und Sterben („Medikalisierung des Todes"), Frigidität, Impotenz, kosmetische Defekte mit psychischer Auswirkung als „Krankheit" gelten, ist dies natürlich ein willkommenes Geschäftsprogramm für – namentlich – gesetzliche Krankenkassen. Vielleicht übernehmen sie demnächst auch die Kosten einer Geschlechtsumwandlung. Kassenfunktionäre und Parteien haben sich jahrelang in die Rolle eines Gastgebers bei einem Gesundheitsmahl hineingelebt, bei dem für den Gast nichts zu teuer sein darf, obwohl oder weil er gerade die Kosten nicht erfahren wird. Bisher gibt es nur zaghafte Korrekturen auf diesem Gebiet mit „kostendämpfendem" Getöse ohne Wirkung.

Krieg
Für einen Liberalen der Gegenwart ist diese Art der Konfliktlösung im Wettbewerb der Gemeinschaften, Staaten, Völker – so wenig er als Faktor der Kulturgeschichte wegzudenken ist – das größtmögliche soziale Übel, namentlich angesichts der Entwicklung des Zerstörungspotenzials moderner Waffen. Er hat heute seine „Ehre" verloren. Gleichwohl wird sich der Liberale keinem pazifistischem Quietismus hingeben, sondern in Rechnung stellen, dass Gewaltanwendung und Zerstörung Faktoren der Politik geblieben sind und daher sein Pulver trocken halten. Ein Weltstaat ist keine Lösung dieses Problems, sondern nur eine Föderation freier Staaten nach dem Vorschlag Kants und, besonders, der Freihandel, der die Interessen aller Völker verbindet und den Umgang miteinander zivilisiert. Die UNO entspricht diesem Ideal leider nicht.

Lesetipps: Raymond Aron: Frieden und Krieg, Frankfurt/M. 1963; Martin van Creveld: Gesichter des Krieges, München 2009.

Kritischer Rationalismus

Diese vor allem von Karl R. Popper begründete philosophische Richtung ist ein wichtiger Verbündeter des Liberalismus. Unschätzbar bleibt Poppers Kritik am Historizismus von Hegel und Marx: Es gibt weder historische Bewegungsgesetze noch ein objektives, ausmachbares Ziel der Geschichte noch einen vorgegebenen Sinn – die Zukunft ist „offen". „Frage nicht: was wird kommen, sondern: was soll ich tun?" Individuen machen Geschichte, nicht Strukturen. Der Hauptzweck der Demokratie ist nicht die direkte „Volksherrschaft", die eine Utopie ist, sondern die Chance, die Freiheit dadurch zu sichern, dass man unfähige oder tyrannische Herrscher unblutig loswerden kann: durch Abwahl nämlich. „Holistische" Gesamtplanungen der Gesellschaft sind eine Anmaßung übermütiger Intellektueller, die mit Massenleiden erkauft werden, denn alles Wissen ist individuell gebunden (von Hayek). Darum sind politische Verbesserungen nur immer im Überschaubaren und nur versuchsweise möglich („soziale Stückwerktechnologie"). Strikte Liberale kritisieren wohl nicht ganz zu Unrecht Poppers unscharfe Abgrenzung zum wohlfahrtsstaatlichen Paternalismus und zur Sozialdemokratie. Wichtige Vertreter des Kritischen Rationalismus in Deutschland waren oder sind Hans Albert, Gerard Radnitzky oder Ernst Topitsch.
Lesetipp: Karl R. Popper: Alles Leben ist Problemlösen, München 1994.

Kuba und Nordkorea

Wer immer noch den Sozialismus für ein wünschenswertes Ideal hält, der reise nach Kuba oder (noch besser) Nordkorea (falls er dort hineingelassen wird). Kuba war einmal eine von der Natur begünstigte, reiche Insel, ein führendes Land Südamerikas. Die Entwicklung seit 1959 (Castros Revolution) ist ein Desaster für die Masse der dort verbliebenen Bevölkerung (über zwei Millionen Menschen, vor allem die Ober- und Mittelschichten, sind geflohen; derzeit hat Kuba noch elf Millionen Einwohner). Diese fruchtbare Insel muss 80 Prozent seiner Grundnahrungsmittel importieren! Das Land ist gegenüber dem Ausland verschuldet und hat ein chronisches Handelsdefizit. Viele Konsumgüter sind rationiert, Computer und Internetzugang gibt es nur im staatlichen Bereich und sind für den Normalbürger verboten, ebenso Mobiltelefone. Die Industrieproduktion war 2006 halb so groß wie 1983. Individualverkehr mit Pkws ist kaum noch vorhanden, die Infrastruktur zerfällt, auch die Wohnsubstanz. Die Depravation der Bevölkerung, auch seelisch, ist bestürzend. Es gibt zwei Klassen: Devisenbesitzer und die anderen. Militär und Paramilitär rundum! Das andauernde (nicht vollständige) US-Embargo ist nicht der Primärgrund der Verelendung, auch nicht die weggefallenen Subventionen durch die nicht mehr existente Sowjetunion (an ihre Stelle sind Venezuela [Chávez] und China[!] getreten).

In Nordkorea findet sich dieses Elend noch in Steigerung. Die Bevölkerung wird in drei Klassen unterteilt, die abgestuft versorgt werden: Genossen – „Schwankende“ – Feinde (mit weiteren Unterteilungen). Wer kann, flieht über China nach Südkorea (die Südgrenze ist kaum zu überwinden). Es floriert noch der Archipel Gulag: Lager mit Todesraten von 10 bis 20 Prozent jährlich. Die Bevölkerung hungert, verzehrt sogar Gras. Das Ausland liefert barmherzig Lebensmittel, aus Besorgnis vor der Irrationalität einer Führungsschicht, die ständig mit Krieg droht, Raketen und demnächst vielleicht Atomwaffen besitzt und eine Armee von über einer Million Soldaten unterhält. Seoul, die Hauptstadt Südkoreas, liegt nur 30 Kilometer von der nordkoreanischen Artillerie entfernt. Wo bleibt der Gorbatschow für diese unglücklichen Völker?
Lesetipps: entsprechende Artikel in Wikipedia.

Kündigungsschutz
Leider wird darunter fast ausschließlich der gesetzliche Kündigungsschutz verstanden, der unabdingbar und in seinem monströsen Ausmaß ein wichtiger Grund des zögernden Einstellungsverhaltens vieler Unternehmen ist, namentlich wegen der Rechtsfigur der „sozialwidrigen“ Kündigung und den damit verbundenen Abfindungszwängen. Sinnvoll ist dagegen ein einzelvertraglich frei vereinbarter Kündigungsschutz, dessen Ausmaß sich nach den persönlichen Wünschen richtet. Man könnte dann etwa „mehr Netto“ für weniger an Kündigungsschutz aushandeln. Je mehr die sogenannten „Sondergruppen“ am Arbeitsmarkt (Behinderte, ältere Arbeitnehmer, Frauen usw.) gesetzlich gegen Kündigung „geschützt“ werden, desto höher sind auch ihre Arbeitslosenquoten. Dies ist der vom Ökonomen Wolfgang Stützel sogenannte „soziale Bumerangeffekt“. Grundsätzlich sollte auf beiden Seiten Kündigungsfreiheit herrschen, also die Kündigungsmodalitäten frei vereinbart werden, und keine Seite zu einer Art „Zwangsverbrüderung“ mit der anderen angehalten sein. Es ist ein Urrecht, mit jemandem nur so lange zusammenzuarbeiten, wie man will und wie man es vereinbart hat.

„Kunst des Möglichen"

Gern berufen sich unsere Politiker auf ein angebliches Wort von Bismarck: Politik sei die Kunst des Möglichen. Aber ist gute und große Politik nicht vielmehr die Kunst, das scheinbar Unmögliche, aber sachlich Notwendige, möglich zu machen? Die Diagonale zwischen zwei divergierenden Ansprüchen zu ziehen – das ist dagegen keine „Kunst", das kann jeder. Bismarck gelang die Einigung der Nation im Kampf mit dem preußischen Parlament, den Großmächten seiner Zeit, oft genug auch mit seinem Chef, König bzw. später Kaiser Wilhelm, und einer weiteren europäischen Großmacht: dessen Frau Augusta. Dürfen sich die allzu bescheidenen Kleinmeister der „Koalitionsvereinbarungen" darauf berufen? Zudem: Die Politiker werden dafür bezahlt, dass sie Probleme lösen, nicht Probleme machen – und schon gar nicht mit jenen Problemen aufgeregt ringen, die wir ohne sie wahrscheinlich gar nicht hätten.

KZ und Archipel Gulag

Es gibt einen Status unterhalb des Sklaven, der immerhin noch einen ökonomisch positiven Wert darstellte, an dessen relativer Schonung seinem Besitzer bei aller Willkür gelegen war, den des unglücklichen Bewohners der Lager. Er wurde wie eine zu vernichtende Plage – ein Insekt oder eine Ratte – behandelt. Es reichte nicht, ihn einfach zu töten, man wollte ihn vorher durch extreme Demütigungen, Qualen und Arbeitsfron als „Person" vernichten und das Gedächtnis an ihn auslöschen. Ist dieses Maß an Brutalität unverständlich? Nein, die Motive dazu gaben in erster Linie die pseudowissenschaftlichen Ideologien des linken und rechten Sozialismus, die dazu aufforderten, angebliche Schädlinge der Menschheit zu beseitigen, seien es Rassen oder Klassen; persönlicher Sadismus kam manchmal hinzu. Das Wesentliche zu diesem Thema findet sich in Werken von Hannah Arendt, Alexander Solschenizyn, Eugen Kogon, Wolfgang Sofsky, Wassili Grossman und Gitta Sereny.

L

Laffer-Kurve

Ein Theorem des amerikanischen Ökonomen Arthur B. Laffer (geboren 1941) entsprechend dem ältern Swift'schen Steuereinmaleins und der noch älteren Einsicht des mittelalterlichen arabischen Gelehrten Ibn Khaldun. Es geht hier um die von den Politikern zu ihrem eigenen und allgemeinen Schaden häufig genug ignorierte Einsicht, dass Steuersätze, wenn sie zu hoch angesetzt sind, leistungshemmend wirken, damit das Wachstum mindern und im

Resultat schließlich zu einem niedrigeren Steueraufkommen führen, als dies bei geringeren Steuersätzen der Fall wäre. An der Ignorierung dieser sogenannten „Laffer-Kurve“ scheiterte das Römische Reich, dessen am Schluss eklatant hohe Steuersätze die Bürger dazu verleiteten, lieber nach einer niedrigen Steuerklasse als nach einem hohen Einkommen zu trachten. Jüngstes Beispiel in Deutschland für die Wirksamkeit der Laffer-Kurve ist die einnahmenmindernde Wirkung der drastischen Erhöhung der Tabaksteuer durch den früheren Finanzminister Eichel.

Laisser-faire

Ursprünglich (18. Jahrhundert, Physiokratie) die frohe Botschaft von der Zweckwidrigkeit quälender Vielregiererei durch den Staat. Lasst die („wohlverstandenen“, d. h. durch Moral gezügelten) Eigeninteressen frei spielen und das Gesamtwohl wird sich unfehlbar von selbst einstellen: So lautete diese Botschaft im Kern. Im Laufe des 19. Jahrhunderts wurde diese Parole seitens der Politik, die zunehmend unter Interessentendruck geriet, dahin gehend verstanden, dass ein „Laisser-faire“ auch bei den *Regeln* möglich sei. Es wurde also übersehen, dass zu einer funktionierenden freien Ordnung ein klarer Ordnungsrahmen gehört. An diesem ordnungspolitischen Versagen ging dann die Weimarer Republik zugrunde, die des Problems der allgemeinen Kartellierung, besonders des Arbeitsmarkts, nicht Herr wurde. Durch die ordnungspolitische Verwahrlosung unserer Tage ist gegenwärtig das bedroht, was von der Sozialen Marktwirtschaft nach Jahrzehnten dilettantischer Vielregiererei noch übrig geblieben ist.
Lesetipp: Henry Hazlitt: Economics!, Über Wirtschaft und Mißwirtschaft, München 2009.

Liberale Institute

Davon gibt es zwei sehr bemerkenswerte im deutschsprachigen Raum: das jetzt von Pierre Bessard geführte in Zürich (www.libinst.ch) und das von Dr. Detmar Doering geleitete der Friedrich-Naumann-Stiftung für die Freiheit in Potsdam (www.freiheit.org.de). Die vielen Publikationen und Veranstaltungen dieser Einrichtungen sind bemerkenswert. Namentlich das Potsdamer Institut ist eine echter Thinktank, wenn auch mit dem Schönheitsfehler öffentlicher Finanzierung. Das Zürcher Institut lebt von privaten, also freiwilligen Zuwendungen, ist also auch „liberal“ finanziert.

Liberalismus
Befreiungsbotschaft für den „kleinen Mann", im Wesentlichen im 17. und 18. Jahrhundert konzipiert, mit Wurzeln in der Antike und im Christentum. Seine zentrale Botschaft lautet: Jeder hat seine eigene Würde, er ist Herr seines Körpers und seines Eigentums und allein seinem Gewissen verantwortlich. Diese Botschaft – besonders ihre ökonomische Variante – revolutionierte die Verhältnisse in Europa und darüber hinaus, beseitigte Monopole und feudale Privilegien (auch auf dem Gebiet der Meinungen und des Glaubens) und führte den traumhaften Massenwohlstand herbei, der unsere Gegenwart charakterisiert, aber durch den „Sozialsozialismus" und staatliche Papiergeldmißwirtschaft zunehmend bedroht ist. Leider ist bis heute nur ein Teil dieser Befreiungsbotschaft realisiert: Hohe Staatsquoten, Fiskalterror und die egalitäre Zensur der sogenannten „politischen Korrektheit" (z. B. „Antidiskriminierung") schränken den Raum der Freiheit, sogar der Meinungsfreiheit, bei uns bedeutend ein und machen neue Kämpfe notwendig.
Lesetipps: Friedrich August von Hayek: Liberalismus, Tübingen, 1979; Stephen Holmes: Die Anatomie des Anti-Liberalismus, Hamburg 1995; Pascal Salin: Le Libéralisme, Paris 2001.

Der Kern des Liberalismus

1. ***Eigentum:*** Eigentum an sich selbst, seinen Fähigkeiten und das Recht auf den Ertrag der eigenen Bemühungen, ferner das Recht, dieses legitime Eigentum auf andere zu übertragen. Dazu gehört auch das Erbrecht. Vorrang des „Privaten".
2. ***Freiheit:*** Anstelle von Gewaltanwendung und Zwang die Herrschaft freier Verträge im Konsens unter strengen, allgemeinen Regeln des Rechtsstaates. Selbstbestimmung vor Fremdbestimmung: Dies gilt auch für die Meinungen und Glaubenssätze usw.
3. ***Wettbewerb:*** Der Wettbewerb als Entmachtungsinstrument, als Verfahren zur Entdeckung neuen Wissens, als Ansporn zur individuellen Bemühung und als Mittel zur Auslese der Besten. Dies gilt auch für die Ebene der politischen Institutionen („Systemwettbewerb").
4. ***Gerechtigkeit:*** Als Achtung vor Eigentum, Leben und Freiheit des Nächsten. Ablehnen einer „sozialen Gerechtigkeit" als diffuser Gleichmacherei und Zwangsumverteilung.

5. *Haftung:* Strenge Vertragstreue und Verantwortlichkeit für die Folgen des eigenen Handelns („No Bailout!" als allgemeiner Grundsatz!).
6. *Subsidiarität:* Zuständigkeitsvermutung nach dem Grundsatz des Vorrangs der unteren sozialen Ebene und der kleinen politischen Einheit. Zunächst ist jeder für sich selbst zuständig (mitsamt seiner Familie), dann freie Assoziationen und Unternehmen, erst dann der Staat und innerhalb des Staates zunächst dessen unsere Ebene die Kommune, dann (bei uns) das Land, dann der Gesamtstaat und die Nation, nur ergänzend die supranationalen Institutionen und internationalen Bündnisse.

Libertär und liberal
Ähnliche Spielwiese von Begriffsakrobaten wie liberal-konservativ. Es ist reine Definitionssache, ob man den liberalen Minimalstaat nun „libertär" nennt oder dies nur Ideen einer staatsfreien Gesellschaft vorbehalten will und alle, die am Staat festhalten, nicht einmal mehr liberal, sondern „sozialdemokratisch" nennt, wie dies Hans-Hermann Hoppe selbst Hayek gegenüber tut. In der Tat ist der Begriff liberal reichlich abgenutzt und es wäre schön, ihn durch einen neuen zu ersetzen. Libertär klingt etwas künstlich.
Lesetipp: André F. Lichtschlag: Libertarianism, Grevenbroich 2008.

Libertopie
Eine auf dem Programm individueller Freiheit beruhende Version der Utopie, die eben nicht immer sozialistisch sein muss. Die freiheitlichen Utopien haben vielmehr den Charme, dass man sie realisieren kann, da sie mit der Natur des Menschen und den Erfolgsregeln der Ökonomik nicht kollidieren. Radikale Freiheitsdenker im Sinne der Libertopie sind in Deutschland besonders Wilhelm von Humboldt, der sogar die staatliche Sozialhilfe ablehnte, da sie die individuelle moralische Verantwortlichkeit schwäche. Spätere Theoretiker des Minimalstaates sind beispielsweise Ludwig von Mises, Ayn Rand und Robert Nozick und darüber hinaus in extremer Variante die sogenannten „Anarchokapitalisten" in den USA. Diese wollen die staatlichen Funktionen vollständig durch Märkte ersetzen und also auch die „Sicherheitsproduktion" privatisieren. (Dies führt zu kaum akzeptablen Konsequenzen). Auch liberale Gesellschaften sind auf Utopien, d. h. auf überzeugende Visionen dessen, was als Idealziel gewollt wird, angewiesen. Diese sind ein Gradmesser für

die Beurteilung der Realität und ein Orientierungsmittel für politische Entscheidungen. Eine Gesellschaft ohne utopische Bilder – leuchtende Muster des Idealen – wäre eine geistige Wüste und würde die Politik trivialisieren.
Lesetipp: Gerd Habermann: Müssen Utopien sozialistisch sein?, in: Ordo, Jahrbuch für die Ordnung von Wirtschaft und Gesellschaft, Bd. 55 2005, S. 99–126.

„Linke“
Als Nachfolgepartei der SED von kollektivistisch-egalitären Zielsetzungen geprägt, in vielen Punkten ununterscheidbar von der Programmatik des „Bündnis 90/Die Grünen“. Sie hält offiziell an dem Fernziel einer Überwindung des Kapitalismus, an der Durchsetzung eines „demokratischen Sozialismus“ fest. Mit den 11,9 Prozent bei der Bundestagswahl 2009 hat sie sich eindrucksvoll etabliert (in Brandenburg erzielte sie bei dieser Wahl gar 28,5 Prozent und war damit dort die stärkste Partei), ein Erfolg besonders ihrer rhetorisch starken Anführer Lafontaine und Gysi. Intern lassen sich unterschiedlich radikale Strömungen ausmachen, so besonders die „Antikapitalistische Linke“ und die „Kommunistische Plattform“ (mit Sarah Wagenknecht), die die kubanischen und venezolanischen Regime hofieren. Die Ausdehnung der Staatsmacht (z.B. Bankenverstaatlichung) und „paritätische“ Mitbestimmung in Großunternehmen stehen im Mittelpunkt, dazu radikale Gleichmachung (Ausdehnung der Antidiskriminierungsgesetzgebung, mehr und höhere Steuern für Leistungsträger, umfassende Staatsversorgung für alle und Einheitsschulen und -kitas), dazu Austritt aus der NATO und grundgesetzliche Verankerung von politischem Generalstreik, ferner die Ausdehnung des Wahlrechts auf alle in Deutschland lebenden Ausländer und ähnlich wie die Grünen Eintreten für den zentralistischen europäischen Wohlfahrtsstaat, wo nicht Weltstaat, also universalistische und antinationale Positionen. Dass die Linke in den ostdeutschen Bundesländern zu einer Volkspartei geworden ist, ist beunruhigend, auch die Bereitschaft der SPD, mit dieser zu koalieren.
Lesetipps: Klaus Schroeder: Die veränderte Republik. Deutschland nach der Wiedervereinigung, Stamsried 2006; Hubertus Knabe: Die Wahrheit über die Linke, Berlin 2010.

„Links“
Ursprüngliche Bezeichnung einer Ideenrichtung mit Feindseligkeit gegen „bürgerliche Freiheit“, Eigentum, Wettbewerb, Familie, Unternehmerwirtschaft und Nation. Nach dem Zusammenbruch des sozialistischen Systems und dem chronischen Versagen sozialdemokratischer Wohlfahrtsstaaten eine mehr und mehr desorientierte Intellektuellen- und Parteiströmung, die sich von ihrem ursprünglichen Internationalismus verabschiedet hat, technischen Fortschritt verteufelt, Aufstieg und Komfort der Unterschichten verachtet und sich einer strukturkonservativen Verteidigung jener Stellungen widmet, die ihnen der Staat (besonders im Bildungswesen, öffentlichen Medien und Parlamenten) noch immer reserviert. In den letzten Jahren ersetzen zunehmend angeblich benachteiligte, zum Teil obskure Minderheiten die Rolle des verloren gegangenen „Proletariats“. Die neue Untergangsprophetie gilt nicht dem Kapitalismus, sondern dem Ökosystem. Die Linke hat sich von den Idealen der Aufklärung durch all dies ziemlich entfernt.
Lesetipps: Dirk Maxeiner, Michael Miersch: Ist die Linke noch links?, Positionspapier des Liberalen Instituts der Friedrich-Naumann-Stiftung, Potsdam 2005; Robert Nef: Politische Grundbegriffe, Zürich 2002.

Locke, John (1632–1704)
Erzvater des Liberalismus, zu dem jedes liberale Denken am Ende zurückkehren sollte, Gegenspieler von Thomas Hobbes, der den Staatsabsolutismus lehrt. Locke sagt, dass die Regierung dem Volk verantwortlich ist und ihre Macht durch das Sittengesetz und die geschichtlich entwickelten Verfassungsgrundsätze begrenzt sind. Der Naturzustand der Menschen ist nicht der Hobbes'sche Krieg aller gegen alle, sondern Frieden und gegenseitige Hilfe. Die Moral macht das Gesetz und nicht umgekehrt. Der Mensch hat ein natürliches Recht auf „Leben, Freiheit und Eigentum“; Einschränkungen dieses Rechts sind nur zum Schutz der gleichartigen Rechte anderer Individuen zulässig. Die vornehmste Pflicht der Regierung ist der Schutz des Eigentums. Locke war wahrscheinlich von Thomas von Aquin angeregt, der ebenfalls ein wichtiger Name in der Geschichte des Liberalismus ist.
Lesetipp: Hardy Bouillon: John Locke, St. Augustin 1997.

Lohnersatzfunktion (der Rente)
Verstiegener Anspruch der gesetzlichen Rentenversicherung bzw. der Sozialminister seit den Fünfzigerjahren, den Lebensstandard im Alter vor

allem über Einkommen aus einer Staatsrente zu sichern. Dies hat dazu geführt, dass unsere Alten in erschreckendem Ausmaß dem Staat bzw. der Willkür der Parlamente und – bei demografischen Schwankungen – der Willkür der „Jüngeren" ausgesetzt wurden. Wo wie in Deutschland 85 Prozent des Alterseinkommens aus der gesetzlichen Rentenversicherung bezogen werden (Schweiz: 42 Prozent, USA: 45 Prozent, Niederlande: 50 Prozent), ist eine Reform ohne drastische und schmerzhafte Eingriffe kaum mehr möglich. Von der Umlage hin zu Eigentum und Kapitaldeckung wird die Parole der Zukunft sein. Viele Rentner werden sich in Zukunft mit Renten auf derzeitigem Sozialhilfeniveau begnügen müssen, wenn – wie leider bereits sicher, da kurzfristig nicht mehr zu verändern – die demografische Verwerfung voranschreitet.

Lohnfortzahlung (bei Krankheit)
Sachwidrige Regelung, die Unternehmen für sechs Wochen die Einkommenssicherung bei Krankheit der Arbeitnehmer aufzwingt, statt es dem Arbeitnehmer selbst zu überlassen, wie er sich gegen dieses Risiko versichert (etwa über eine private Krankenversicherung). Da die Lohnfortzahlung in Deutschland auf jede Selbstbeteiligung (Karenztage, Lohnabzug) verzichtet, bedeutet sie eine ständige Versuchung, zumindest die ersten drei Tage, an denen kein ärztliches Attest vorgelegt werden muss, schon bei geringen Unpässlichkeiten „krank zu feiern". Diese Regelung schafft ein Misstrauen zwischen Arbeitgebern und Arbeitnehmern, das durch Selbstbeteiligung überwunden werden könnte. Selbst der Wohlfahrtsstaat Schweden hat solche Selbstbeteiligungsregelungen mit übrigens drastischen Wirkungen für den Krankenstand eingeführt.

Lohnnebenkosten
Die Lohnnebenkosten, inzwischen fast schon „Hauptkosten", ergeben sich (vor allem) aus den Abgaben zur Sozialversicherung, welche seit Bismarcks Zeiten sachwidrig mit dem Arbeitsvertrag verbunden ist. Obwohl auch die Arbeitgeberbeiträge Lohnbestandteile sind, sollte mit dieser von Bismarck eingeführten Regelung suggeriert werden, dass der Arbeitgeber sich nach Gutsherrenart für die sozialen Probleme des Arbeitnehmers interessiert. Um die Lohnnebenkosten niedrig zu halten, da sie zusätzliche Arbeitslosigkeit bewirken können, kam es zu absurder Reglementierung des Gesundheitswesens (Preisstopp: die sogenannte „Kostendämpfungspolitik") oder zunehmender Finanzierung aus Steuermitteln (gesetzliche Rentenversicherung). Mit der Abtrennung der

Sozialversicherung vom Arbeitsvertrag muss jede ernsthafte Sozialreform beginnen. Der Sozialversicherungsbeitrag wird dann insgesamt (inkl. Arbeitgeberbeitrag) dem Arbeitnehmereinkommen zugeschlagen. Der Arbeitnehmer wird, wie eigentlich selbstverständlich, selbst zuständig für die Abführung seiner Beiträge zur Sozialversicherung, von der er eine entsprechende Rechnung erhält. Ähnliches könnte man für die Abführung seiner Steuerschuld vorsehen. Auch damit werden die Unternehmen sachwidrig belastet, sie sind die unbezahlten Steuereinzieher der Nation.

Lohnsubventionen

Lohnsubventionen, die es für einen Arbeitgeber interessant machen, auch niedrig qualifizierte, billige Arbeitskräfte einzustellen, sind Folgen eines zu hohen durch das Kartell geschaffenen Lohnniveaus, das die Austrocknung des Niedriglohnbereichs verursacht und damit Arbeitslosigkeit schafft. Es gibt hierbei mehrere Modelle. Am brauchbarsten unter diesen insgesamt eher fragwürdigen Eingriffen ist noch die sogenannte „aktivierende Sozialhilfe“, d.h., die Sozialhilfesätze werden stark reduziert, ihre Bezugsdauer begrenzt. Es wird dann dem einzelnen arbeitsfähigen Individuum zugemutet, sich nach einem eventuellen Berufstraining einen annehmbaren Lebensstandard durch zusätzliche Arbeit zu sichern. Ferner gibt es einen sogenannten „Kombilohn“, der die Tariflöhne für bestimmte Arbeitslosengruppen nach unten freigibt und dann diesen Einkommen aus Steuermitteln Transfers hinzufügt, die nach Ermessen der Politik einen annehmbaren Lebensstandard sichern. Ferner gibt es auch ein sogenanntes „Bürgergeld“, von der FDP vertreten, das allerdings eher auf eine bloße Konzentration der Unterstützungsleistungen über einen direkten Einkommenszuschuss hinausläuft. An die Stelle von Kindergeld, Eigenheimzulage und die vielen anderen Sozialsubventionen tritt dann die Überweisung einer einheitlichen Pauschale (nach Bedürftigkeitsprüfung). Lohnsubventionen sind eine fragwürdige weitere Staatsintervention, wenn durch Schuld des Tarifkartells und durch zu hohe Sozialtransfers der Niedriglohnsektor beseitigt ist und die Begünstigten kein Interesse daran haben, sich einen Arbeitsplatz zu suchen. Es ist in dem Fall günstiger, von öffentlichen Mitteln statt von eigner Arbeit zu leben, eine der zahlreichen „Sozialfallen“ in Deutschland.

M

„Macht der Konzerne“
Macht ist nicht Herrschaft. Keiner der großen Konzerne kann mich zwingen, seine Produkte zu kaufen: weder IBM noch McDonald's oder Siemens. Die ca. 40.000 internationalen Konzerne sind Hauptträger des ökonomischen Fortschritts bei der Globalisierung: Sie investieren immer dort, wo ihr Kapital am dringendsten benötigt wird und schaffen so Arbeitsplätze, die ohne ihr Engagement nicht entstanden wären. Diese mögen schlechter bezahlt sein als solche in Hochlohnländern, aber mit ihnen beginnt der Aufstieg.
Lesetipp: Johann Norberg: Das kapitalistische Manifest, Frankfurt/M. 2003; Roland Baader: Die belogene Generation, Gräfelfing 1999, S. 121 ff.

Makroökonomie
Teilgebiet der Volkswirtschaftslehre, das mit Aggregaten, wie z. B. Volkseinkommen, Konsum, Sparen, Investitionen, gesamtwirtschaftliche Zusammenhänge in Modellen zu erklären versucht. Bei unkritischem Gebrauch dieser Aggregate, die nur abstrakte Kunstgrößen sind, kann es zu erheblichem Realitätsverlust und zum Verlust der Fähigkeit der Ökonomie, der Politik nützliche Dienste zu leisten, kommen. Das eigentliche Verständnis volkswirtschaftlicher Vorgänge kann ja nur aus dem deutenden Handeln der Einzelnen erfolgen, wie dies die Mikroökonomie, besonders die der österreichischen Schule (Menger, Mises, Hayek und ihre Nachfolger) seit Langem leistet. „Aggregate“ sind mystische Wesen, die nur in der Fantasie des Forschers existieren und die Politik zu Anmaßung von Wissen und chronischer Selbstüberschätzung verleiten. Politiker bilden sich dann ein – ähnlich wie die „Fliege auf dem Rade“ (Ferguson) – sie seien es, die das Rad zum Laufen bringen.
Lesetipp: Friedrich August von Hayek: Die Anmaßung von Wissen, Neue Freiburger Studien, Tübingen 1996.

„Manchestertum, Manchesterkapitalismus“
Die Begriffe werden heute in der Regel herabsetzend im Sinne einer „Ellenbogengesellschaft“ oder des „Raubtierkapitalismus“ des 19. Jahrhunderts gebraucht. Die wenigsten wissen, dass sie damit einer Begriffsmanipulation des konservativen britischen Premiers Benjamin Disraeli aufgesessen sind. Es handelte sich bei den Manchesterleuten um eine Gruppe progressiver Publizisten und Unternehmer in der Handelskammer von Manchester (wie etwa Richard Cobden), die im Interesse der arbeitenden Bevölkerung für eine Abschaffung der Getreidezölle ein-

traten, die das Brot der Massen künstlich verteuerte und Hungersnöte verursachte. Auf der gegnerischen Seite standen die feudalen Landlords, repräsentiert durch Benjamin Disraeli, die, wie heute die europäische Bauernschaft, von der Hochhaltung der Preise gegen internationale Konkurrenz profitierte. Auch sonst vertraten die Manchesterleute freihändlerische Parolen und Bildungsprogramme im Interesse der Arbeiterklasse. Selten ist ein Begriff so absurd umgedreht worden wie der von „Manchester"! Manchesterkapitalismus ist das Beste, was dem „kleinen Mann" passieren kann. Ihm verdankt er seinen Aufstieg.
Lesetipp: Detmar Doering: Mythos Manchestertum, St. Augustin 2004.

Markt und Moral
Es gibt tatsächlich Leute, die behaupten, auf der einen Seite sei der moralinfreie Markt, in dem es um Macht und Profit der Unternehmer gehe, nach der Devise „Mein Brot, dein Tod" (Nullsummenspiel) und gemäß dem brutalen Ellenbogenverfahren des „sozialen Darwinismus" – und auf der anderen Seite dann um Ethik und Moral. Dies meinen besonders auch überspezialisierte sogenannte „Wirtschaftsethiker", die Freunde der besonderen *corporate social responsibilty* usw. In Wirklichkeit ist Moral die Basis der Marktwirtschaft, ohne sie käme der Markt als freiwillige Tausch- und Kontraktbeziehung zweier Individuen gar nicht zustande. Diese Moral besteht in den Regeln gerechten Verhaltens: der Achtung von Freiheit und Eigentum des Nächsten (keine Gewalt, kein Raub, kein Betrug), der Vertragstreue („pacta sunt servanda"), der Ehrlichkeit usw. Durch den Markt werden die sozialen Beziehungen moralisch diszipliniert. An die Stelle von Gewalt und Zwang tritt der freie Vertrag und der freie Konsens. Außer in monopolistischen Grenzsituationen ist das Ergebnis des so regulierten Handelns, etwa als Unternehmer, gerecht, unabhängig von der Höhe der Rendite, des „Profits", wie es oft geringschätzend heißt. Man sehe sich die Traumrenditen führender Schauspieler, Models oder Sportler, namentlich Fußballer, an – auch sie sind moralisch vollständig in Ordnung. Der Markt, die Masse der mit jedem Cent abstimmenden Konsumenten, entscheidet frei über die Leistung eines jeden im Rahmen von Tausch und Arbeitsteilung. Wenn es eine spezielle wirtschaftliche Ethik gibt, so allenfalls in der Berufsethik der einzelnen Professionen. So ist der spezielle Auftrag des Unternehmers, die Bedürfnisse der Menschen professionell zu befriedigen (Unternehmer als professionelle Knappheitsüberwinder [Alfred Schüller] und so die Freude seiner Mitmenschen zu vermehren und ihr Leiden – die Entbehrung – zu min-

dern. Er verfehlt seine Aufgabe, wenn er z. B. nicht die nötigen Gewinne macht, welche die Richtigkeit seiner Knappheitsschätzungen bestätigen. Es ist dagegen unmoralisch, durch Verluste das Unternehmen aufs Spiel zu setzen. Auch die sogenannten „Arbeitnehmer“ unterliegen denselben allgemeinen moralischen Regeln und haben ihr spezielles Berufsethos, indem sie freudig die vereinbarten Leistungen erbringen und neben ihren Spezialinteressen das Gesamtinteresse des Unternehmens am Überleben und Erfolg im Blick behalten. Das Unternehmen ist mitsamt seinen Beschäftigten für die Konsumenten da, es ist kein Selbstzweck. Auch der Politiker, der Arzt, die Kurtisane, der Soldat usw. haben ihr spezifisches Berufsethos, das ihnen ihre Würde verleiht und das sich aus ihren sachlichen Funktionen in einer Gesamtordnung ergibt.
Lesetipps: Unternehmerinstitut der ASU (Familienunternehmer) e. V.: Ethik und Marktwirtschaft, 4. Aufl., Berlin 2000; Gerd Habermann: Was ist des Unternehmers Pflicht und Schuldigkeit?, IW-Forum, Nr. 27, München 2001.

Markt, Marktwirtschaft
Das verbindende und friedensstiftende Urmuster menschlichen Tauschs: Ich gebe dir, was du brauchst, und du gibst mir, was mir fehlt. Tausch ist die Alternative zur Gewalt, zum Betteln, zum Diebstahl. Er ist Inbegriff der Gegenseitigkeit und des Gewinns für beide Seiten und der „Goldenen Regel“. Im Unterschied zum Raub profitieren (solange dieser Tausch sich nach den moralischen Regeln der Gewaltfreiheit, Ehrlichkeit und Vertragstreue richtet) beide Seiten. Tausch ist zwar eigentlich ein nüchterner Interessenausgleich, kann aber leicht freundschaftliche Elemente der Verbundenheit erzeugen, die als „Sozialkapital“ das gegenseitige Vertrauen verstärken. Marktwirtschaft ist ein Komplex von unübersehbar vielen Tauschvorgängen. Sie kann dadurch mehr Wissen verarbeiten und mehr individuelle Wünsche befriedigen als jedes andere System. Mit einer funktionierenden Marktwirtschaft stehen und fallen die moderne Zivilisation und der Massenwohlstand.
Lesetipps: Ludwig von Mises: Nationalökonomie, München 1980 (1940); Wilhelm Röpke: Die Lehre von der Wirtschaft, 13. Aufl., Bern 1994; Ulrich Chiwitt: Kapitalismus – eine Liebeserklärung, Weinheim 2010.

„Marktversagen“
Wertender Begriff, wenn der Markt nicht die Resultate hervorbringt, die der Urteilende (in der Regel die Politiker) sich wünscht, z. B. im Sinne der Verteilung von Einkommen und Vermögen. In der Tat gibt es

aber auch natürliche oder technische Monopole, in denen der Markt und Wettbewerb erst künstlich institutionalisiert werden müssen (z. B. Durchleitungsrechte in der Energieversorgung). Gravierender als das sogenannte „Marktversagen“ ist das politische oder Staatsversagen, das schon ganze Ökonomien zugrunde gerichtet hat, so wenn die Erfolgsregeln der Ökonomik nicht beachtet werden und stattdessen die Regierenden versuchen, eine Wirtschaft „par ordre de mufti“ zu führen. Die Vergewaltigung der Eigeninteressen durch Einsatz von Macht und Zwang führt regelmäßig zu Wohlfahrtsverlusten. Staatsversagen spielt z. B. beim Umweltproblem eine Rolle, wenn die Regierungen es versäumen, freie oder Gemeingüter institutionell, durch Schaffung von Knappheitsindikatoren und Eigentumsrechten, zu schützen.
Lesetipp: Steffen J. Roth: VWL für Einsteiger, 3. Aufl., Konstanz, München 2011, S. 147ff.

Martin, Sankt (316–400)
Legendärer Heiliger und Bischof von Tours, früher römischer Offizier, der durch das „Teilen“ seines Offiziersmantels mit einem Bettler als Muster brüderlicher Liebe zu Fremden legendär geworden ist. Zur Linderung aktueller Not in nächster Umgebung ist dies gewiss eine vorbildliche Haltung der Barmherzigkeit, als sozialpolitisches Leitbild zur Überwindung der Armut in komplexen Gesellschaften aber nicht geeignet. St. Martin ist für einen Unternehmer *als Unternehmer* kein Vorbild! Der Unternehmer teilt nicht das Brot, er *vermehrt* es und verwaltet darum nicht die Armut, sondern *überwindet* sie. Der bedürftige Bettler erhält einen Arbeitsplatz in der Fabrik, sodass er sich einen Mantel kaufen kann, statt zu betteln.
Lesetipp: Unternehmerinstitut der ASU (Familienunternehmer) e. V.: Eigentum verpflichtet. Ende des Teilens – Stunde des Mehrens, Berlin 2004.

Marx, Karl (1818–1883)
Die Ikone des modernen Sozialismus. Die Folgen seiner vom Hass gegen Privateigentum, Arbeitsteilung und Individualität verzerrten Lehre waren so entsetzlich, dass man sich fragen muss, ob es nicht besser gewesen wäre, er hätte nie geschrieben. Die von ihm entdeckten angeblichen „Entwicklungsgesetze des Kapitalismus“ waren im Wesentlichen seine frommen Wünsche und seine Verklärung der kommunistischen „Horde“ (der „Gattung“, wie er schreibt) machte ihn zum Erzfeind der bürgerlichen Ordnung, auf der die moderne Zivilisation beruht. Wichtigste

Marx-Kritiker sind Eugen von Böhm-Bawerk, Max Weber, Ludwig von Mises, Karl Popper, Friedrich August von Hayek und die jahrzehntelang demonstrierte Realität des untergegangenen Sozialismus des Sowjetimperiums und anderer sozialistisch beherrschter Länder (gegenwärtig noch besonders Kuba und Nordkorea).

„Mehr Netto für alle"

Positives Motto für zukünftige Sozialreformen. Es weist darauf hin, dass es nicht darum geht, den Bürgern etwas wegzunehmen, etwa an staatlichen Unterstützungsansprüchen, sondern ihnen etwas zu geben oder wiederzugeben: nämlich die Wiederverfügung über ihr Eigentum und Einkommen (im Zuge der Umstellung auf Kapitaldeckung) und die Rückgabe ihrer Eigenverantwortung für ihr persönliches Leben, die ihnen 100 Jahre Wohlfahrtsstaat beschnitten haben. Man kann sogar berechtigterweise von einer Wiederherstellung der „Menschenwürde" in Sachen persönlicher Verantwortlichkeit für die privaten Risiken des Lebens sprechen. Parolen wie „den Gürtel enger schnallen", „Stopfen von (doch von der Politik geschaffenen) Steuerschlupflöchern", Einsparen, Abgeben, Verzichten, Einreißen – das ist kein Reformprogramm, mit dem man die Herzen der Menschen gewinnen kann.

Lesetipp: Unternehmerinstitut der ASU (Familienunternehmer) e. V.: Mehr Netto für alle. Vom Versorgungsstaat zum Sozialstaat, Bonn 1997.

Menger, Carl (1840–1921)

Urvater der modernen österreichischen Schule der Nationalökonomie. Neben und über Adam Smith hinaus leistete er Grundlegendes zum Verständnis einer spontanen Ordnung und der Preisbildung, namentlich durch seine subjektive Wertlehre und Grenznutzenanalyse, die den objektiven Wertlehren (selbst eines Adam Smith) den Todesstoß gab, zumindest theoretisch. So wurde er auch wichtiger Vertreter des methodischen Individualismus gegenüber nationalen Kollektivisten der jüngeren historischen Schule der Nationalökonomie, an der Spitze Gustav Schmoller. Carl Menger war von prägendem Einfluss auf Ludwig von Mises und Friedrich August von Hayek.

Lesetipps: Carl Menger: Grundsätze der Volkswirtschaftslehre, 2. Aufl., Tübingen 1968; ders.: Untersuchungen über die Methode der Socialwissenschaften und der Politischen Ökonomie, Tübingen 1966

Menschenbild

Es gibt derzeit zwei konkurrierende Menschenbilder mit jeweils folgenden Merkmalen: Das eine traut dem Einzelnen die Meisterung seines Lebens in Eigenverantwortung zu und lässt ihm dafür Freiheit, das andere ist voller Misstrauen in die Kräfte, Einsicht und Vernunftfähigkeit des Individuums und möchte es leiten wie ein Hirte die Herde. Das eine Menschenbild führt zu Liberalismus, Marktwirtschaft und zur Demokratie mit ihrem anspruchsvollen allgemeinen gleichen Wahlrecht, das andere führt in den „platonischen Staat", also in die Elitendiktatur oder den Wohlfahrtsdespotismus der Bürokratie. Das Deutschland der Gegenwart schwankt zwischen diesen beiden Konzeptionen. Nach den Grundsätzen, nach denen der soziale Bevormundungsstaat aufgebaut ist, dürfte es keine Demokratie geben. Wer dem Einzelnen nicht zutraut, für seine kleinen privaten Risiken selbst einzustehen, der muss sich fragen, warum er ihm auf der anderen Seite die Möglichkeit gibt, das entscheidende letzte Wort in politischen Herrschaftsfragen zu haben, indem er „frei und gleich" wählen darf, wer ihn beherrschen soll.

Menschenrechte

Von den Stoikern zuerst konzipierte überstaatliche Rechte (vgl. auch Naturrecht), die eine letzte geistige Zuflucht gegen den Übermut der Herrschenden darstellen und konstitutiv für die westlich geprägte Welt sind. Aus ihnen leitet sich ein Widerstandsrecht gegen willkürlichen Zwang und Tyrannei ab. Das wichtigste Menschenrecht ist das auf Eigentum an sich selbst und an dem, was man mit seiner Arbeit hervorbringt oder rechtmäßig übertragen erhält. Aus diesem leitet sich auch die eminent wichtige Glaubens- und Meinungsfreiheit ab. Keine echten Menschenrechte als Schutz vor staatlicher Willkür sind die sogenannten „sozialen Menschenrechte", der Anspruch auf Versorgung durch den Staat (Bildung, Arbeit, Wohnung, gar bezahlten Urlaub). Diese begründen im Gegenteil neue, vom Liberalismus überwundene Zwänge (in der sozialen Sicherung und sonstigen Formen von Staatswirtschaft). Eine offene Frage ist, ob man die angebliche Universalität dieser Rechte mit Krieg und Gewalt weltweit durchsetzen darf, wie dies derzeit besonders die USA tun. Schon Montesquieu dachte hier relativistisch, bei all seiner Hochschätzung der „englischen Freiheit". Aber gewaltfrei werben sollte man dafür gewiss. Es gibt gleichwertige Kulturkreise wie namentlich der chinesisch-japanische, die solche Menschenrechte nicht kennen, aber andere Sicherungen gegen Willkür und Brutalität gefunden haben. Absurd wird es bei einer gewaltsamen Übertragung dieser Menschenrechte auf archaische Stammesgesellschaften.

Menschenwürde
Unter „Menschenwürde“ verstanden die klassischen Liberalen bis zu Ludwig Erhard und Friedrich August von Hayek: Freiheit und Unabhängigkeit von der Willkür anderer, gesichert durch Eigentumsrechte an der eigenen Arbeit und deren Ertrag und den Vorrang der Eigenbemühung. Die Sozialpolitiker definierten dies um: Für die „Menschenwürde“ ist der Staat zuständig, sie besteht vor allen Dingen in einer guten Versorgung und existenziellen Problemlosigkeit, der „Freiheit von Not“. Das Bestehen von Problemen aus eigener Kraft wird als „menschenunwürdig“ angesehen. Dagegen muss es heißen: Das Leben auf Kosten anderer ist „menschenunwürdig“, keine Geschenke vom Staat! (Ausnahmen: jene, die physisch oder geistig unfähig sind, sich selbst zu helfen).

Mieterschutz
Gut gemeinter, seit Jahrzehnten in vielen Staaten üblicher staatlicher Schutz des Mieters gegen Mieterhöhungen, „Wuchermieten“ und Kündigung. Hat wie üblich bei staatlichen Schutzzwängen dieser Art einen sozialen Bumerangeffekt, der auf die zu Schützenden zurückschlägt. Entfernen sich die Schutzbestimmungen zu weit von Markt und Vertragsfreiheit, werden weniger Mietwohnungen gebaut, die vorhandenen nur zögernd vermietet, die Atmosphäre zwischen Eigentümern und Mietern vergiftet. Wenn dann der Staat als Reaktion darauf selbst in einen „sozialen“ Wohnungsbau investiert, der in der Regel teurer ist als der freie, also Mietwohnungen subventioniert, wird das Absurde der Sache sichtbar. Bei freiem Mietrecht und freien Preisen brauchte man sich um ein nachfragegerechtes Angebot keine Sorgen zu machen.

Mill, John Stuart (1806–1873)
Ein besonders edler Repräsentant des englischen Liberalismus, Ökonom und Philosoph. Wir verdanken ihm den wunderschönen Essay „Über die Freiheit“. In seinem Alterswerk näherte sich Mill dem Sozialismus, aber nicht als Staatssozialismus, sondern in Gestalt von freien Genossenschaften, Produktivassoziationen usw. an (was wir heute gar nicht Sozialismus nennen würden). Er war auch ein liberaler Feminist, d. h. im Sinne der Gleichberechtigung, nicht der zwangssozialistischen Gleichmachung oder -„stellung“. Mill wäre heute ein dezidierter Kritiker des

egalitär-zentralistischen Wohlfahrtsstaates. Die zeitgenössischen sogenannten „Sozialliberalen" berufen sich zu Unrecht auf ihn.

Mindestlohn, gesetzlicher
Kurzsichtige Maßnahme vieler Regierungen, die eine Untergrenze für die legale Lohnhöhe festsetzen mit der Folge, dass Arbeitsplätze verloren gehen. Der unentbehrliche Niedriglohnsektor verschwindet, die Menschen müssen stattdessen von Sozialtransfers leben. In Deutschland gibt es faktische Mindestlöhne durch die Tarifverträge und Sozialtransfers bis hin zur Sozialhilfe/„Hartz IV". Einen Mindestlohn gesetzlich festzulegen heißt praktisch, Arbeitsverbote auszusprechen bzw. viele zusätzliche Arbeitslose zu schaffen, auch wenn die Betreffenden vielleicht lieber einen schlecht bezahlten Arbeitsplatz mit längeren Arbeitszeiten hätten als gar keinen. Diese Entwicklung tritt freilich nur ein, wenn der Mindestlohn über dem niedrigsten Marktlohn liegt – aber sonst hätte er keinen Sinn. Daher wirkt jede Mindestlohngesetzgebung asozial. Mindestlohn heißt Mindestarbeitslosigkeit.

Minimalstaat
Ein Idealstaat mit einem recht knappen Angebot an öffentlichen Gütern: Der Staat kümmert sich um die Einhaltung der moralischen Mindestnormen, den Schutz nach außen und organisiert eine Reihe technischer Dienstleistungen (z. B. Maße und Gewichte, Seuchenschutz, Rahmen für Infrastruktur usw.), die der freie Markt nicht ohne Weiteres anbietet. Nicht notwendigerweise bietet der Minimalstaat auch eine Währung an, denn mit dem Währungsmonopol des Staates haben wir sehr schlechte Erfahrungen gemacht und es steht theoretisch auf schwachen Beinen. Ein Minimalstaat kümmert sich auch um den Schutz freier oder Umweltgüter. Der Minimalstaat ist die Voraussetzung für ein reiches gesellschaftliches Leben und staatsbürgerliche Initiativen und Sponsoring auf den Gebieten Kultur und im Sozialbereich. Er gibt der Nächstenliebe auch hinsichtlich der Mittel größtmöglichen Spielraum und vermeidet dadurch die „soziale Kälte", die bürokratische Hilfsmaßnahmen des Staates immer mit sich bringen. Der wichtigste deutsche Theoretiker des Minimalstaates ist Wilhelm von Humboldt, im angelsächsischen Raum z. B. Herbert Spencer.
Lesetipp: Wilhelm von Humboldt: Ideen zu einem Versuch, die Grenzen der Wirksamkeit des Staates zu bestimmen (div. Ausgaben).

Mises, Ludwig von (1881–1973)
Lehrer von Friedrich August von Hayek, großer liberaler Nationalökonom und wichtigster Kritiker des Sozialismus aus der „österreichischen Schule der Nationalökonomie". Mises hat (neben Max Weber) als erster klargemacht, dass die sozialistische Planwirtschaft, da sie keine Möglichkeit zur Kalkulation hat, denn Knappheitspreise sind abgeschafft, ökonomisch-technisch unmöglich ist. Die Frage: Wer, was, wann, wo, in welcher Menge und Qualität produzieren soll, kann ohne Kostenrechnung nicht entschieden werden. Die sozialistische Planwirtschaft wird damit zu einem organisierten Chaos, in dem Verschwendung herrscht und niemand weiß, wo die wirklichen Knappheiten und Bedürfnisse der Menschen liegen. Es ist damit bereits aus diesem Grund sinnlos, ihn anzustreben. Er ist „technisch" unmöglich, wenn man auf nachfragegerechte Versorgung Wert legt und Hungerkatastrophen vermeiden will. Von der Möglichkeit realitätsgerechter Kalkulation hängt unser aller Überleben ab oder doch der meisten von uns.
Lesetipps: Ludwig von Mises: Die Gemeinwirtschaft. Untersuchungen über den Sozialismus, München 1981 (1922); Roland Baader: Die Logik der Freiheit. Ein Ludwig-Mises-Brevier, 2. Aufl., Bern 2006.

Mitbestimmung, ökonomische
In Verbindung mit Miteigentum, d. h. Mithaftung, die Basis gesellschaftlicher Unternehmensverfassung. Mitbestimmung ohne Miteigentum jedoch läuft auf eine Enteignung der Eigentümer durch „Unverantwortliche" hinaus, häufig externe Gewerkschaftsfunktionäre. Die Mitbestimmung ist ein Überbleibsel des Rätegedankens, der nach 1918 in Deutschland zwar nicht voll durchdrang, aber sich doch im sogenannten „Betriebsrat" niederschlug. Die deutsche Form der Mitbestimmung, die bei Größtunternehmen fast paritätisch ist, ist ein wichtiger Standortnachteil. So wurde er auch nicht zum „Exportartikel", kein Land der Welt hat sie übernommen. Mitbestimmung als Miteigentum durch „Volkskapitalismus" ist indessen ein sinnvolles, auch von Ludwig Erhard und Margaret Thatcher verfolgtes Programm.

Mittelstand
Je nach Definition der mehr oder weniger große, aber immer entscheidende Teil der deutschen Wirtschaft; indessen durch seine Vielfalt nicht so auffällig wie die Großkonzerne und politisch häufig auch nicht so einflussreich. Gleichwohl von der Politik vielfach hofiert, die mit diversen

Mittelstandsschutzprogrammen auf der Suche nach Wählerstimmen ist, so jüngstens mit der steuerlichen Absetzbarkeit von Handwerkerleistungen. Der deutsche Mittelstand ist strukturell durch eine Reihe von staatsgeschaffenen Institutionen benachteiligt, da er im Durchschnitt personalintensiver ist als das „Großkapital". So wird er zweifellos durch das Tarifwesen auf dem Arbeitsmarkt oder durch den unentgoltenen Aufwand von „Fron"-Dienstleistungen für den Staat (von der Abführung der Steuern und der Sozialbeiträge bis hin zu statistischen Auskunftspflichten) strukturell benachteiligt, denn Großkonzerne können dies kostengünstiger leisten. Die Antwort hierauf kann jedoch nicht ein Schutzzaun sein, der ihn nur weniger wettbewerbsfähig macht, sondern die Setzung gleicher fairer Rahmenbedingungen. Sind sie gegeben, ist der Mittelstand häufig der großbetrieblichen Konkurrenz überlegen, da er flexibler und entscheidungsschneller ist. Aber „Big Government" hat eine enge Wahlverwandtschaft mit „Big Business" und die politischen Führer zeigen sich gern mit den Chefs von Weltkonzernen.
Lesetipp: Unternehmerinstitut der ASU (Familienunternehmer) e. V.: Chancengleichheit für den Mittelstand, Bonn 1999.

Mono ...
Ist nicht alles, was mit „Mono" beginnt unerfreulich und öde? Monotonie, Monokultur, Monopol, Monomanie, Monokratie, Monolog (in Gesellschaft), Mononukleose (Drüsenfieber) usw. Gut, wir nehmen die Monogamie aus und auch den Monotheismus, den Nietzsche einmal boshaft Monotonotheismus genannt hat. Ein Plädoyer für den Wettbewerb als Quelle der Vielfalt und der Lebensfreude ...

Montaigne, Michel de (1533–1592)
Die „Essays" dieses großen Freiheits- und Menschenfreundes gehören in die Bibliothek jedes Liberalen, genau wie einige Werke seines wahlverwandten Erasmus. Er ist ein Verteidiger des privaten Lebens, Staats- und Gesetzesskeptiker wie auch Gegner jedes Dogmatismus und Absolutheitsanspruchs, aber selbst in dieser Skepsis nicht dogmatisch. „Hast du dein Leben zu bedenken und zu führen gewusst? So hast du das größte aller Werke vollbracht ... Die schrecklichste unserer Krankheiten ist die Verachtung unseres eigenen Wesens." Er wurde stark durch Seneca und Epikur, Plutarch, überhaupt durch die „Alten" beeinflusst und beeindruckte seinerseits große liberale Geister bis zu Friedrich Nietzsche und darüber hinaus. Von Letzterem stammt die Empfehlung: „Mit ihm

würde ich es halten, wenn die Aufgabe gestellt wäre, es sich auf der Erde heimisch zu machen."

Mont Pèlerin Society
Eine 1946 von Hayek, Eucken, Mises, Röpke, Popper u. a. Gelehrten (vorwiegend Ökonomen) am Mont Pèlerin bei Genf gegründete, kämpferische liberale Nobelgesellschaft, die für Freiheit, Markt, Eigentum und Wettbewerb eintritt und heute weltweit über 500 Mitglieder zählt, darunter z. B. Gary Becker und James Buchanan, früher auch der verstorbene Milton Friedman. Es handelt sich hier um eine lockere Föderation von Gelehrten, Publizisten und anderen dezidiert Liberalen von Verdienst und Ansehen ohne großen organisatorischen Über- oder Unterbau (eigentlich kein „Thinktank"). Jährliche Treffen in General und Regional Meetings.
Lesetipp: Philip Plickert: Wandlungen des Neoliberalismus, Stuttgart 2008.

Multikulturalismus
Man kann sich die Nationen, Völker und Religionen als „Clubs" denken, die nach außen für Zuzug offen sind, aber um den Preis, dass Sitten und Spielregeln des aufnehmenden Clubs von dem neu Eintretenden akzeptiert werden. Wer z. B. in den christlichen „Club" aufgenommen werden will, muss dessen religiöse Überzeugungen teilen, ebenso wer in eine Nation zuwandert, deren Verfassung und Kardinalsitten (die „Leitkultur", wie auch zutreffend gesagt wird) er akzeptieren muss. Auch in einer liberalen Partei müssen Mitglieder eine liberale Gesinnung zeigen, Anhänger z. B. der kommunistischen Doktrin haben hier keinen Zutritt. Und selbst auf der Ebene der Vereine, z. B. eines Vereins der Hühnerzüchter, muss das Neumitglied Hühner züchten wollen, nicht Schafe oder Kühe. Wo dies nicht geschieht, sondern wahllos „multikulturell" Clubmitglieder aufgenommen werden, wird nicht nur die Identität des Clubs – sein Seinsgrund und berechtigtes Interesse auf Selbstbewahrung – gefährdet, sondern es kommt auch zu elementaren Konflikten zwischen Mitgliedern und „Eindringlingen", wie man dann sagen muss. Der Zerfall multikultureller Gebilde wie des Sowjetimperiums und Jugoslawiens zeigt das Konflikt-, ja Kriegspotenzial. Selbst ein Kunststaat wie Belgien scheint in zwei selbstständige Gebilde zu zerfallen und das viel gelobte Kanada entgeht dem nur durch einen sehr weitgehenden Föderalismus (ähnlich die Schweiz). Japan sucht selbst im Zeichen einer ernsten demografischen Krise seine Identität zu erhalten und lehnt

Masseneinwanderung aus anderen Ländern ab. In Deutschland sind es vor allem „Grüne" und „Die Linke", die in universalistischem Utopismus und oft genug deutschem Selbsthass auf die Erhaltung ihres Clubs keinen Wert legen und doch alle Vorteile dieser Mitgliedschaft und des historisch in ihm aufgespeicherten Kultur- und Sozialkapitals genießen wollen.
Lesetipps: Kai Diekmann: Kommentar in WELT-online vom 27.10.2007; Irenäus Eibl-Eibesfeldt: Wider die Mißtrauensgesellschaft, München 1994.

Multinationale Unternehmen
Segenspendende, wohlstandsverbreitende Unternehmen, die sich über nationale Grenzen hinweg erstrecken und wichtige Triebkraft der Globalisierung sind. Dazu gehören nicht nur die bekannten Großkonzerne, sondern auch viele mittelgroße Unternehmungen, namentlich Deutschlands. Ihre Wahlmöglichkeiten zwischen nationalen Standorten (bei Freihandel) begrenzt die Macht der Nationalstaaten, indem diese als Standort einfach abgewählt werden können, wenn sie eine eigentumsfeindliche Steuer- oder eine unfreiheitliche Sozialpolitik betreiben. Multinationale Unternehmen schaffen häufig Arbeitsplätze in „unterentwickelten" Ländern, deren Aufstieg sie damit einleiten, was von national orientierten protektionistischen Gewerkschaftlern, aber auch nationalen Politikern häufig ohne Verständnis gesehen wird (die auf der anderen Seite Krokodilstränen für diese Länder vergießen). Die Wirkung multinationaler Unternehmen ist ausnahmslos positiv, selbst für die ursprünglichen Stammländer, wo sie unter den Voraussetzungen internationalen Wachstums sogar zusätzliche Arbeitsplätze schaffen oder die vorhandenen sichern können.
Lesetipp: Johan Norberg: Das kapitalistische Manifest, Frankfurt/M. 2003.

Mutterschutz
Eine Reihe gut gemeinter staatlicher Schutzmaßnahmen zugunsten der Mutter während und nach der Schwangerschaft. Dadurch, dass Unternehmen mit Kosten belegt werden (Mutterschaftsurlaub, Kündigungsschutz usw.), erhöhen sie die Kosten der Beschäftigung einer Frau. Dies wirkt sich als Einstellungshindernis aus, leider auch für jene Frauen, die vielleicht gar nicht Mutter werden wollen. Begünstigt werden dagegen ältere Frauen. Wegen dieser Nachteile ist – von wenigen generell verbindlichen Schutzmaßnahmen abgesehen – die individuelle Vereinbarung zwischen Frau und jeweiligem Betrieb vorzuziehen. Auf diese Wei-

se kann bestmöglich auf die Situation sowohl der Mutter als auch des Unternehmens Rücksicht genommen werden.

N

„Nachhaltige Entwicklung"

Als Forderung trivial, insoweit natürliche Ressourcen, von denen wir auf Dauer abhängig sind, entsprechend bewirtschaftet werden müssen, wie z. B. Luft, Wasser, Pflanzen- und Tierwelt. „Es können nicht beliebig viele Würmer an einem Apfel fressen und ihn gleichzeitig erhalten." Die wichtigste Sicherung von „Nachhaltigkeit" besteht in der Durchsetzung von Eigentumsrechten und Knappheitspreisen an diesen bislang häufig noch „freien Gütern". Für entsprechende Regulierungen müssen die Staaten als Verwalter dieser „Gemeingüter" sorgen, versagen hier jedoch vielfach. Neuerdings ist der Begriff stark inflationiert, wenn z. B. von einer „nachhaltigen Entwicklung der sozialen Sicherung" gesprochen wird, die sich doch durch das Umlageverfahren selbst zerstört, oder von „nachhaltiger Demokratisierung der Wirtschaft", womit die Verfügung von Nichteigentümern über Eigentum gemeint ist, was den Kapitalbestand gefährden muss.

„Nachtwächterstaat"

Polemische Bezeichnung des Sozialisten Ferdinand Lassalle für den liberalen Minimalstaat, in dem der Staat vornehmlich für „Ruhe und Ordnung" sorgt, aber im Übrigen die Regelung ihrer persönlichen Angelegenheiten den Bürgern selbst überlässt. Durch die sozialistische Agitation vor über einem Jahrhundert ist es gelungen, diesen Staatstyp in der allgemeinen Meinung tief zu diskreditieren. Wertvoller ist für viele offenbar ein Staat, der Sauerkraut produziert. Dies gilt namentlich für Deutschland, den klassischen „Babysitterstaat" neben den skandinavischen Wohlfahrtsstaaten.

Lesetipp: Horst Wolfgang Boger (Hrsg.): Der Staat als Super Super Nanny, Berlin 2008.

Nation

Gruppe von Menschen, die sich durch gemeinsame Sprache, Schicksale und Erinnerungen verbunden fühlen und in der Regel organisatorisch als ein „Staat" oder sonstige Herrschaftssysteme aufgestellt sind. Als kulturelle und politische Gegebenheit wichtigste Trägerin der Vielfalt und des anregenden internationalen Wettbewerbs. Nationen untergliedern die Menschheit, die sich damit von einem Ameisenhaufen unterscheidet und verteilen so die Macht. Für einen „Weltstaat“ fehlen dagegen die Voraussetzungen und dieser ist auch wegen der dann notwendigen extremen Zentralisierung der Macht nicht wünschenswert, so wenig wie „Imperien“ mit ihrer nivellierenden und verödenden Wirkung. Freilich sollten die Nationen sich neutralen Streitschlichtungsverfahren unterwerfen, um gewaltsame Konflikte auszuschalten, und im Übrigen durch Freihandel starke, die Grenzen überschreitende Solidarinteressen schaffen. Dies war schon das Ideal Immanuel Kants.

Nationaler Sozialismus

In der Praxis ist jeder Sozialismus national, da er sich ja immer nur in gegebenen Nationalstaaten verwirklichen kann. Sozialisierung heißt darum immer auch *Nationalisierung der Menschen* und damit die Abschaffung individueller Freiheit. Der Nationalsozialismus war ein ins Absurde gesteigerter Nationalismus mit einem (allerdings inkonsequenten) Sozialismus in Hinsicht auf die ökonomische Ordnung. Er sozialisierte den Menschen, aber nicht die Produktionsmittel, die er nur nach großen Plänen lenkte, vor allem im Interesse von Aufrüstung und Kriegswirtschaft. Erst nach dem „Endsieg“ sollten Wirtschaft und Gesellschaft voll sozialisiert werden.
Lesetipp: Friedrich August von Hayek: Der Weg zur Knechtschaft, München 2011.

Naturrecht

Dies ist ein unentbehrliches, „letztes“ Begründungsmuster des Liberalen, das Freiheit und Rechtsgleichheit für jeden Menschen fordert, weil er als Mensch Träger von Vernunft und Würde ist und sich seinen Lebensplan und -sinn selbst zu schaffen berufen ist, im Unterschied zum instinktgebundenen Tier. Von den Stoikern über Cicero und Thomas von Aquin, John Locke, Kant, der amerikanischen Unabhängigkeitserklärung vom 4. Juli 1776 (klassische Formulierung) bis heute zu Theoretikern wie Murray N. Rothbard oder Guido Hülsmann. Freiheit ist Selbstzweck, unabhängig von ihren positiven Folgen hinsichtlich Wohlstand oder Lebensfreude („deontologische“ Position). Ein missverstandenes Naturrecht ist das des Sozialdarwinismus und (in der griechischen Antike) einiger Sophisten wie Gorgias. Hiernach ist Naturrecht das des Stärkeren, der Rechtsgleichheit und Gerechtigkeit nur unter gleich Starken anerkennt und die Ausbeutung oder Vernichtung der Schwachen als „natürlich“ betrachtet und rechtfertigt.

Nef, Robert (geb. 1941)
Wortmächtiger liberaler Publizist der Schweiz aus einer alten Appenzeller Familie. Er vertritt über sein Liberales Institut in Zürich und früher die „Schweizer Monatshefte“ einen entschiedenen Liberalismus und „Nonzentralismus“ (ein von ihm geprägter Begriff) und verteidigt das Milizsystem und die Unabhängigkeit der Schweiz gegen einen europäischen Supernationalstaat mit der Hauptstadt in Brüssel.
Lesetipp: Robert Nef: Lob des Nonzentralismus, St. Augustin 2002.

Neid
Niedriges Gefühl des sich in irgendeiner Hinsicht benachteiligt Fühlenden gegenüber dem, der erfolgreicher ist, mehr besitzt, besser aussieht usw. Dieses Gefühl kann in einer Marktwirtschaft produktiv werden, indem es dazu anreizt, durch Leistungen den Beneideten zu übertreffen. Im negativen Fall, z. B. im Sozialismus und auch im Wohlfahrtsstaat, führt dieses Gefühl zu der Tendenz, den Überlegenen herunterzuziehen, etwa durch progressive Raubsteuern, Sozial- und Arbeitsrecht und offene Diskriminierung. Es gilt jedoch das Wort Abraham Lincolns: „Ihr macht die Schwachen nicht stärker, indem ihr die Starken schwächer macht.“
Lesetipp: Robert Nef, Gerhard Schwarz (Hrsg.): Neidökonomie. Wirtschaftspolitische Aspekte eines Lasters, Zürich 2000.

Neoliberalismus
Neuerdings konfuser Kampfbegriff gegen alle Strömungen, die versuchen, den bürokratisch erstarrten Wohlfahrtsstaat der Gegenwart und den sozialnationalistischen Protektionismus zurückzudrängen. Selbst die zahme „Agenda 2010“ der Schröder-Regierung fiel unter dieses Verdikt. Ursprünglich wurde dieser Ausdruck für den wiedererstarkten Liberalismus nach dem Zweiten Weltkrieg, die Wiederherstellung einigermaßen freier Ordnungen nach dem totalitären Zwischenspiel, gebraucht. In Deutschland galten u. a. Walter Eucken, Wilhelm Röpke, Ludwig Erhard, Franz Böhm, Friedrich August von Hayek als Neoliberale. Heute wird unter „neoliberal“ auch reiner Ökonomismus bekämpft, der mit den Idealen des ursprünglichen deutschen Erhard-Liberalismus wenig zu tun hat. Die echten „Neoliberalen“ verkennen nicht, dass es wichtige Dinge gibt, die jenseits von Angebot und Nachfrage liegen, dass der Markt nicht alles regeln, vor allem nicht sich selbst reproduzieren kann. Sie gestehen den freien Gemeinschaften daher eine bedeutende

Rolle zu. Diese „Neoliberalen“ trifft jedenfalls der Vorwurf des „Ökonomismus“ nicht, soweit man ihn überhaupt als Vorwurf akzeptiert.
Lesetipp: Karen Ilse Horn: Die Soziale Marktwirtschaft, Frankfurt/M. 2010.

Neue soziale Frage
Nachdem es eine „Soziale Frage“ im Sinne des 19. Jahrhunderts durch die Verbürgerlichung der ursprünglich eigentums- und bildungslosen Unterschichten nicht mehr gibt, werden „neue“ soziale Fragen entdeckt. So nennen Walter Eucken und später etwa ein Kurt H. Biedenkopf eine „neue soziale Frage“ die Macht des modernen Wohlfahrtsstaates. Nicht mehr das soziale Anliegen, sondern die Art, wie es mit Staatshilfe umgesetzt wurde, wird dann zum Problem. Heute ist in der Tat die Übermacht des Wohlfahrtsstaates über die Sozialuntertanen die soziale Frage. Sie kann nur dadurch gelöst werden, dass den Bürgern Eigentum und Selbstverantwortung wieder zurückgegeben und der Einfluss der „politischen Klasse“ auf das Privatleben zurückgedrängt werden.

Neuseeland
Diese Nation bietet das erfreuliche Musterbeispiel einer geglückten Sozial- und Wirtschaftsreform. Nachdem es im internationalen wirtschaftlichen Leistungsvergleich an das Ende der Liste der OECD-Länder geraten war, gelang es einer Reihe von tatkräftigen Reformern wie z. B. Roger Douglas oder Ruth Richardson nach 1985 das Ruder herumzureißen und – für demokratische Verhältnisse – unglaubliche Reformen, auch gegen viel Widerstand und gewaltige Massendemonstrationen, durchzusetzen. Zu den wichtigsten Reformen des gelungenen neuseeländischen Experiments zählen die Aufhebung der Tarifautonomie, d. h. die Zerschlagung des Tarifkartells, eine gründliche Steuerreform nach dem Bierdeckelideal von Gunnar Uldall oder Friedrich Merz, eine Abschaffung der Subventionen in der Landwirtschaft (!) und eine umfassende Privatisierung. Neuseeland, das so weit zurückgefallen war, gehört heute zu den führenden Industrieländern der Erde mit Vollbeschäftigung und Budgetüberschüssen. Es exportiert inzwischen sogar hochwertige Weine. Das neuseeländische Beispiel kann denen Mut machen, die an der Reformfähigkeit von Wohlfahrtsdemokratien zweifeln.
Lesetipp: Andreas Knorr: Das ordnungspolitische Modell Neuseelands – ein Vorbild für Deutschland?, Walter Eucken Institut, Tübingen 1997.

Nietzsche, Friedrich (1844–1900)
Dieser Feuerkopf ist eine wahre Schatzkammer an Ideen und Botschaften auch für uns Liberale, obwohl er uns, und besonders die Unternehmer, lächerlich macht und beleidigt. Schon der Liberale Ludwig Bamberger hat ihm geistige „Überproduktivität" bescheinigt. Wen von den großen Schriftstellern, Künstlern, Soziologen und manchmal sogar Sozialisten und welche politischen und philosophischen Richtungen hat er nicht inspiriert? Auch international. Thomas und Heinrich Mann, Max Weber, Ernst Jünger, Georg Simmel sind darunter. Er ist ein konsequenter Individualist mit antik-aristokratischen Zügen; für den modernen Staat, gar den Sozialismus, die „Horde" und „Masse" und für das „Grüneweideglück der Herde" findet er nur wegwerfende Worte. Er lehrt die starke Persönlichkeit, die durch Leiden und Selbstüberwindung wächst („Not ist nötig!"). Er verachtet (wie Goethe) die Deutschen, den nationalen Machtstaat, er ist der „gute Europäer", er ist Anti-Antisemit und Gegner der Rassenlehre. Das hat leider nicht verhindert, dass ihn die Nationalsozialisten für ihre Zwecke zu instrumentalisieren versuchten (er wäre bei ihnen gewiss in einem Konzentrationslager gelandet). Was ihn grundsätzlich vom Liberalismus trennt, ist seine Ablehnung der Rechtsgleichheit des modernen Staates. Aber Montesquieu oder Burke verfochten auch die ständisch gegliederte Gesellschaft (wie auch Goethe) und selbst die amerikanischen Gründerväter waren keine „lupenreinen" Demokraten in unserem (egalitären) Sinn.
Lesetipps: Henning Ottmann: Philosophie und Politik bei Nietzsche; 2. Aufl., München 1999; Gerd Habermann: Wir Liberalen und die Philosophie Friedrich Nietzsches, in: MUT, Nr. 517, 2010, S. 76ff.

Nonzentralismus
Ein vom Schweizer Publizisten Robert Nef geprägter Begriff, der das Ideal des Vorrangs der kleinen politischen Einheiten beschreibt, über die keine politische Zentrale originäre Macht hat, sondern allenfalls spezielle freiwillig übertragene Kompetenzen. Dieser „Nonzentralismus" ist mehr als „Dezentralismus", der von einem Zentrum ausgeht, das Macht „delegiert". Nach der Idee des Nonzentralismus sollten Bundesstaaten konzipiert sein, die sich indessen meist von diesem Ideal mehr und mehr entfernen, selbst in den USA und der Schweiz. Diesem Ideal näher kommt ein Staatenbund wie die Schweiz vor 1848, der freilich über ein geordnetes Sezessionsrecht jedes seiner Mitglieder verfügen müsste. Auch heute noch ist die Schweiz in vielem vorbildlich: ein Kleinstaat, der

sich aus Kleinststaaten (Kantonen) formiert und der darüber hinaus politisch kraftvolle Kommunen besitzt, über die auch allein die Staatsbürgerschaft zu erwerben ist – und natürlich das Wunder einer ausgebauten Direktdemokratie auf allen staatlichen Ebenen!
Lesetipps: Robert Nef: Lob des Nonzentralismus, St. Augustin 2002; Adolf Gasser: Gemeindefreiheit als Rettung Europas, 2. Aufl., Basel 1947.

O

Öffentliche Meinung
Vage, wandelbare und heute leicht manipulierbare Meinungsströme im öffentlichen Raum, besonders durch Presse, Rundfunk, Fernsehen und neuerdings Internet erzeugt, deren sich allerlei organisierte Interessen bedienen. Manchmal eine anonyme Macht, welche die persönliche Freiheit einschränkt: Jedenfalls erfordert es Zivilcourage, sich gegen sie zu stellen. Berechtigte Skepsis spiegelt sich in dieser Bemerkung von Karl R. Popper wider: „Jene etwas vage und nicht recht greifbare Wesenheit, die ‚öffentliche Meinung' genannt wird, ist zwar oft aufgeklärter und weiser als die Regierungen, bedeutet aber ohne die Zügel einer starken liberalen Tradition eine Gefahr für die Freiheit. Die öffentliche Meinung darf nie als vox Dei, als Schiedsrichter über Wahrheit und Falschheit anerkannt werden, aber sie ist manchmal ein erleuchteter Richter über Gerechtigkeit und andere moralische Werte … Sie ist gefährlich als Schiedsrichterin über Fragen des Geschmacks. Leider kann sie ‚bearbeitet', ‚in Szene gesetzt' und ‚geplant' werden. Allen diesen Gefahren können wir nur durch Stärkung der Traditionen des Liberalismus begegnen; und an diesem Vorhaben kann jedermann mitwirken."
Lesetipps: Ferdinand Tönnies: Kritik der öffentlichen Meinung, 1922; Elisabeth Noelle-Neumann: Öffentliche Meinung. Die Entdeckung der Schweigespirale, 3. Aufl., Frankfurt/M. 1991.

Offene Gesellschaft
Schöne Bezeichnung für das gesellschaftliche Ideal des Liberalismus: Es gibt keinen staatlich verordneten „Himmel auf Erden", keinen allgemeinverbindlichen Heilsplan für alle, sondern jeder muss sich seinen Lebensplan und Lebenssinn selbst schaffen. Dabei helfen ihm Tradition und Sitte, dieser große Schatz geschichtlicher Erfahrung, und persönliche Vorbilder. Der Begriff stammt zwar vom französischen Philosophen Henri Bergson, wurde aber erst von Karl R. Popper populär gemacht.
Lesetipp: Karl R. Popper: Die Offene Gesellschaft und ihre Feinde, 2 Bde., Stuttgart 1992.

Öffnungsklausel
Eine wahre Zauberformel, die Freiheit und Bindung ins richtige Verhältnis setzt: Die generelle Regel, wenn sie – wie z. B. im Tarifrecht – nicht passt, kann durch realitätsbezogene „Öffnungsklauseln" angepasst werden, wenn sich die Betroffenen im Unternehmen (oder sonstwo) darüber einig sind. Öffnungsklauseln lassen sich auch im staatsrechtlichen Bereich denken, so z. B. wenn Bundesländer durch Experimentierklauseln autonome Spielräume zur Politikgestaltung erhalten oder eine europarechtliche Regelung national abbedungen werden kann. Die Öffnungsklausel ist die Idealformel zur Auflockerung erstarrter Strukturen unter Gesichtswahrung für beide Seiten. Gleichwohl oder eben deswegen sind viele sozial-konservative „Besitzstandswahrer" gegen eine solche Klausel.

Ökonomisch falsch, aber politisch richtig?
Die zuversichtliche Meinung unserer Politiker, dass etwas ökonomisch falsch, aber politisch sehr wohl richtig sein könne, verkennt das Zwingende der wirtschaftlichen Erfolgsregeln, der wirtschaftlichen „Naturgesetze". Die Politiker mögen zunächst mit dieser Leitlinie politisch oben bleiben – aber das Ende ist übel, wenn diese Ignoranz eine gewisse Dimension überschreitet wie gegenwärtig im Wohlfahrtsstaat und früher im Sozialismus (auch Nationalsozialismus) oder auch bei dem Kampf um den „Euro". Gott sei Dank gibt es naturgegebene Grenzen der Macht und des Machbaren. Die Politiker können auf Dauer so wenig die Wirtschaft zwingen, wie sie aus einem Mann eine Frau machen können oder umgekehrt. Besser sie halten sich an die „Logik der Dinge".
Lesetipp: Eugen von Böhm-Bawerk: Macht oder ökonomisches Gesetz?, Neuauflage, Darmstadt 1975 (Wissenschaftliche Buchgesellschaft).

Ökooptimismus
Es gibt in Deutschland neben mit Recht besorgten Naturfreunden einen Typ Umweltapokalyptiker, der nur Verlust und Katastrophe sieht, eine Art Misanthrop und Griesgram, der selbst, wenn er etwas Erfreuliches an sich vorüberziehen sieht, sagen wir den seltenen Apollofalter oder einen Silberreiher, schwermütig ausruft: „Noch" ist er da, aber bald wird er nicht mehr sein … Überall sieht er Rote Listen, aber die erfreulicheren „Rosa Listen" zunehmender Arten ignoriert er unwillig. Denn so wenig weiter bestehende Probleme (z. B. die Urwaldbestände, die Lage der Weltmeere) zu leugnen sind, so gibt es doch eine wachsende Liste

von erfreulichen Fakten und Ereignissen an der Natur- und Umweltfront: Die deutschen Flüsse sind wieder Badeerlebnisse, der deutsche Wald ist nicht schon seit zehn Jahren tot (wie in den Achtzigerjahren ernsthaft prophezeit), sein Umfang ist sogar gewachsen; die Zahl von Weißstorch und Kranich nimmt zu, die Luftqualität hat sich gewaltig verbessert, der Lärm vermindert. Der größte Umweltsauertopf war der Amerikaner Paul Ehrlich. Er sagte 1972 voraus: den Hungertod von 50 Prozent aller Menschen, den biologischen Tod aller Meere (bis 1979), das Sinken der Lebenserwartung in den USA auf 42 Jahre (für 1984), die allgemeine Wasserrationierung in Nordamerika ab 1974. Vieles von dieser Mentalität haben auch unsere „Grünen" und sie setzen dabei gern alle Defizite der Welt der Marktwirtschaft und den Unternehmen auf die Rechnung.
Lesetipp: Dirk Maxeiner, Michael Miersch: Ökooptimismus, Reinbek 1999.

Ökosoziale Marktwirtschaft
Kautschukformel für eine Marktwirtschaft, die durch Umweltpolitik und Sozialpolitik „diszipliniert" wird. Indessen ist der Schutz der natürlichen Ressourcen, soweit sie als „freie Güter" keine Preise haben, selbstverständlich Sache des liberalen Staates und einer besonderen Sozialpolitik außerhalb des Schutzes für Hilflose, Erwerbsunfähige und wirklich „Bedürftige" bedarf es nicht.

Ordnung
Koordinierung von Einzelfaktoren (z. B. des Handelns einzelner Menschen) zu einem Ganzen nach bestimmten Regeln. Ein wahres Wunderwerk ist die spontane Ordnung des Markts, die ohne zentralen Zwang, geleitet durch Regeln der Gerechtigkeit und den Preis als Knappheitsindikator, Menschen zu einem Ausgleich kommen lässt, der ihren Interessen entspricht, und darum zu einem historisch unbekannten Ausmaß von allgemeinem Wohlstand geführt hat. Die Sprache ist ein weiteres Beispiel für eine spontane, in diesem Fall kulturelle Ordnung, die frei von einer zentralen Instanz von Generation zu Generation abgewandelt weitergegeben wird und die von niemandem je insgesamt ausgedacht wurde. Die „gemachte" oder auch Zwangsordnung funktioniert nur in übersichtlichen Systemen wie der Familie, der Firma, der Behörde. Eine zentrale Zwangskoordination für eine komplexe Gesellschaft muss scheitern (siehe auch Sozialismus). Dirigistische Teilordnungen vor dem Hintergrund einer größeren, die spontan gewachsen ist, sind z. B. die

Berufsordnungen, die Agrarordnung und derlei problematische Gebilde. Auch ein Regelsystem kann als „Ordnung“ betrachtet werden, z. B. die Verkehrsordnung. Friedrich August von Hayek spricht bei der spontanen Ordnung vom „Kosmos“, bei der zentral gemachten von „Taxis“.
Lesetipp: Alfred Schüller, Hans-Günter Krüsselberg: Grundbegriffe zur Ordnungstheorie und politischen Ökonomik, 6. Aufl., Marburg 2004.

Ordnungspolitik
Eine in sich konsistente, stimmige Politik, die dafür sorgt, dass die Koordination der wirtschaftlichen Handlungen ohne weitere Friktionen und Hindernisse ablaufen kann, und sich so Angebot und Nachfrage zu gegenseitiger Zufriedenheit ausgleichen. Ordnungspolitik, die die Erfolgsregeln des Wirtschaftens oder die Strukturprinzipien einer Ordnung verletzt, muss scheitern, sie bringt jedenfalls unvermeidlich Wohlfahrtsverluste mit sich. Ein bestimmtes Maß an ordnungspolitischer Inkonsistenz kann eine freie Marktordnung verkraften. Irgendwann aber kommt es zur „Implosion“, wenn die Märkte nicht mehr in der Lage sind, auf Herausforderungen zu reagieren (z. B. durch einen allgemeinen Preisstopp, Subventionen, Fiskalsozialismus, produktionspolitische Eingriffe [wie etwa die Berufsordnungen], Einschränkungen der Vertragsfreiheit usw.). Da die Erfolgsregeln einer freien Ordnung führenden Politikern nicht mehr geläufig sind, sie überdies unter dem ständigen Druck von Partikularinteressen stehen, auch von Eigeninteressen geleitet sind (z. B. Pfründebewahrung), ist es zu einer weitgehenden ordnungspolitischen Verwahrlosung Deutschlands und anderer Länder gekommen, die den derzeitigen relativen Abstieg des Landes im Wettbewerb mit anderen Nationen erklärt. Auch der „Euro“ mit seinem Einheitszins für einen ganzen Kontinent mit verschiedenen selbstständigen Staaten war ein folgenreicher ordnungspolitischer Fehler.
Lesetipps: Ludwig von Mises: Kritik des Interventionismus, Neuauflage, Darmstadt 1976 (1929); Walter Eucken: Grundsätze der Wirtschaftspolitik, Stuttgart 2004 (1952).

Ordoliberalismus
Eine deutsche Schule der Ordnungstheorie, die geistig Wesentliches zum Wiederaufbau von Wirtschaft und Gesellschaft nach 1945 getan hat, mit einer Reihe wortgewaltiger Theoretiker wie Walter Eucken, Franz Böhm, Leonhard Miksch („Freiburger Schule“), im weiteren Sinne auch Wilhelm Röpke. Sie fragten sich, warum die freiheitliche Ordnung in

wichtigen Ländern zusammengebrochen oder gefährdet war (und leider anhaltend ist) und gaben die Antwort: weil man die Lebensregeln des Markts (und einer freien Gesellschaft insgesamt) politischerseits missachtet hatte, z. B. beliebig in den Preismechanismus interveniert, Monopole gefördert und Außengrenzen mit Zöllen usw. abgesperrt hatte. Nach 1929 (große Weltwirtschaftskrise) konnte sich z. B. der Arbeitsmarkt wegen der Tarifkartellierung nicht schnell genug anpassen (eine der Ursachen von Hitlers Aufstieg). Ludwig Erhard wurde zum Exekutor des ordoliberalen Programms, leider aber nur im gewerblichen Bereich. Der erstarrende Wohlfahrtsstaat mit seiner kapitalfeindlichen Sozialversicherung blieb bis heute bestehen, woraus existenzielle Probleme für Wachstum und Prosperität des deutschen Volks hervorgegangen sind.
Lesetipp: Wolfgang Stützel, Christian Watrin, Hans Willgerodt, Karl Hohmann (Hrsg.): Grundtexte zur Sozialen Marktwirtschaft, Stuttgart, New York 1981.

Orwell, George (1903–1950)
Britischer Satiriker des Sozialismus. Als die sozialistische Utopie zum ersten Mal in Russland erprobt wurde, verlor sie bei allen nachdenklichen, selbst sozialistischen Intellektuellen an Kredit: Massenmorde, totale Vernichtung des Individuellen und ökonomische Verelendung, kombiniert mit dem Trumpf einer grausamen Bürokratie diskreditierten die Machthaber schon von Lenin an. In dieser Situation kam es zu Negativ- oder Dystopien, die in Romanform oder als Fabel das Schreckliche der Vorgänge darstellten. Nach dem Vorgang von Samjatins „Wir“ (1922) verfasste Orwell sein „1984“, das in bitterer Art die Vernichtung des individuellen Gewissens durch eine totalitäre Bürokratie schildert, und dazu seine Tierfabel „Farm der Tiere“, welche die Machtergreifung und -ausübung der Bolschewisten karikiert. Orwells Utopie war im Sowjetimperium verboten (im Unterschied zu Huxleys „Schöne Neue Welt“, die ja in Amerika spielt). Friedrich August von Hayek zeigte in seinem von Orwell gelobten „Weg zur Knechtschaft“, wie man in die Abgründe totaler Herrschaft hineinrutscht, ohne es eigentlich zu wollen.

Österreichische Schule
Die Österreichische Schule der Nationalökonomie, beginnend mit Carl Menger (1840–1921) und Eugen von Böhm-Bawerk (1851–1914), liefert das beste Verständnis einer spontanen Ordnung, namentlich des Markts. Es ist eine in sich konsequente Lehre, die dem Liberalismus erst

sein vertieftes ökonomisches Fundament gibt. Über Friedrich von Wieser, und Gottfried Haberler wirkte sie weiter auf Ludwig von Mises oder Friedrich August von Hayek, schließlich Israel Kirzner oder Murray N. Rothbard. Sie hat das konsequenteste Gegenbild zum „Sozialismus" geliefert und ist auch dessen schärfster Kritiker. Leider ist sie innerhalb der derzeitigen Ökonomie nur eine Nebenströmung und hat ihren stärksten Einfluss nicht im deutschsprachigen Raum, sondern in den Vereinigten Staaten, besonders im „Mises-Institut" in Auburn (Alabama).
Lesetipp: Jesús Huerta de Soto: Die Österreichische Schule der Nationalökonomie, Wien 2007.

P

Papiergeldmonopol, staatliches
In einer Tausch- oder Verkehrswirtschaft ist ein solides Geld unentbehrlich, d.h. ein Geld, das knapp gehalten werden muss/kann. Wer Herr über das Geld ist, kann Wirtschaft und Gesellschaft zerrütten, da im Falle einer Manipulation nicht nur ein verlässlicher Knappheitsindikator und ein zuverlässiges Tauschmittel fehlen, sondern auch langfristige Lebensplanung unmöglich wird. Das Leben kann so zum Hazard werden, von den bedauernswerten Opfern von festen Kapital- oder Umlagerenten abgesehen, die durch Inflation ihrer Mittel beraubt werden. Es ist erstaunlich, dass dieses gefährlichste Machtmittel und Monopol des Staates, chronisch und derzeit wieder missbraucht, nicht im Mittelpunkt der liberalen Debatten steht. Marktwirtschaftliches im Wettbewerb stehendes Geld oder doch eine Bindung staatlichen Geldes an Gold oder an einen anderen Stoff, muss die absolute Herrschaft des Staates / der Politik und Zentralbanken über das Geld ablösen.
Lesetipps: Friedrich August von Hayek: Entnationalisierung des Geldes,2. Aufl., Tübingen 2011; Thorsten Polleit, Michael von Prollius: Geldreform, Grevenbroich 2010.

Partei
Freie private Vereinigung von Bürgern zur Durchsetzung von politischen Interessen im politischen Wettbewerbsystem einer Demokratie. Wenn den Parteien das Ideal einer „Ordnungspolitik" – die Beachtung wirtschaftlicher Erfolgsregeln – verloren geht, kann der Staat durch parteipolitische Sonderinteressen korrumpiert und die spontane Ordnung des Markts gefährdet werden. Ein spezieller Punkt der deutschen Parteien ist die Selbstbedienung, die diese sich angewöhnt haben: ihre Fi-

nanzierung aus Steuermitteln, die sie mit Mehrheit oder vielmehr fast einstimmig beschließen. Sie machen sich damit den „Staat zur Beute" (Hans Herbert von Arnim). Zudem neigen sie dazu, sich gegen Konkurrenz abzuschotten (Fünf-Prozent-Klausel, Parteienverbot). Karl Jaspers sprach einmal von einer „Parteienoligarchie", die den Staat mediatisiert und „Vetternwirtschaft" in staatseigenen Betrieben, aber auch in sogenannten „Selbstverwaltungsgremien" nach Art der Rundfunkräte betreibt.

Lesetipps: Hans Herbert von Arnim: Staat ohne Diener, München 1995; Unternehmerinstitut der ASU (Familienunternehmer) e. V.: Effizienzstaat und Direktdemokratie, Berlin 2001.

Paternalismus

Väterlich-fürsorgliche Haltung eines Vaters gegenüber seinem unmündigen Kind – insoweit positiv. In unpersönlicher Form kennzeichnend für die Mentalität des fürsorgenden Wohlfahrtsstaates, der seine abhängige Klientel wie unmündige Kinder, ja, mit dem Ausdruck Kants, wie „Hausvieh" behandelt und in einem Zustand der Hilflosigkeit und Unwissenheit hält. Konrad Lorenz sprach in diesem Zusammenhang einmal drastisch von einer „Verhausschweinung" des Menschen. Auch „Frauenpolitik" ist paternalistisch.

Pflegeversicherung

Als fünfte Abteilung der seit Bismarck aufgebauten Umlagekassen von Sozialminister Norbert Blüm noch zu einem Zeitpunkt – gegen heftigen Widerstand aller Besonnenen – durchgesetzt, als sich schon abzeichnete, dass sämtliche Umlagekassen der Überlastung zustrebten und man vorausberechnen konnte, wann die Pflegeversicherung ins Defizit geraten würde. Dies ist inzwischen mit wachsenden Beträgen der Fall. Die Pflegeversicherung entlastet Erben und Kommunen auf Kosten der Zwangsversicherten. Es werden so die Kosten des hinfälligen Alters teilsozialisiert, wie dies bereits für die Kindheit der Fall ist. Insoweit rundet sich das Bild des Wohlfahrtsstaates ab: „Von der Wiege bis zur Bahre."

„Pflicht"

In der Politik ein häufig moralisierender Euphemismus für den politischen „Zwang" wie besonders beim Steuer-, Sozialversicherungs-, Wehr-, Schul-, Melde-, Kammer- und neuerdings (zumindest für Geflügel bei der Gefahr von Vogelgrippe) Stallzwang. Der Ausdruck „Pflicht" gehört in die moralische Sphäre, die Entscheidungsfreiheit voraussetzt. Politisch erzwungenes Handeln – mit der Pistole auf der Brust – kann niemals von moralischem Wert sein. In den genannten Fällen will der Staat seine Zwangshandlungen, die moralisch durchaus fragwürdig sein können, mit dem Ausdruck „Pflicht" zu einem inneren Anliegen der Bürger machen. Ein Kapitel aus der verschleiernden Sprache des Wohlfahrtsstaates.

Planwirtschaft
Im Grunde ist alles Wirtschaften „Planen" und eine planlose Wirtschaft von Bestand gibt es nicht. Die entscheidende Frage ist vielmehr: Wer plant? Dies können Einzelhaushalte und Unternehmungen oder der Staat als Gesamthaushalter und Generalunternehmer sein. Der Ausdruck wird heute meistens für Letzteres gebraucht und ist damit synonym zu dem Begriff „Sozialismus" (auch Kommandowirtschaft, Befehlswirtschaft). Die Planwirtschaft ist das utopische Unterfangen, eine moderne Zivilisation von einem Zentralbüro aus zu organisieren, nach dem Muster der früheren Deutschen Post (Lenins Beispiel!).

Platon (427–347)
Neben Aristoteles der bei Weitem einflussreichste Philosoph des antiken Griechenlands. Sein Wirken war leider insoweit verhängnisvoll, als er als Erster das Ideal eines von Intellektuellen beherrschten totalitären Zuchtstaates entwarf. Insoweit ein Erzgegner der „offenen Gesellschaft" und Freund aller „Totalitären".
Lesetipps: Will Durant: Die großen Denker, Bergisch-Gladbach 1996; Karl Popper: Die offene Gesellschaft und ihre Feinde, Bd. 1: Der Zauber Platons, Studienausgabe Tübingen 2003.

Politik
Streben nach Macht oder Machterhaltung im Staat, im Letzten mit physischen Zwangsmitteln. Jeder gesellschaftliche Fortschritt besteht darin, den Bereich, der politisch geordnet wird, zurückzudrängen – bis auf jenen Minimalstaat, der sich darauf beschränkt, die Mindestregeln gesellschaftlichen Zusammenlebens (Achtung vor der Freiheit und dem Eigentum des anderen) durchzusetzen. Politik ist gut, soweit sie Freiheit ermöglicht oder sichert.

Politiker

Eine derzeit nicht besonders angesehene Berufsgruppe, die sich fast nur noch mit Problemen beschäftigt, die sie selbst verursacht hat. Politiker leben heute in der Regel *von*, nicht nur *für* die Politik. Und das bedeutet häufig genug, dass sie alle langfristigen Interessen und sachlichen Notwendigkeiten dem Bestreben unterordnen, wiedergewählt zu werden, ihre politischen Pfründe zu wahren. Politiker sollten das Gemeinwohl – die Herrschaft strenger allgemeiner Regeln – durchsetzen, kompromittieren sich aber ständig dadurch, dass sie dem Druck von Interessengruppen nachgeben. Sie sind damit nicht mehr souverän Handelnde, sondern werden zum Spielball von Kollektivegoismen und hinsichtlich ihres politischen Auftrags unglaubwürdig. Dies hat zu ihrem Absturz in der öffentlichen Gunst beigetragen. Unpopuläre, aber sachbezogene Politik, wie sie z. B. Margaret Thatcher in suggestiver Sprache betrieb, kann sehr wohl unter großem Problemdruck eine Erfolgsmaxime sein. Es scheint derzeit in Deutschland, dass bei den gegebenen Mechanismen der Politikerauslese durchaus nicht immer die „Besten" oder auch nur die für dieses Geschäft Tüchtigen zum Zuge kommen. Ihr intellektuelles und besonders auch ordnungspolitisches Niveau ist seit Jahren konstant im Sinken bis auf den Tiefpunkt, an dem sie „alternativlos" rechtsstaatliche und demokratische Grundsätze und europäische Verträge brechen, wie gegenwärtig in der „Euro-Krise". Als Mittel zur Korrektur schlechter Politikerqualität und entsprechend schlechter Entscheidungen könnte eine gut ausgebaute Direktdemokratie nach Schweizer Vorbild dienen.
Lesetipps: Gaetano Mosca: Die herrschende Klasse, Bern 1950; Walter Lippmann: Die öffentliche Meinung, Bochum 1990.

„Politische Korrektheit"

Egalitarier suchen mehr und mehr mit politischen Zwangsmitteln, auch mit Methoden offizieller Sprachreinigung, als abwertend angesehene Bezeichnungen von Menschengruppen zu verbannen und ihre sogenannte „Gleichstellung" z. B. bei Vertragsabschlüssen zu erzwingen (siehe auch „Antidiskriminierung"). So sehr es eine moralische Aufgabe ist, beleidigende und herabwürdigende Behandlung von Menschen zu bekämpfen, ist andererseits klar, dass Staatszwang hier deplaziert ist und nur zur illegitimen Einschränkung von Freiheit führt.

Populismus
Alle Politiker in unserer Wettbewerbsdemokratie wollen „populär" sein. Gelingt dies einem Politiker mehr als einem anderen, wird er sogleich als „Populist" beschimpft. Damit gehört dieser abwertende Ausdruck in das Vokabular der Neidökonomie, obwohl er seine Berechtigung hätte, wenn damit eine nicht sachbezogene, opportunistische, auf den Moment abzielende Politik der Massenverführung gemeint ist.

Prävention
Der in Deutschland dominierenden ängstlichen Sicherheitsmentalität entsprechendes Prinzip der Vorbeugung und Vorsorge statt der (mehr amerikanischen) individuellen Haftung für eingetretene Schäden. Dies führt z. B. im Bereich der Unfallversicherung zu einem teuren Perfektionismus der Unfallverhütungsvorschriften, im Bereich der Berufsordnungen zu einer übertriebenen verbindlichen Qualitätssicherung „von oben", im Bereich des Verbraucherschutzes zur Verbraucherbevormundung (z. B. gesetzlich festgelegte Mindestgewährleistungsfristen, Widerrufsrecht bei Haustürgeschäften, politischer Kampf gegen Genussmittel, wie z. B. Tabak oder Alkohol). Zu einer freien Gesellschaft gehört die Dominanz des Haftungsgedankens. Die furchtsame Prävention, die dem Einzelnen keinerlei Gefährdung zumutet, bringt ihn um wichtige Erfahrungen und Kenntnisse, damit um seine Lebensumsicht, und behindert den ökonomischen Fortschritt.

„Primat der Politik"
Vertretbar ist die Behauptung vom „Primat der Politik" in dem Sinn, dass der Staat die Rahmenregeln für die Märkte und die Zivilgesellschaft vorgeben muss. Problematisch wird es erst, wenn damit ausgedrückt sein soll, dass es der Politik zugestanden wird, sich beliebig über Märkte hinwegzusetzen, sie zu regulieren, einzuschränken und durch Zölle und ähnliche Handelshemmnisse vom großen Weltmarkt abzusondern. Schließlich verleitet diese Formel dazu, zu meinen, die Politik müsse mehr tun, als den Individuen zu dienen und deren Privatleben und Freiheit zu garantieren.

Privatisierung
Der erfreuliche Gegenbegriff zur Sozialisierung – die Rückgabe einer politisch sozialisierten Verantwortung oder eines Eigentums an den Markt und an Privatleute. Nach dem großen Sozialisierungsirrtum des späten

19. und der ersten zwei Drittel des 20. Jahrhunderts (mit dem späten Ausläufer der französischen Sozialisierung unter Mitterrand) wurde Privatisierung das Signum der letzten Jahrzehnte des 20. und hoffentlich auch des 21. Jahrhunderts. „Privatisierung" ist das Kernanliegen einer vom Wohlfahrtsstaat bedrohten Gesellschaft und erstreckt sich auch auf die Reprivatisierung des persönlichen Lebensrisikos, der Vorsorge gegen Einkommensverluste bei Krankheit, Unfall usw. Hier vor allem wirkt derzeit noch der Sozialismus weiter. Die derzeitige Privatisierungsbewegung, die den ganzen Globus umfasst, wird von Sozialnationalisten wie „Attac" oder unserer neu formierten radikalen „Linken" bekämpft. Als neues Sozialisierungsprojekt droht Deutschland eine sogenannte „Bürgerversicherung" im Gesundheitswesen – dies nach all den furchtbaren Erfahrungen, die wir im vergangenen Jahrhundert mit „Sozialisierung" gesammelt haben und angesichts der manifesten Krise dieses Gedankens in der Sozialversicherung. Auch auf lokaler Ebene gibt es wieder Gegenbewegung („Rekommunalisierung"), von der Finanzwirtschaft mit Bankenverstaatlichungen abgesehen.
Lesetipp: Unternehmerinstitut der ASU (Familienunternehmer) e.V.: Der Weg aus der staatlichen Schuldenfalle. Konzepte und Beispiele für eine umfassende Privatisierung, Berlin 2003.

Progressivsteuer
Ungesunde Hauptfinanzierungsart der Wohlfahrtsstaaten mit der Absicht, die Einkommens- und Vermögensverteilung grundsätzlich zu ändern. Im Progressivsystem liegt keinerlei Begrenzung, sondern es ist das Prinzip der Willkür selbst. Je erfolgreicher jemand ist, desto mehr ist die Regierung nach diesem Prinzip berechtigt, seinen Erfolg durch Beschlagnahmung von Einkommensteilen zu mindern. Je mehr jemand dagegen von Misserfolgen geplagt ist, umso mehr darf er auf öffentliche Unterstützung rechnen. Die gleichen Staatsleistungen werden auf diese Art von den Bürgern je nach ihrer Einkommenssituation unterschiedlich bezahlt. Dies ist so, als wenn ein Händler seine Preise nach dem Einkommen seiner Kunden staffeln würde. Eine Progressionssteuer wird bereits im Kommunistischen Manifest (1847) gefordert. Die Progressivsteuer, die theoretisch und moralisch auf wackeligen Beinen steht, wurde ein wichtiges Mittel des Wohlfahrtsstaates, die Gesellschaft in kleinen Schritten zu sozialisieren. Nach bescheidenen Anfängen (Miquel'sche Steuerreform 1 bis 3 Prozent) stieg sie in einigen Ländern auf über 90 Prozent (Grenzsteuersatz) an, bei steilem Tarifverlauf. Durch

die von den Regierungen schamlos ausgenutzte Inflation gerieten auch die Mittelschichten immer mehr in die Progressionszone. Es ist schon ein Glück, wenn den Bürgern in großen Abständen durch eine „Steuerreform“ gelegentlich etwas wieder von dem zurückgegeben wird, was Progressiv- und Inflationssteuer ihnen genommen haben. Vertretbar und sinnvoll ist dagegen eine Degressivsteuer, die den Erfolg belohnt und jetzt in einigen Schweizer Kantonen (Obwalden, Schaffhausen) ausprobiert wird.

Proletarisierung
Der Wohlfahrtsstaat mit seinem Zentralziel der Bekämpfung der Selbstständigkeit und Eigeninitiative führt zu einer „Proletarisierung“: An die Stelle von Eigentum und Freiheit sowie Eigenvorsorge und Selbstverantwortlichkeit tritt die Staatsversorgung. So war es schon bei der „Proles“ in Rom. Der Prozess der Proletarisierung begann, als die Arbeiterversicherung, eine Notkrücke für unwissende und arme Proletarier im 19. Jahrhundert, immer weitere Schichten der Bevölkerung umfasste – heute umschließt sie beinahe alle Staatsbürger. Eigenvorsorge ist inzwischen zu einem Privileg geworden. Dieser Prozess der „Proletarisierung“, der Abhängigmachung vom Staat, könnte auch als Entbürgerlichung beschrieben werden. Dem geht eine Dezivilisierung parallel, wie am Erscheinungsbild unserer Bevölkerung, dem verbreiteten Vandalismus (etwa Graffiti-Schmierereien) und sonstigen Verwahrlosungsphänomenen (z. B. zunehmende Bettelei und verschmutzte Städte) zu beobachten ist.

Protektionismus
Leider nur allzu erfolgreiches Bestreben bestimmter gut organisierter Unternehmensgruppen, verschiedener Verbände und der Staatswirtschaft selbst, sich über politischen Zwang gegen ausländische Konkurrenz abzusichern. Dies wird regelmäßig von allen Bürgern teuer bezahlt, so etwa, wenn sich die europäischen Landwirte, namentlich Deutschlands und Frankreichs, seit über 100 Jahren gegen internationale Konkurrenz schützen lassen und so das „tägliche Brot“ künstlich, auf Kosten des sonst viel beschworenen „kleinen Mannes“, verteuert wird. Es gibt versteckte Formen des Protektionismus wie „freiwillige Selbstbeschränkungsabkommen“ (die alles andere als freiwillig sind: so bei Automobilen, Textilien usw.). Protektionismus heißt immer, dass die Regierungen sich pflichtwidrig für Sonderinteressen einspannen lassen, auf der ande-

ren Seite in dem Ausmaß dieser Begünstigung Verbraucher ausgebeutet werden. Mit „nationalen" Gesamtinteressen hat Protektionismus nichts zu tun. Viel von sich reden macht gegenwärtig der von der Linken, z. B. Attac, geforderte Sozialprotektionismus, d. h. der Wunsch, sich gegen internationale Konkurrenz im Bereich der Sozialstandards oder auch der Besteuerung zu schützen, zu Recht auch „Sozialnationalismus" genannt.

R

Radnitzky, Gerard (1921–2006)
Wortmächtiger Wissenschaftstheoretiker und rechtslibertärer Philosoph aus Trier, Freund Karl Poppers und Friedrich August von Hayeks. Er hat durch seine zahlreichen Essays, Rezensionen und Vorträge viel für die Verbreitung des Freiheitsideals in Deutschland getan. Bemerkenswert sind seine Erinnerungen.
Lesetipp: Gerard Radnitzky: Das verdammte 20. Jahrhundert, Hildesheim 2006.

Rand, Ayn (1902–1985)
Eine hinreißende libertäre russisch-amerikanische Autorin, deren Anliegen man besser versteht, wenn man bedenkt, dass sie die Russische Revolution oder sagen wir besser den Lenin-Putsch, dessen Philosophie und dessen unsäglich bedrückende Folgen als Augenzeugin und Mitleidende erfahren hat. Wie kein Autor vor ihr hat sie die moralische Basis von Individualismus und Marktwirtschaft nicht nur intellektuell erfasst wie Adam Smith oder Friedrich A. von Hayek, sondern apotheotisch verklärt. Das musste den Amerikanern gefallen (Gesamtauflage ihrer Bücher bis heute: 25 Millionen), die schon einen Mann wie Emerson hervorgebracht hatten. Man kann sagen: Ayn Rand ist die Übertragung von Nietzsches Philosophie auf den Kapitalismus. Man missversteht sie, wenn man ihr Vergötzung eines kruden Egoismus vorwirft, auch wenn sie nur „Einzelne" kennt und insbesondere die Leistungsträger und ihre Unterdrücker, die parasitären Umverteiler von Wohlfahrtsstaat und Sozialismus, darstellt. Man muß ihren sogenannten „Objektivismus" nicht teilen, um von ihrem Schwung mitgerissen zu sein. Der gewaltige „Atlas Shrugged", ein philosophischer Roman, gilt als ihr Hauptwerk (deutsch unter: „Wer ist John Galt?", 1997). „Fountainhead" wurde mit Gary Cooper verfilmt. Auch „Capitalism: the unknown Ideal" taugt gut zum Einstieg in ihr minimalstaatliches Bekenntnis. Ganz kurz: „Anthem" („Hymne").

„Raubtierkapitalismus“
Diffamierende Formel für das Wettbewerbsgeschehen in einer Marktwirtschaft, in der angeblich die „großen Fische die kleinen fressen“ und namentlich die Großkonzerne mittelständische Strukturen vernichten, bis einige wenige Oligopole den Markt beherrschen. Indessen dominieren in einer modernen Wirtschaft anhaltend die kleinen und mittleren Unternehmen, die Größtunternehmen sind die Ausnahmen und ihre Bedeutung geht eher zurück. Auch geht es hier nicht um physisch gewaltsame Vorgänge wie das angebliche „Gesetz der Fische“ suggeriert, sondern um ständige Neubildungen leistungsfähiger Einheiten nach dem Urteil des Souveräns der Marktwirtschaft: der Konsumenten. Dagegen zeigt der Sozialismus eine wahre „Raubtiernatur“, indem er mit Gewalt und häufig unter Vertreibung und Ausrottung private Existenzen jeder Form zerschmettert und nur ein einziges „Raubtier“, den zentralen Staat, übrig lässt.

Rawls, John (1921–2002)
Seltsamerweise wird in Deutschland dieser amerikanische Philosoph vielfach für einen *liberalen* Theoretiker der Gerechtigkeit gehalten. Dies gilt indessen allenfalls für „liberal“ im amerikanischen Sinn, also was wir sozialdemokratisch oder allenfalls sozialliberal nennen. Er ist indessen ein besonders krasser Fall von Egalitarier, der selbst die natürliche Ungleichheit an Begabung für „ungerecht“ erklärt und auf Korrektur drängt. Er selber entwickelt in den luftigen Höhen seiner „Theory of Justice“ (deutsch 1975) kein irgendwie verwertbares gesellschaftspolitisches Programm. Das werden vielleicht einmal andere tun – dann wird es schnell totalitär werden. Hayek versucht wohlwollend, das aus ihm zu ziehen, was allenfalls für eine liberale Gerechtigkeitslehre verwertbar ist (Recht, Gesetz und Freiheit, 2003).
Lesetipp: Wolfgang Kersting: Kritik der Gleichheit, Weilerswist 2002.

Reagans Amerika
Der amerikanische Präsident Reagan (1981–1989 Präsident) gab durch seinen unbeirrbaren Glauben an das ursprüngliche amerikanische Credo (Eigentum, Selbstverantwortung, Familie) und seinen ungewöhnlichen persönlichen Charme der amerikanischen Nation das durch den fehlgeschlagenen Vietnamkrieg und eine Wirtschaftskrise erschütterte Selbstbewusstsein zurück. Durch eine für unmöglich gehaltene Steuerreform nach dem Muster der „flat tax“, also einer Proportionalsteuer,

umfassende Deregulierung und Privatisierung, die Zurückdrängung der Sozialausgaben sowie auch durch Stärkung der Einzelstaaten und eine erfolgreiche monetäre Stabilitätsorientierung gab er den Vereinigten Staaten einen Auftrieb, der, freilich zunehmend von einer gewaltigen Staatsverschuldung überschattet, bis vor Kurzem, dem Beginn der Finanz- und anschließenden Schuldenkrise der USA, anhielt. Dennoch gelang die Senkung der Staatsquote nicht auch nur etwa auf ein Ausmaß, wie es vor dem Zweiten Weltkrieg bestand. Die Grundsätze seiner Reformpolitik („Reaganomics“) könnten heute dazu dienen, die maroden Wohlfahrtsstaaten Westeuropas zu reformieren, besonders auch, weil sie von einem positiven Credo, nicht nur von fiskalischen Kürzungsinteressen ausgehen.
Lesetipp: Ronald Reagan: Erinnerungen. Ein amerikanisches Leben, Berlin 1991.

Real existiert habender Sozialismus
Der marxistische Sozialismus, der nach 1917 mit Gewalt in Russland ans Ruder kam und sich dort mit Terror einige Jahrzehnte hielt, war ein teuer bezahltes Experiment über die moralische, soziale und ökonomische „Unmöglichkeit“ dieses Systems. Dieses konnte sich überhaupt nur so relativ lange halten, weil westliche Hilfe, Weltmarkt und Technologiediebstahl künstlich seine Existenz verlängerten. Die Demotivierung der Bürger, die Flucht der Eliten, die Aufzehrung des Kapitalstocks, das organisierte tägliche Chaos – all dies ist dem Sozialismus eigentümlich. Wer noch heute für dieses System eintritt, gibt sich moralisch als verantwortungslos und sachlich als Ignorant zu erkennen, da er offenbar aus Erfahrungen nicht zu lernen imstande ist.
Lesetipp: Horst Feldmann: Kulturelle Evolution und der Zusammenbruch des Sozialismus, in: Liszt-Forum für Wirtschafts- und Finanzpolitik 23 (1997), S. 82ff.

„Rechts“
Kaum noch brauchbarer Begriff zur Bezeichnung politischer Positionen. Ursprünglich (im 19. Jahrhundert) im Sinne der „Ordnungsparteien“ gemeint, die das Bestehende verteidigen, also so viel wie strukturkonservativ. Dagegen sind heute Parteien, die den Wohlfahrtssozialismus verteidigen – die traditionelle „Linke“ – eigentlich „rechts“, und „links“ stehen, wie schon im 19. Jahrhundert, die Liberalen, die diesen Status überwinden wollen. Überhaupt wird jede Partei, die einen politischen

Besitzstand verteidigt, „strukturkonservativ". In diesem Sinne sind heute „rechts" die in Kuba oder Nordkorea noch herrschenden Kommunisten. Nennt man liberale Parteien „rechts", so sind es die Parteien von Eigentum, Freiheit und Rechtsstaat. Die nationale Ausgangsbasis versteht sich immer von selbst, weil es einen Weltstaat nicht gibt. Besser ist die Einteilung der politischen Positionen in freiheitlich und kollektivistisch oder liberal und sozialistisch. Die Etikettierung als „rechts" gilt in Deutschland häufig als verdächtig, ja als so viel wie „rechtsradikal" im Sinne der Nationalsozialisten, während „links" trotz der Untaten der kommunistischen Regime immer noch irgendwie achtbar scheint.
Lesetipps: Robert Nef: Politische Grundbegriffe, Zürich 2002; Dirk Maxeiner, Michael Miersch: Ist die Linke noch links?, Positionspapier des Liberalen Instituts der Friedrich-Naumann-Stiftung, Potsdam 2005.

Religion und Toleranz
Rechtverstandener Liberalismus lässt sich nicht nur mit tiefer Religiosität vereinbaren, er ist, wo nicht selbst eine Religion (Croce: „Religion der Freiheit"), so doch eine Weltbetrachtung, die echter Religiosität den Weg freimacht: „Jeder soll seinem Glaubensbedürfnis folgen dürfen." Dies ist ja der Sinn der Religionsfreiheit. Und auch in der Welt religiösen Glaubens gilt gewiss: „Eines schickt sich nicht für alle." Der indische Philosoph Vivekananda drückte dies einmal so aus: „Es gibt eben verschiedene Arten von Menschen mit verschiedenen geistigen Bedürfnissen. Da stellt ein Mann zwei oder drei Lehren auf und erhebt nun den Anspruch, dass sie die ganze Menschheit befriedigen sollen. Er geht mit einem kleinen Käfig in der Hand und sagt: Gott und der Elefant und jedermann muss hier hereingehen. Selbst wenn wir den Elefant in Stücke schneiden müssen, muss er hier herein! ... Der Umstand, dass sich so viele Religionen erhalten haben zeigt, dass sie alle ihre besondere Aufgabe haben. Es gibt so viele geistige Typen in der Welt." – Der Liberale freut sich also über die Vielfalt und den Wettbewerb der Religionen und Sekten. Je mehr, desto besser – und er wird auch meistens ein eigenes Glaubensbekenntnis haben, das ihm heilig ist und Lebenssinn vermittelt. Seine Haltung gegen die anderen Religionen ist die einer positiven Toleranz, nicht die der Indifferenz und Gleichgültigkeit. Aber er ist intolerant gegen jene, die ihm eine Religion aufzwingen wollen. In der Geschichte zeigte sich vor allem die Mystik aller Universalreligionen zur positiven Toleranz fähig und ähnlich die polytheistischen Religionen der antiken Völker (zumindest formal), während institutionalisierte monotheistische Religionen zur aggressiven

Intoleranz neigen: das Christentum – trotz und entgegen der Botschaft Jesu – und gegenwärtig besonders der Islam sind Beispiele.
Lesetipp: Gustav Mensching: Toleranz und Wahrheit in der Religion, München, Hamburg 1966.

„Rentenformel"
Im Unterschied zur klaren Kalkulation einer Privatversicherungsrente handelt es sich hier um eine Formel zur Berechnung der „gesetzlichen" Rente, die vielfach von schwankenden politischen Faktoren abhängt (demografische Entwicklung, Entwicklung der Gehaltssumme). Insbesondere die seit 1957 eingeführte „Dynamisierung" sorgte für einen Berechnungsfaktor, der von früheren Zahlungen unabhängig ist und sich an der Entwicklung des allgemeinen Lebensstandards orientiert. Die Umstellung von der Brutto- auf die Nettolohnanpassung (1992) zeigte den Manipulationsspielraum der Politik, ebenso die Anerkennung oder Nichtanerkennung von Zeiten, in denen nichts eingezahlt worden ist (z.B. der Ausbildung oder der Kindererziehung). Schließlich zerstört die zunehmende Steuerfinanzierung (Bundeszuschuss 2007: ca. 80 Mrd. Euro, bald ein Drittel!) endgültig den Charakter einer „Versicherung". Es geht hier vielmehr um eine allgemeine Volksversorgung im Alter, wie sie, auch in der Höhe, außerhalb der untergegangenen sozialistischen Systeme weltgeschichtlich einmalig ist (in Deutschland bestehen 85 Prozent des Alterseinkommens aus Staatsrente). In der heraufziehenden demografischen Krise wird dieses System zur Falle.
Lesetipp: Gisela Babel: Die Gesundbeter, 2. Aufl., Sankt Augustin 2003.

Revolution
Gewaltsamer Umsturz, der nicht nur das Personengefüge an der Spitze eines Staates gewaltsam auswechselt, sondern die soziale und wirtschaftliche Gesamtstruktur zur Disposition der Revolutionäre stellt: eine Tragödie für jede von ihm heimgesuchte Gesellschaft. Solchen Gewaltausbrüchen, die vielen Menschen, manchmal Millionen, das Leben kosten, ist durch rechtzeitige, kluge Reformen vorzubeugen bzw. sie müssen energisch bekämpft werden. Die berüchtigsten Revolutionen sind die von 1917 in Russland und die von 1933 in Deutschland.
Lesetipp: Pitirim Sorokin: Die Soziologie der Revolution, München 1928.

Richter, Eugen (1838–1906)
Einer der unbeugsamen Streiter für individuelle Freiheit, Marktwirtschaft, Rechtsstaat und Demokratie zur Bismarck-Zeit, Mitglied erst der Fortschrittspartei, dann des von ihm mitgegründeten Freisinns. Ein Gegner, den Bismarck neben Windthorst (Zentrum) am meisten hasste. Seine „Sozialdemokratischen Zukunftsbilder, frei nach Bebel" (1891, neu aufgelegt bei „eigentümlich frei", 2007) zeigen als erste realistische Negativutopie, was dann tatsächlich nach 1917 in Russland und später auch in Ostdeutschland an sozialistischer Tyrannei und ökonomischem Niedergang erlebt wurde. Richter galt damals als „Linksliberaler", da die damaligen „Rechtsliberalen" sich mit Bismarck, seinem Protektionismus und seiner bevormundenden Sozialpolitik arrangiert hatten.
Lesetipp: Detmar Doering: Eugen Richters Bedeutung für die Gegenwart, in: Jahrbuch zur Liberalismusforschung, 19, 2007, S. 21ff.

Robin Hood
Leitfigur unserer Sozialpolitiker, die unter einer Art „Robin-Hood-Komplex" leiden. Robin Hood war einer der populärsten Banditen Englands im 14./15. Jahrhundert. Im berühmten Sherwood Forest bei Nottingham raubte er weltliche und geistliche Herren aus, um die Beute unter die Armen, soweit sie seine Freunde waren, zu verteilen und seine Gefolgschaft zu versorgen. Dieses Geschäft besorgen heute die „Sozialkleptokraten" der Wohlfahrtsstaaten mit dem besten Gewissen der Welt, gestützt auf eine Legalität, die allerdings mit der Moralität auf schlechtem Fuß steht.

Römisches Reich
Berühmtestes Beispiel für den Aufstieg und den Fall eines Imperiums (753–476). Dieses Reich scheiterte an dem fiskalischen Terror einer Bürokratie, der die ökonomische und finanzielle Basis im Abwehrkampf gegen die Barbaren entscheidend schwächte. Hinzu kamen innere Kämpfe von rivalisierenden Armeen und ihrer Chefs. Es setzte schon im dritten Jahrhundert eine allgemeine Desertion der Bürger ein (Stadtflucht, ja Zivilisationsflucht, Aufstieg von Erlösungsreligionen, demografische Verweigerung). Die Hauptstadt Rom sank von 1,5 Millionen Einwohnern (zweites Jahrhundert) auf bis nur noch 15.000 im siebten Jahrhundert. Bis zum Wiederaufstieg der Städte einige Jahrhunderte später verabschiedeten sich Kunst und Wissenschaft aus Europa. Analphabetische Barbarenstämme aus Deutschland regierten das ehemalige Reich im Westen. Über den Untergang hinweg sicherte die römisch-katholische

Kirche – eine Fortsetzung des Römischen Imperiums mit umgekehrten Wertvorzeichen – eine gewisse Kontinuität und Neuintegration. Der Niedergang des Oströmischen Reiches zog sich noch einige Jahrhunderte hin.

Max Weber, Edward Gibbon, Michael Grant, Michael Rostovtzeff, Alexander Demandt haben die Auflösung dieses Reiches eindrucksvoll geschildert, auch Ferdinand Gregorovius, was das Schicksal der Stadt Rom im Untergang und im Mittelalter betrifft.

Lesetipp: Gerd Habermann: Der Untergang des Römischen Reiches: Ein historisches Lehrstück zum Thema Freiheit und Bürokratie, in: Roland Baader (Hrsg.), Die Enkel des Perikles. Liberale Positionen zu Sozialstaat und Gesellschaft, Resch-Reihe, Gräfelfing 1995, S. 217–228.

Rothbard, Murray N. (1926–1995)

Rothbard ist der wortgewaltigste Vertreter des amerikanischen Anarchokapitalismus oder „100-Prozent-Kapitalismus", etwas exaltierter Schüler von Ludwig von Mises mit einer Stiftungsprofessur an der Staatsuniversität in Las Vegas. Rothbard hat dem modernen Anarchokapitalismus sein breites ökonomisches Fundament gegeben, dies im Anschluss an die „Österreichische Schule". Der Staat als „Gangster", „Räuber" und „Kidnapper" (Schulzwang) soll durch privates Unternehmertum und Freiheit ersetzt werden. Obwohl Rothbards Positionen in dogmatischen Absurditäten enden, ist er doch als faszinierender und umfassend gebildeter Individualanarchist, auch durch seine vorzügliche ökonomische Ausbildung, außerordentlich anregend. Sein wichtigster Schüler ist der Deutsche Hans-Hermann Hoppe.

Lesetipps: Murray N. Rothbard: Ethik der Freiheit, St. Augustin 1999; Hans-Hermann Hoppe: Demokratie. Der Gott, der keiner ist, Leipzig 2003.

„Ruinöse Konkurrenz"

Jede Konkurrenz kann für unterlegene Wettbewerber „ruinös" sein. In Branchen mit starkem Wettbewerb ist man daran gewöhnt und der Ausdruck kommt dort nicht vor. Dagegen wird er dort gebraucht, wo Berufsgruppen mit gewissen politischen Bestandsgarantien an „richtigen" Wettbewerb nicht gewöhnt sind und seine Einführung in der Tat für eine ziemliche „Bereinigung" unter den anbietenden Firmen sorgen würde. Es ist nicht unmoralisch, das Ausscheiden von Mitbewerbern auch durch Preisunterbietung unter die Selbstkosten, also durch „Preisschleuderei", zu betreiben. Dies gehört vielmehr zu den

„Kriegslisten“. Schließlich bezahlt der Angreifer dieses Manöver selbst. Angreifbar und in seinen Folgen tatsächlich „ruinös“ wird freilich eine Konkurrenz, bei der einige Konkurrenten subventioniert werden, also Staatsmittel oder sonstigen Staatsschutz in Anspruch nehmen können, so etwa bedrohte Großunternehmen, während deren kleine oder mittlere Wettbewerber weiter unter Marktbedingungen arbeiten und unbemerkt sterben dürfen.

Rundfunksteuer

Eine Ungerechtigkeit und sachliche Absurdität stellt seit Langem das System des öffentlichen Rundfunks und Fernsehens in Deutschland dar. Unabhängig davon, ob man öffentlich-rechtliche Sender nutzt oder nicht, muss man für sie bezahlen – dies stellt die GEZ (Gebühreneinzugszentrale, mit hoheitlicher Polizeimacht) sicher. Nach dem Vorschlag des Rechtslehrers Paul Kirchhof, der damit sein liberales Image lädiert, wird nun ab 2012 eine allgemeine Rundfunksteuer für jeden Haushalt und jeden Betrieb (bisher waren Letztere zu 60 Prozent abgabenfrei) fällig, unabhängig davon, ob man überhaupt ein Rundfunkgerät besitzt. Gleichzeitig werden die zusätzlichen Werbeeinnahmen nicht verboten und damit die private Konkurrenz, die darauf angewiesen ist, geschädigt. So haben wir nun endlich den fast vollendeten Staatsfunk. Begründet wird dies mit dem „Bildungsauftrag“ (Rosamunde Pilcher, Traumschiff, Tatort, Wetten dass ...). Wo bleibt der Aufschrei der Liberalen?

S

Sachleistungsprinzip

Antiquierte Abgabe von Gütern und Dienstleistungen an Endverbraucher ohne Rechnungsstellung. So etwas kann sich nur ein Staat erlauben, der sich die Mittel zur Finanzierung anderswo mit Zwang beschaffen kann. Das Sachleistungsprinzip entspricht dem uralten Prinzip des Sozialismus: jedem nach seinen Bedürfnissen, ohne Rechnung. Das „Sachleistungsprinzip“ regierte ursprünglich vor allem in der Familie und in echten Gemeinschaften, wo etwa am familiären Mittagstisch jeder unabhängig von seinem Beitrag zum Familiensozialprodukt selbstverständlich und ganz legitimerweise natural versorgt wird. Heute herrscht es besonders im Gesundheitswesen und im Bildungsbereich. Die Folgen sind immer dieselben: Von einem Gut, das umsonst abgegeben wird, wird mehr verlangt, als wenn man für seine Kosten, zumindest teilweise, selbst aufzukommen hat.

Damit ist der wirtschaftlichste Verbrauch ausgeschaltet und es kommt zur Verschwendung knapper Ressourcen, die wiederum zur Rationierung führt.

Salamanca, Schule von

Liberalismus vor dem Liberalismus: Man findet ihn in dieser Schule des spätscholastischen Naturrechts aus dem 16. Jahrhundert, von Dominikanern, Franziskanern und Jesuiten getragen. Weder Adam Smith noch François Quesnay sind die Väter der modernen Ökonomie und namentlich der Österreichischen Schule, sondern diese mönchischen Lehrer an der Universität des spanischen Salamanca (und portugiesischen Coimbra). Individualistisches Naturrecht, Völkerrecht, politische Vertragstheorie und die Lehre vom Unternehmertum, vom Handel und vom Zins und besonders die subjektive Wertlehre fanden hier wesentliche Inspirationen. Namen, die in dem Zusammenhang wichtig sind, sind u. a. Luis de Molina, Francisco Suárez, Francisco de Vitoria. Wer hätte gedacht, dass die katholische Kirche insoweit Schöpferin der Lehre vom liberalen Naturrecht und moderner Wirtschaftstheorie geworden ist, abgesehen schon von Thomas von Aquin?
Lesetipp: Michael Novak: Die katholische Ethik und der Geist des Kapitalismus, Trier 1996.

Sarrazin, Thilo (geb. 1945)

Dieser unerschrockene Mann ist zwar kein Liberaler im Sinne einer Mitgliedschaft bei der FDP (er ist SPD-Mitglied), aber sein Buch „Deutschland schafft sich ab“ (2010) ist doch der erste umfassende Angriff auf den ausufernden deutschen Wohlfahrtsstaat seit Erhard Röpke und Wolfram Engels. Er belegt mit reichlich Statistik die Fehlentwicklungen: Eine zu üppige Grundsicherung (60 Prozent des Durchschnittseinkommens) immobilisiert die Unterschichten und zieht namentlich aus der Türkei und dem arabischen Raum Einwanderer an, die bei uns mit Sozialleistungen besser leben können als in ihren Heimatländern mit Arbeit und sich hier überdies weit stärker vermehren als die deutsche Bevölkerung. Seine Vorschläge: Reduzierung der Transfers, kombiniert mit Arbeitspflichten nach amerikanischem Vorbild (z. B. Wisconsin); stärkere Selektion bei der Einwanderung (Vorbild: ebenfalls USA); emotionale Werbung für mehr deutsche Kinder. „Wer sich bei der Geburtenrate nichts zutraut, braucht bei der Welttemperatur gar nicht erst anzutreten.“

Schäffler, Frank (geb. 1968)
Wer an der FDP und ihrem Schwund-Liberalismus verzweifeln möchte, begegnet in Frank Schäffler, seit 2005 Mitglied des Bundestags, einem Mann, der neue Hoffnung auf den Wiederaufstieg der FDP macht. Als beinahe einziges Mitglied der FDP-Fraktion opponierte er von Anfang an (Mai 2010) bis heute, wo die Vergemeinschaftung der nationalen Schulden durch den „ESM“ droht, gegen den Bruch der Europäischen Verträge (Art. 125 „no bailing out“) und gegen die Preisgabe der Unabhängigkeit der Europäischen Zentralbank und aller bis dahin gelobten monetären Stabilitätsprinzipien. Er ist wohl der einzige Parlamentarier, der unbeirrt und in sachlicher Form die Wahrheit über die Lage einiger mediterraner Staaten wie Griechenland und deren Konsequenzen ausspricht – und darüber hinaus die Wurzeln der Staatschulden – und die Finanzkrise benennt: das Papiergeldmonopol des Staates (hier fordert er im Sinne von Hayeks eine Zulassung von Währungswettbewerb, auch privat emittierter Währungen). Schäffler konnte auf dem 62. Parteitag der FDP in Rostock ein Drittel der Delegierten auf seine Seite bringen und ist jetzt auch im Bundesvorstand dieser Partei. Weiter so!
Lesetipp: www.frank-schaeffler.de.

Schattenwirtschaft
Der Bereich der Wirtschaft, der sich umso mehr ausdehnt, je mehr der Staat durch ungerechte Sozialisierung von Einkommensteilen (gegenwärtig selbst für den normalen Erwerbstätigen zwischen 50 und 60 Prozent) zugreift. Je höher die Abgaben, desto mehr wandert die Arbeit in den „illegalen“ Schwarzmarkt ab, bei bestem Gewissen derjenigen, die dies tun. Sie fühlen sich eben gegenüber einem räuberischen Staat im Notstand. Die Politik versucht die „Schattenwirtschaft“ mit polizeilichen Kontrollen und Geldbußen in den Griff zu bekommen, während doch mehr Respekt vor dem Eigentum der Bürger die einzig wirksame Gegenmaßnahme wäre. Je höher die Staatsquote, desto größer die Schattenwirtschaft. Darum ist sie in der Schweiz, in Japan und in den USA auch relativ gering. Die Ausdehnung der Schattenwirtschaft beweist, dass Arbeit genug da ist, nur nicht zu jedem Preis und unter allen Umständen. Die Schattenwirtschaft boomt und sorgt damit für ein Ventil der Unzufriedenheit, die sich sonst vielleicht in politischen Aufständen Luft machen würde. Die Schattenwirtschaft unter den Bedingungen des Wohlfahrtsstaates wird zum wichtigen, wenn auch vom Staat polizeilich bekämpften Teil der Wohlstandsschaffung.

„Scheinselbstständigkeit“
Kampfbegriff der Politik gegen jene, die sich durch vorsichtigen Einstieg in die Selbstständigkeit dem Sozialfiskus entziehen möchten. Es beginnt die „große“ Selbstständigkeit mit eigenen Arbeitnehmern und vielen Kunden und Auftraggebern eben häufig mit der „kleinen“. Statt dieses zarte Pflänzchen zu ermutigen, sucht die Politik diese „Scheinselbstständigkeit“ im Interesse des Sozialfiskus mehr oder weniger niederzumachen. Der Wohlfahrtsstaat existiert eben dadurch, dass die Bürger möglichst „abhängig“ von seinen Leistungen sind. Würden mehr Bürger selbstständig denken und handeln, hätten wir ihn nicht. Dies fürchten jene, die von der sozialen Beherrschung anderer Menschen leben und damit – wie viele Politiker – ihr Geschäft machen. Besser zu 50 Prozent selbstständig als zu 100 Prozent abhängig!

Schiller, Friedrich (1759–1805)
Dies ist *unser* wichtigster Dichter, ihr Liberalen! Sein Enthusiasmus, seine funkelnde Sprache, seine scharfe Psychologie und dies im Dienst der „Religion der Freiheit“ verdient anhaltende Bewunderung, abgesehen von seinem Mut: Damals kostete eine liberale Einstellung noch etwas. Nicht nur seine Dramen sind hier zu nennen, sondern auch seine philosophischen Essays und politischen Schriften, darunter besonders: „Die Gesetzgebung des Lykurg und des Solon“, in welcher er Athen als Sitz der Freiheit und der Musen feiert und Spartas Zwang und kulturelle Dürftigkeit verwirft. Zur Französischen Revolution, als sie entartete, stand er kritisch, wie Goethe von Anfang an. Nach den stürmischen und bitteren „Räubern“ wird er bald ein besonnener Reformer. Der Nationalsozialismus liebte ihn nicht, wie sich versteht und untersagte gelegentlich Aufführungen des „Wilhelm Tell“.
Lesetipp: Robert Nef: Der Dichter der Freiheit. Ein Friedrich-Schiller-Brevier, Bern 2000.

„Schöne Neue Welt“
Berühmter utopischer Zukunftsroman von Aldous Huxley (1894–1963), dem sich unser Wohlfahrtsstaat mit seiner „Rundum-Sorglos-Philosophie“ und seiner Feindschaft gegen unabhängige Gemeinschaften und individuelle Lebensrisiken zunehmend annähert. Der Wohlfahrtsstaat erzeugt einen Menschentypus, der, wie in Huxleys Zukunftsbild, Problemen aus eigenen Kräften kaum mehr gewachsen ist, weder ökonomisch noch psychisch, und daher, sobald sie auftreten, sein Heil in Narkotika

und sonstigen Beruhigungsmitteln sucht. Noch ist freilich jene Universaldroge („Soma") nicht erfunden, die in Huxleys Roman eine so zentrale, kalmierende Rolle spielt.
Lesetipp: Aldous Huxley: 30 Jahre danach oder Wiedersehen mit der Schönen Neuen Welt, München 1960.

Schwarz, Gerhard (geb. 1951)
Ein führender freiheitlicher Publizist der Schweiz. 1981 Eintritt bei der Neuen Zürcher Zeitung, seit 1994 Ressortleiter Wirtschaft. Herausgeber zahlreicher dezidiert liberaler Bücher (z. B. zur „Neidökonomie"). Autor vieler Essays und Leitartikel. Mitgründer und langjähriger Vorsitzender der deutschen Friedrich August von Hayek-Gesellschaft. Derzeit (seit 2010) Direktor von „Avenir Suisse", einem Schweizerischen Thinktank.
Lesetipp: Gerhard Schwarz: Die soziale Kälte des Liberalismus – Versuch einer Klärung, St. Augustin 1992.

„Schwarzbuch des Kommunismus"
Was ein verworrenes, neid- und hassgeprägtes Verständnis von „sozialer Gerechtigkeit" anrichten kann, zeigt die Bilanz der Untaten des Kommunismus im 20. Jahrhundert. Nach dem u. a. von Stéphane Courtois verfassten „Schwarzbuch des Kommunismus" (München 1996), gingen 80 bis 100 Millionen Menschen durch Massenmord und indirekte Tötung über Hungerkatastrophen zugrunde. Hätten sie dazu mehr Zeit gehabt, wären die „nationalen Sozialisten" gewiss auch auf ähnliche Werte gekommen (sie verbuchen etwa 25 Millionen). Es sind eben Kinder derselben Familie: des „Totalitarismus". Ob es nun „Rassen" oder „Klassen" sind, gegen die man sich richtet, ist dagegen von sekundärer Wichtigkeit. Beim marxistischen Kommunismus handelt es sich um einen verkommenen Darwinismus, der sich der sozialen Frage zuwendet.

Schwarzmarkt (siehe Schattenwirtschaft)

Schweiz
Seit Langem das gelobte Land der Liberalen und der Patrioten: ein wehrhaftes Land, das sich seit Jahrhunderten nicht mehr in weltpolitische Turbulenzen gestürzt und seine Unabhängigkeit gegen alle imperialen Bedrohungen, gegenwärtig namentlich durch die EU, zu behaupten verstand, heute besonders verkörpert in der inzwischen größten Partei, der Schweizerischen Volkspartei (SVP) mit ihrer charismatischen Leitfigur.

Was mag der Liberale an der Schweiz? Zunächst die Kleinstaatlichkeit mit ihren überschaubaren Verhältnissen, wo der Bürger durch das Mittel der virtuos entwickelten Direktdemokratie auf allen politischen Ebenen mehr Aktivbürger sein kann als in jedem anderen Staat, obwohl auch hier natürlich die politische Repräsentation den Alltag bestimmt (aber doch weitgehend nur über Milizpolitiker im Ehrenamt). Die Parteien haben nicht die dominierende Funktion wie namentlich in Deutschland, wo sie den Staat in Beschlag genommen haben. Dann die schier unfassbare Nonzentralisation über Kantone und Gemeinden mit jeweils Verfassungs- und Steuerhoheit. Ein echter Föderalismus! Die erhalten gebliebene bürgerliche Tüchtigkeit, der relativ kleine Sozialstaat, die Heimatbezogenheit kombiniert mit größter Weltläufigkeit über den Handel und kulturellen Austausch, das Kunstwerk einer Föderation aus mehreren Volksfragmenten, freilich mit quantitativer Dominanz des deutschsprachigen Teils. Traditionell ist die Schweiz ein Fluchtpunkt und Asyl für bedrohtes ökonomisches und geistiges Kapital. Möge es so bleiben!
Lesetipp: Gerd Habermann: Der komparative Vorteil der Schweiz, in: Gerd Habermann, Marcel Studer (Hrsg.): Der Liberalismus – eine zeitlose Idee, München 2011, S. 21ff.

„Selbstausbeutung“
Eine missvergnügte Abwertung von Idealismus und persönlichem Einsatz auch ohne präzise monetäre Bilanzierung. Gern von den Gewerkschaften und lieblosen Menschen gebraucht, die immer auf einen genau bezifferbaren Gegenwert für ihre Leistungen pochen und grundsätzlich nichts „umsonst“ machen.

Selbstbeteiligung
Die „Selbstbeteiligung“ ist eine Form privater Kostenbeteiligung im öffentlichen Sozialbereich. Sie kann das so verschwenderische Null- oder Sozialtarifsystem korrigieren. In Gestalt einer fühlbaren Selbstbeteiligung von den Arztkosten bis hin zum Krankenhausaufenthalt lässt sich so die Gesellschaft in diesem Teilbereich „reprivatisieren“. Mehr „Selbstbeteiligung“ sollte es überdies auch im politischen Prozess geben: indem die Bürger mehr Möglichkeit haben, durch Volksinitiative, Referendum und Volksentscheid in Einzelfragen auf den Gang der Dinge einzuwirken. Dies würde der allgemeinen Politikverdrossenheit entgegenwirken. Persönlicher Einsatz wäre gefragt und zeigte Wirkung!

Selbsthilfe

„Wenn du eine hilfreiche Hand brauchst, so suche sie am Ende deines rechten Armes", soll Abraham Lincoln gesagt haben. Selbsthilfe entspricht dem Grundsatz der Menschenwürde. Nur wer sich selbst unter keinen Umständen helfen kann, dem sollten die anderen beistehen. Nach dem Subsidiaritätsprinzip sind dies zunächst Familie, Freunde, Nachbarschaft, freie Vereine. Der Staat sollte nur im Notfall angerufen werden. Denn politische Fremdhilfe heißt nun einmal: zwangsweise auf Kosten der Mitmenschen. Früher gab es auch einmal im politischen Bereich „Selbsthilfe". Ein Überrest hiervon ist das „gun-right" in den USA und das liberale Waffenrecht in der Schweiz. Gut aufgestellt und überlebensfähig ist nur eine Gesellschaft, die vom Geist der Selbsthilfe durchdrungen ist.

Leider kein Lesetipp: Wer schreibt eine Monografie zu diesem faszinierenden Thema?

Selbstständigkeit

Der vom Wohlfahrtsstaat zutiefst gehasste oberste Wert einer freien Gesellschaft. Auf sich selbst angewiesen zu sein, bedeutet, insbesondere ökonomisch und sozial unabhängig und somit auch nicht dem Kommando und sich täglich ändernden Anweisungen einer Bürokratie oder den demagogischen Launen der Berufspolitiker ausgeliefert zu sein. Der politische Kampf der letzten 100 Jahre lässt sich als ein Kampf gegen die soziale und wirtschaftliche Selbstständigkeit der Bürger verstehen. Nur noch die kleine Gruppe der ökonomisch voll Selbstständigen ist in Deutschland frei vom Sozialversicherungszwang. Indessen liegen die Programme schon bereit, auch sie um dieses wichtige Merkmal ihrer

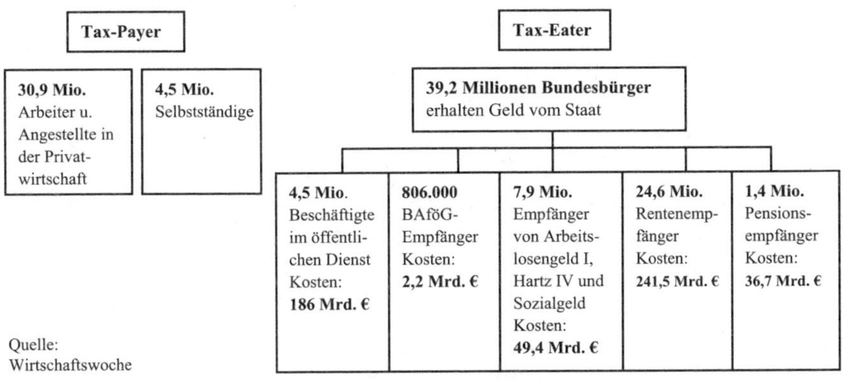

Quelle: Wirtschaftswoche

Selbstständigkeit zu bringen („Bürgerversicherung“). Da mit dem Verlust an Selbstständigkeit auch ein Verlust an Energie und Motivation einhergeht, ist die Wiederherstellung von Selbstständigkeit (Eigentum und Freiheit) der Kern jeder nachhaltigen Sozialreform.

„Selbstverwaltung“

Delegation von politischer Verantwortung ist umso besser, je weiter sie geht. Die sogenannte „soziale Selbstverwaltung“ dagegen mit Wahlen innerhalb der Sozialversicherung ist eine Farce, da alle großen Entscheidungen in Parlament und Bürokratie getroffen werden. Indessen ist die soziale Selbstverwaltung eine willkommene Krippe und Versorgungsstelle für die großen Sozialverbände, namentlich die Gewerkschaften. Solange „Selbstverwaltung“ nur Auftragsverwaltung durch schlecht oder gar nicht bezahlte Ehrenämter ist, ist sie lediglich ein Mittel der Entlastung des Fiskus. Interessant ist eigentlich nur echte „Selbstregierung“, d.h. die freie Verfügung über eigene Budgets und der Besitz echter Entscheidungskompetenz. In Deutschland haben indessen die angeblich „selbstverwalteten“ Kommunen nicht einmal das Recht, eigene Abgaben zu erheben, von der Gewerbesteuer und einigen Bagatellsteuern abgesehen. Die Steuerhoheit ist jedoch das wichtigste Merkmal echter Selbstverwaltungs- oder Selbstregierungskompetenz. In diesem Sinne ist eine Verstärkung der Selbstverwaltung zu wünschen. „Wirtschaftliche“ Selbstverwaltung – an sich nützlich – ist nur zu akzeptieren, wenn sie nicht mit Beitrittszwängen wie bei den Wirtschafts- und Handelskammern verbunden ist, sondern auf freier Nutzerfinanzierung beruht. Auch hoheitliche Funktionen könnten auf solche privaten Vereine auf dem Wege der „Beleihung“ übertragen werden.
Lesetipp: Adolf Gasser: Gemeindefreiheit als Rettung Europas, 2. Aufl., Basel 1947.

Selbstverwirklichung

Selbstverwirklichung sollte das oberste Ziel jedes Individuums sein: Was kann es Wichtigeres geben als seinen Daseinsauftrag zu realisieren? Die Frage ist nur, worin diese „Verwirklichung“ besteht. Nur zu häufig läuft sie in den letzten Jahrzehnten auf krassen Egoismus und auf ein anspruchsvolles Leben auf Kosten anderer hinaus. Die Gemeinschaften haben darum viel von ihrer Bindungskraft verloren. Selbstverwirklichung kann und sollte genauso in einer idealistischen Hingabe an sachliche und

menschliche, überpersönliche Zwecke bestehen, also im „Altruismus“ in diesem Sinn. Es ist auch keinesfalls im wohlverstandenen „egoistischen“ Interesse nur an die Maximierung seiner Lustbilanz zu denken und das Funktionieren des sozialen Gesamtensembles, aus dem man doch hervorgegangen und in das man eingebettet ist, zu vergessen. Diese Haltung schlägt leicht gegen die „Egoisten“ zurück. Ein Denken dieser Art wird berechtigterweise durch den „Kommunitarismus“ bekämpft.
Lesetipp: Günter und Peer Ederer: Das Erbe der Egoisten, 2. Aufl., München 1995.

Smith, Adam (1723–1790)
Kaum ein Ökonom ist so jämmerlich fehlgedeutet worden wie dieser fein gebildete Schotte, der nicht nur ein herausragender Deuter und Schilderer der spontanen Ordnung der arbeitsteiligen Marktwirtschaft war, sondern vor allem auch ein Mann, der die moralisch-geistigen Voraussetzungen einer solchen Ordnung detailliert beschrieben hat – und dies alles in einer bezaubernden Sprache. Die Überspezialisierung und Mathematisierung der Ökonomie macht es dringlich, zu den Grundlagen ökonomischen und moralischen Denkens zurückzukehren, um die Basis unserer freien Ordnung zu verstehen und so imstande zu sein, sie überzeugend gegen eine Ignoranz zu verteidigen, die auch gegenwärtig und sogar in zunehmendem Maße dabei ist, die Grundlagen von Freiheit und Wohlstand zu erschüttern. Man schaffe sich die „Theorie der ethischen Gefühle“ und die „Untersuchung über Wesen und Ursachen des Reichtums der Völker“ umgehend an, wenn sie in der persönlichen Bibliothek noch fehlen sollten.
Lesetipp: Gerd Habermann (Hrsg.): Der Weg zum Wohlstand. Ein Adam-Smith-Brevier, 2. Aufl., Bern 2008.

„Solidarischer Wettbewerb“
Begriffliche Spottgeburt aus dem „Gesundheitswesen“. Es soll zwar Wettbewerb zwischen den gesetzlichen Krankenkassen (Orts-, Betriebs-, Innungs-, Ersatzkassen) geben, aber die in diesem Wettbewerb erzielten Gewinne werden durch einen „Risikostrukturausgleich“ wieder so aufgeteilt, dass die Anreizwirkung fast verloren ist. Da außerdem den Kassen neue Wettbewerbsparameter, z. B. alternative Leistungsangebote oder Wahltarife, nicht ermöglicht wurden, ist der Leistungswettbewerb eine Farce geblieben. Dieser „solidarische Wettbewerb“ gehört zu den Halbheiten, die immer wieder eine definitive Lösung der Probleme in

diesem Bereich verhindern, aber ständig Umstellungskosten verursachen und die Zukunft für die bedauernswerten Beteiligten, namentlich die Anbieter, unkalkulierbar machen.

„Solidaritätsprinzip“

Sofern mit gesetzlichen Zwangsmitteln durchgesetzt, eine höchst ungesunde Art von kollektivem Egoismus, speziell auf nationaler Ebene nach der Devise: „Und willst du nicht mein Bruder sein …“ Solidarität ist unentbehrlich in freien Gemeinschaften, von der Familie aufwärts, dort allein hat sie auch ihren moralischen Wert. Sie verlangt eine „Ethik des Teilens“, die nicht ohne Verlust ihres moralischen Charakters auf die nationale Ebene übertragen werden kann. Diese Ethik des „familiären Teilens“ ist auf nationaler Ebene nur in Ausnahmezuständen (z. B. Lastenausgleich nach Kriegen oder bei Naturkatastrophen) moralisch vertretbar. „Solidarität“ ist das Hauptschlagwort zu der im großen Stil organisierten Zwangsumverteilung, speziell über das Steuer- und Sozialversicherungssystem. Sie läuft im Ergebnis auf eine Ausbeutung einer Minderheit der „Besserverdienenden“ durch die Majorität der „Schlechterverdienenden“ hinaus. Derzeit tragen 15 Prozent der steuerzahlenden Bevölkerung über zwei Drittel des Einkommensteueraufkommens.

Sonderwirtschaftszone

Eine regionale Sonderzone mit niedrigen Steuersätzen, wenig Bürokratie, möglichst viel unternehmerischer Freiheit, wie z. B. an der chinesischen Küste, zeigt, was ein freier Markt vermag. Hätte man eine solche Freihandelszone nach der Wiedervereinigung in den neuen Bundesländern eingerichtet, statt diese mit westdeutschen Bürokratie- und Subventionsstandards „tot zu fördern“, ständen wir heute nicht vor Problemen wie Abwanderung, Arbeitslosigkeit und allgemeinem Missmut. Man stülpte den bereits überholten westlichen Wohlfahrtsstaat einfach dem „Osten“ über. So haben wir ein Dauerproblem geschaffen, dem die Regierung nicht gewachsen ist und auf das die Parteien bisher die Antwort schuldig geblieben sind.

Sonntagsarbeit

Der Sonntag soll gewiss geheiligt werden, aber brauchen wir dazu gesetzliche Zwangsregelungen wie in Deutschland, namentlich eine immer noch weitgehende Regulierung der Ladenöffnungszeit? Länder, die christlicher sind als Deutschland, z. B. die USA, zeigen, dass dies der Frömmigkeit und der familiären Freizeit keinen Abbruch tun muss. Man erhält nur eine zusätzliche Option. Starke Sitten sorgen dafür, dass dieser Sonntag geachtet bleibt, auch wenn man dort an diesem Tag gemütlich einkaufen kann. Niemand wird überdies dazu gezwungen, seinen Laden am Sonntag offenzuhalten. Die verzwickten Sonderregeln über „erlaubte“ Arbeit am Sonntag führen nur zu mehr Bürokratie.

„Sozial“
Der mit Abstand politisch-demagogisch am meisten missbrauchte Ausdruck unserer Zeit. Ein Begriff, der trotz seiner Unbestimmtheit immer wieder zum Totschlagargument wird und offenbar für viele eine Art Religionsersatz darstellt. Wenn damit etwas anderes gemeint sein soll als das neutrale „zwischenmenschlich“, kommt man unweigerlich zur Einschätzung von Friedrich August von Hayek: „So irreführend das Hauptwort ‚Gesellschaft‘ ist, es ist immer noch harmlos verglichen mit dem Adjektiv ‚sozial‘, das wahrscheinlich das verwirrendste Wort in unserem gesamten moralischen und politischen Wortschatz ist.“ Die vielen folgenden Zusammensetzungen mit dem Ausdruck „sozial“ zeigen, wie sehr diese Einschätzung von Hayeks zutrifft.

Sozialabbau
Kampfbegriff der Sozialdemokraten und Gewerkschaften, wenn es darum geht, ausgeuferte soziale Versorgungssysteme und arbeitsrechtliche Reglementierungen, die mit hohen Abgabenquoten, weniger Freiheit und Lähmung der Eigeninitiative erkauft sind, auf ein dem Individuum nützliches und mit Freiheit und Eigentum vertretbares Maß zurückzuführen. Mit diesem „Abbau“ werden individuelle Kräfte neu belebt, die soziale Privatinitiative sowie die echte Nächstenliebe und spontane Solidarität findet wieder mehr zu tun, es geht also, genauer gesagt, eher um einen „Wiederaufbau“ von moralisch-sozialer Energie!

„Sozialbindung des Eigentums“
Vager Begriff des Grundgesetzes, typischer Formelkompromiss (Artikel 14 Abs. 2), mit dessen Auslegung sich unsere bedauernswerten Verfassungsrichter ständig herumschlagen müssen. Das Eigentum ist als „Institution“ an sich die für alle nützlichste Einrichtung und der Eckpfeiler einer freien Gesellschaft. Die Formel zeugt von dem Nichtbegreifen die-

ser Sozialfunktion. Eigentum muss sich in einer Marktgesellschaft unter Wettbewerbsbedingungen immer der „sozialen“ Bewährung stellen, bei Strafe des Eigentumsverlusts. Die „Sozialhilfe“ kennt Kundschaft aus allen sozialen Schichten. Wer sein ererbtes oder erworbenes Eigentum heute nicht klug einsetzt, dem droht unvermeidlich der persönliche Abstieg. Dagegen sollten Verbände, wie namentlich die Gewerkschaften, die durch ihre Hochlohnpolitik Arbeitslosigkeit verursachen, einer besonderen „Sozialbindung“ unterworfen werden. Sie verfügen über Sonderrechte, die sich mit einer freien Gesellschaft nicht vertragen, von der „Nichtabdingbarkeit“ der von ihnen vereinbarten Tarife über die mittelalterlichen Folterinstrumente („Streik“) bis hin zu einer Mitbestimmung ohne Mithaftung durch Eigentum.

Sozialdemagogie
Die verlogenste Form politischer Hetzpropaganda unter Ausnutzung von Unwissenheit und Neidinstinkten der Bürger. Es wird suggeriert, dass das Bestrafen der „Tüchtigen“, das Herunterziehen der „Besserverdienenden“ im Interesse des „kleinen Mannes“ sein soll. Bewusst wird übersehen, dass sich in einer Marktwirtschaft „Stärke“ aus der Abstimmung der Konsumenten über die Nützlichkeit von Leistungen ergibt. Setzt sich Sozialdemagogie mit speziellen Reichtumssteuern oder konfiskatorischen Grenzsteuersätzen und einer Einengung unternehmerischer Freiheit durch, ist das betroffene bedauerliche Land zum Abstieg verurteilt. Ein Musterbeispiel für Sozialdemagogie ist das Programm der „neuen“ Linken/PDS. Dieses Programm, von A bis Z „sozialreaktionär“, zeigt recht präzise die Wege auf, wie man unter heutigen Umständen am schnellsten wirtschaftlich absteigen kann. Es kümmert sich weder um die Aussagen der Wissenschaft noch um historische Erfahrungen, welche die unbelehrbare Linke vielmehr leichtfertig in den Wind schlägt.

„Sozialdumping“
Kampfbegriff aus dem Arsenal der Wettbewerbsgegner. Wenn sich ärmere Länder z. B. den übertriebenen deutschen Standard an Sozialleistungen nicht leisten können und darum international mit geringeren Staats- und Abgabenquoten in den Wettbewerb treten, werden sie von den sozialen Hochkostenländern des „Sozialdumpings“, der unfairen Unterbietung, bezichtigt. Möglichst global allgemeinverbindliche Sozialmindeststandards zu fordern, wie dies die Linken tun, heißt: an die Stelle eines Wettbewerbs der „nationalen Sozialsysteme“ ein internati-

onales Kartell, möglichst zu deutschen Bedingungen zu setzen, um so die bequeme Weiterexistenz des deutschen Wohlfahrtsstaates zu sichern. Ähnlich sind Begriffe wie Steuer- oder Lohndumping zu beurteilen.

„Soziale Errungenschaften“

Gemeint sind hiermit sogenannte „soziale Grundrechte“ als Anspruchsrechte auf entsprechende Staatsleistungen. Im DDR-Sozialismus wurden z. B. ein staatlich garantiertes „Recht auf Arbeit“, ein „Recht auf Wohnung“ oder auf einen Platz in einer Kindertagesstätte als „soziale Errungenschaften“ gefeiert. Das Recht auf Arbeit setzt voraus, dass der Staat über sämtliche Arbeitsstellen der Wirtschaft verfügen kann, also die Unternehmen verstaatlicht, mit den bekannten desaströsen Folgen. Berufswahlfreiheit und Freizügigkeit müssen dann einer zentralen Arbeitskräfteplanung geopfert werden. Die Produktion ist größtenteils Schund, selbst Neubauten erscheinen bereits als Ruinen und der allgemeine Lebensstandard wird immer dürftiger. Die Notwendigkeit gewerblicher Frauenarbeit und der Kampf gegen die Familie führte zu den flächendeckenden staatlichen Familienersatzeinrichtungen („Kitas“), die noch heute als „vorbildlich“ gefeiert werden, als ob nur der Staat solche Einrichtungen hervorbringen könnte und nicht auch der Markt, wenn er nicht durch vielfache Wettbewerbsverzerrungen daran gehindert würde. Die eigentliche „soziale“ Errungenschaft der neuen Zeit ist dagegen die Tatsache, dass die Märkte frei von Monopolen und Privilegien sind (oder sein sollten) und so auch der „kleine Mann“, der nur seine Arbeitskraft hat, durch Leistungswillen und Ehrgeiz sich bis in die oberste Etage hocharbeiten kann.

Soziale Frage

Obwohl im 19. Jahrhundert die Befreiung der Märkte einen nie gekannten Aufstieg des „kleinen Mannes“ brachte, erkennbar an Einkommen, Lebensstandard und Lebenserwartung, gab es dennoch damals viele sozialistische Schriftsteller, die einen Verarmungsprozess im Sinne von „die Reichen werden immer reicher, die Armen immer ärmer“ feststellen zu müssen glaubten. Die soziale Frage war eigentlich *keine Armutsfrage*, sondern eine Frage der Integration der neu entstandenen Arbeitermassen in die bestehenden Institutionen. Namentlich die Bevölkerungszusammenballung in den großen Städten führte zur Auflösung traditioneller Gemeinschaftsbindungen. Privatversicherungen, genossenschaftliche Initiativen, Selbsthilfebewegungen der Gewerkschaften

waren damals so lange auf dem Vormarsch, bis der Staat die soziale Initiative unter und vor allem nach Bismarck fast bei sich monopolisierte. Statt die Etablierung sicherheitsgarantierender Institutionen von unten her abzuwarten, schwächte der Staat diese Bewegungen entscheidend. Wir kämpfen heute mit den Strukturproblemen unseres Wohlfahrtsstaates als Konsequenz damals vorgenommener Weichenstellungen. Der Staat erweiterte im 20. Jahrhundert seinen angeblichen „sozialen Auftrag" und unterwarf schließlich fast die gesamte Bevölkerung seinen Versorgungsdiensten und Abgabezwängen.
Lesetipps: Hans Achinger: Sozialpolitik als Gesellschaftspolitik, 2. Aufl., Frankfurt/M. 1971; Gerd Habermann: Der Wohlfahrtsstaat. Die Geschichte eines Irrwegs, Frankfurt/M., Berlin 1997 (Neuauflage in Vorbereitung).

Soziale Gerechtigkeit
Die Gerechtigkeit des Markts ist so präzise wie die Grammatik: Wer 100 Euro schuldet, muss eben diese 100 Euro zahlen. Die „soziale" Gerechtigkeit ist hingegen eine Schimäre. Hier definieren Regierungen willkürlich, was jeweils als „gerecht" anzusehen ist, wem was zukommt oder, mit Lenins Formel: wer wieviel? Umverteilung, die auf freiwilligem Wege dem Gefühl echter Solidarität, Nächstenliebe oder Barmherzigkeit entspricht, wurde plötzlich zur „Gerechtigkeit". So konnte man, statt vom Nächsten Mitgefühl und Barmherzigkeit zu erwarten, auf sein „gutes Recht" pochen, in dessen Tasche zu greifen und sich so mit gutem Gewissen selber zu bedienen. Im Übrigen wird wohl Friedrich August von Hayek zuzustimmen sein: „Mehr als zehn Jahre lang habe ich mich intensiv damit befasst, den Sinn des Begriffs ‚soziale Gerechtigkeit' herauszufinden … ich bin zu dem Schluss gelangt, dass für eine Gesellschaft freier Menschen dieses Wort überhaupt keinen Sinn hat … Nicht nur ‚soziale Gerechtigkeit', sondern auch ‚soziale Demokratie', ‚soziale Marktwirtschaft' oder ‚sozialer Rechtsstaat' sind Ausdrücke, die dadurch, dass das Adjektiv ‚sozial' den an sich vollkommen klaren Ausdrücken Gerechtigkeit, Demokratie, Marktwirtschaft oder Rechtsstaat hinzugefügt wird, beinahe jede beliebige Bedeutung erhalten können."
Lesetipp: Friedrich August von Hayek: Recht, Gesetz und Freiheit, Tübingen 2005.

Die Communisten.

„Ja, du redest immer von Gleichheit und Gütertheilen, allein ich setze den Fall, wir haben getheilt und ich, ich spare meinen Theil, doch du verschwendest den Deinigen, was dann?"

„Ganz einfach! Dann theilen wir wieder!"

Quelle: Fliegende Blätter, 1847

Soziale Hängematte
Zutreffendes Bild für die Tatsache, dass in Systemen mit umfassender Versorgung durch den Staat die Versuchung stark ist, sich mehr auf Fremdhilfe als auf Eigeninitiative zu verlassen und sich mit Sozialtransfers auszuruhen. Wozu die Mühe eigner Arbeit und Anstrengung, wenn doch so relativ einfach ein sozialer Transfer vom Staat bezogen werden

kann, der einen noch achtbaren Lebensstandard garantiert? Es ist die Gefahr allzu üppig bemessener oder zu leicht gewährter Sozialhilfe, dass sie die Menschen immobilisiert, der Arbeit entwöhnt und erschlaffen lässt. So kann auch die gute Staatsversorgung alleinstehender Mütter dazu führen, diesen Zustand erstrebenswert zu machen und so ihre Zahl zu vermehren; ebenso „Arbeitslosigkeit“, wenn sie durch hohe Lohnersatzeinkommen, Freizeitpotenzial und die Chancen zur Erzielung zusätzlicher Einkommen durch Schwarzarbeit attraktiv geworden ist.

„Soziale Kälte“

„Soziale Kälte“ ist die unvermeidliche Folge einer Verstaatlichung des „Sozialen“, das sonst durch freie Gemeinschaften wie Familie, Kirchen, Vereine, dem sogenannten „dritten Sektor“, und private Versicherungsmärkte gesichert würde. „Liebe“ und „Solidarität“ lassen sich durch staatliche Behörden, die Anspruchsberechtigungen überprüfen und „ohne Ansehen der Person“ handeln müssen, nicht erreichen. Die helfende Hand eines Freundes oder der Familie ist gewiss „wärmer“ als die eines persönlich unbekannten und gleichgültigen Staatsbeamten. „Soziale Wärme“ gibt es nur in echten Gemeinschaften. Sie lässt sich nicht anonymisieren, nicht bürokratisieren, ohne ihre Substanz zu verlieren. Darum gilt die Formel: je weniger Wohlfahrtsstaat und Staatsversorgung, desto mehr „soziale Wärme“. Nie gab es mehr „soziale Wärme“ als im Deutschland des 19. Jahrhunderts mit den vielfältigen Privatinitiativen oder heute noch in den USA.
Lesetipp: Gerhard Schwarz: Die „soziale Kälte“ des Liberalismus – Versuch einer Klärung, St. Augustin 1992.

Soziale Marktwirtschaft

Großartiger Entwurf Ludwig Erhards zur Wiederherstellung einer Gesellschaft selbstbewusster Eigentumsbürger nach den Schrecken des totalitären Termitenstaates. Unter „sozial“ verstand Erhard dabei: freie Wettbewerbsmärkte (Auflösung aller Kartelle!), gesicherte Eigentumsrechte, berechenbare Politik, stabiles Geld, Vorrang der Eigenvorsorge. Sein Ideal war eine „Ownership Society“, die sich nach und nach durch Eigentums- und Vermögensbildung von den Sozialprothesen der Bismarck-Zeit verabschieden kann. Erhards Konzeption setzte sich für die gewerblichen Märkte weitgehend durch, während er in der Sozialpolitik trotz seines massiven Protests nicht verhindern konnte, dass der „Schrei nach sozialer Sicherheit“ umso größer wurde, je mehr die Leute eigentlich auf eigenen Füßen stehen konnten. Erhards großes Projekt blieb darum stecken und seine Kanzlerschaft war zu kurz, um in einer „zweiten Phase der Sozialen Marktwirtschaft“ auch im Sozialbereich Planwirtschaft und Bevormundung zu überwinden. An die ursprüngliche Erhard'sche Konzeption müsste bei einer Reform des gegenwärtigen Versorgungsstaates angeknüpft werden.

Lesetipps: Ludwig Erhard: Wohlstand für alle. Jubiläumsausgabe, Düsseldorf 2000; Gerd Habermann: Vision und Tat – ein Ludwig-Erhard-Brevier, 2. Aufl., Bern 2005; Karen Ilse Horn: Die Soziale Marktwirtschaft, Frankfurt/M. 2010.

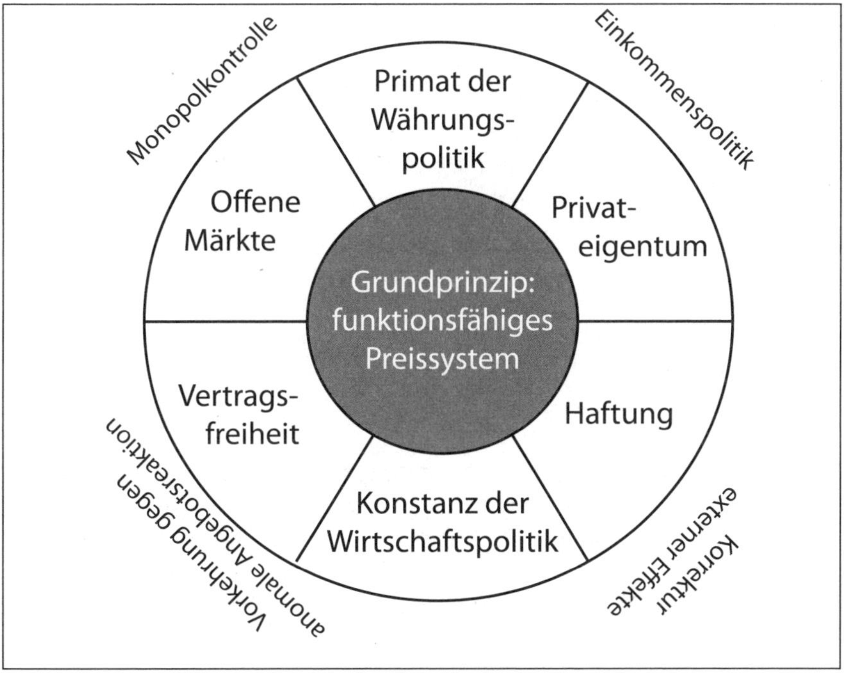

Quelle: Schüller/Krüsselberg

Soziale Sicherheit

Für Wohlstand und Überleben einer Gesellschaft gefährlicher Versuch des Staates, die natürliche Pflicht jedes Bürgers, gegen Normalrisiken seines Lebens selbst vorzusorgen, durch Zwangsvorsorgesysteme abzulösen. Dies führt zur Beeinträchtigung der Kapitalbildung und macht die

Bürger vom Staat abhängig, namentlich im Alter. In Deutschland sind derzeit 85 Prozent des Alterseinkommens staatsfinanziert. Die soziale Sicherheit hängt daran, dass stets genügend Beitragszahler vorhanden sind. Sie ist bei jeder demografischen oder wirtschaftlichen Krise, die sie selbst mitverursacht, existenziell bedroht. Inzwischen ist die „soziale Sicherheit" nur noch eine vorgespiegelte, da in Wirklichkeit eine staatlich organisierte soziale Unsicherheit. Nur Eigenvorsorge, echtes Privateigentum, Familie, Rücklagen aller Art erzeugen Selbstbewusstsein, Unabhängigkeitssinn und eine gewisse innere Gelassenheit gegenüber wirtschaftlichen Turbulenzen, im Besonderen gegenüber dem Risiko einer vorübergehenden Arbeitslosigkeit.

Soziale Symmetrie
Ein wichtiger Begriff aus der Neidökonomie. Obwohl die „Besserverdienenden" bereits jetzt weit überdurchschnittlich zur Kasse gebeten werden, sollen ihnen zusätzliche Opfer zugemutet werden, wenn es darum geht, Sozialleistungen zurückzuschneiden. So verlangt z. B. die „soziale Symmetrie" angeblich, dass, wenn Sozialleistungen für Arbeitnehmer abgebaut werden, gleichzeitig auch die sogenannten „Reichen" ein Opfer in Form etwa höherer Progressivsätze oder einer speziellen „Reichensteuer" leisten sollen. In Wirklichkeit ist es so, dass es nur dann den „Schlechterverdienenden" besser gehen kann, wenn man den „Besserverdienenden" nicht den Antrieb zur Leistung und einen wichtigen Grund ihres Selbstbewusstseins nimmt. Heute, im Zeitalter internationaler Freizügigkeit, können sich glücklicherweise beneidete Eliten einer räuberischen Ausplünderung im Interesse „sozialer Symmetrie" durch Abwanderung entziehen, ein heilsamer Druck, neidorientierte Umverteilungspolitik zu korrigieren. Schon damit diese Möglichkeit gegeben bleibt, braucht es Nothäfen wie die Schweiz, Luxemburg und Niedrig- wenn nicht gar Null-Steuer-Inseln in Amerika oder Asien.

Sozialer Darwinismus
Eine falsche Übertragung des Darwinismus auf die „soziale Frage". (Der Klassenkampf ist das linke Pendant zum biologistischen „Rassenkampf".) Von der Wettbewerbsgesellschaft wird behauptet, dass sie den Starken auf Kosten des Schwachen begünstige. In Wirklichkeit kann jedoch der Starke dort nur stark dadurch sein, dass er seinen Mitmenschen nützliche Dienstleistungen anbietet, insoweit ist seine Macht nur „geliehen" und der „Schwache" wird nicht „vernichtet", sondern nur da-

rauf verwiesen, Kapital und Arbeit möglichst nutzbringend einzusetzen. Dies gilt auch für ausscheidende Unternehmen. Eine Politik des „sozialen Darwinismus“ verfolgen indessen die Gewerkschaften, indem sie durch Hochlohnpolitik und „Sockelei“ der Niedriglöhne die einfache, unqualifizierte Arbeit aus dem Markt drängen und für die Abwanderung ganzer Industrien ins Ausland sorgen. Sozialer Darwinismus ist es auch, wenn, gestützt auf demokratische Mehrheiten, wohlhabende Minoritäten durch Mehrheitsbeschlüsse teilweise entrechtet und enteignet werden, etwa durch unmäßige Progression, „Reichensteuer“, im einseitigen Kündigungsschutz oder bei der gesetzlichen „Mitbestimmung“.

Sozialhilfe
Es ist seit Langem Grundsatz einer freien Gesellschaft, dass niemand unter ein gewisses soziales Minimum heruntersinken muss. Ein dauernder Kampf entspinnt sich hingegen um die Frage, wo dieses Minimum liegen soll, ohne den Anreiz zur Eigeninitiative zu nehmen. Der Niedriglohnsektor in Deutschland verschwand auch deswegen, weil es günstiger war, stattdessen von der Sozialhilfe (oder heute Hartz IV) zu leben, einer Sozialhilfe, die neben den sogenannten „Regelleistungen“ für den täglichen Lebensunterhalt auch die Wohnungsmiete, die Heizkosten, ja schließlich ein Weihnachtsgeld für Geschenke und sogar die durchschnittlichen Kosten einer Hochzeit umschloss. Üppige Sozialhilfe hat dafür gesorgt, dass trotz großer Arbeitslosigkeit Hunderttausende von zusätzlichen Arbeitskräften aus dem Ausland angeworben werden müssen, um hier z. B. Erntearbeiten zu erledigen. Zu hohe und zu leicht erreichbare Sozialhilfe kann besonders auch dazu führen, dass eine „Einwanderung in die Sozialsysteme“ stattfindet. So ist auffällig, dass überdurchschnittlich viele, namentlich türkische, Ausländer Sozialhilfe beziehen. „Sozialhilfe“ hat ihr Stigma trotz Bedürftigkeitsnachweis weitgehend verloren. Auch sprachlich drückt sich dies aus: Sie hieß früher einmal Armenhilfe oder Fürsorge.
Lesetipps: Hans Achinger: Sozialpolitik als Gesellschaftspolitik, 2. Aufl., Frankfurt/M. 1971; Thilo Sarrazin: Deutschland schafft sich ab, München 2010.

Sozialismus
Ideologie, die die absolute Herrschaft des Kollektivs über den Einzelnen behauptet (nenne man dieses Staatskollektiv nun Klasse, Rasse, Nation oder wie sonst). Dies führt zur Vernichtung des Privatlebens, ja des

Individuellen schlechthin, das nur insoweit noch geduldet wird, als es sich der allgemeinverbindlichen Zielsetzung der Horde unterordnet. Es handelt sich hier um eine reaktionäre Weltanschauung, die seit dem Triumph der liberalen Persönlichkeitslehre dieselbe wie ein dunkler Schatten begleitet und im 20. Jahrhundert über ein Drittel der Menschheit einen Triumph feierte, der 80 bis 100 Millionen Menschen das Leben kostete. Der Sozialismus ist auch nach dem Zusammenbruch des Sowjetimperiums eine ständige Bedrohung der Freiheit, vor allem in der Form des „schleichenden Sozialismus" im Wohlfahrtsstaat durch sozialisierte Einkommen und Einschnürungen der Vertragsfreiheit. Der „Nationalsozialismus" ist auch Sozialismus in diesem Sinn.
Lesetipps: Igor R. Schafarewitsch: Der Todestrieb in der Geschichte. Erscheinungsformen des Sozialismus, Frankfurt/M., Berlin, Wien 1980; Ludwig von Mises: Die Gemeinwirtschaft. Untersuchungen über den Sozialismus, Neuausgabe der 2. Aufl., München 1981.

Sozialkapital
Sozialkapital ist die Gesamtheit funktionierender Institutionen von der Familie bis zum Rechtsstaat mit den entsprechenden persönlichen Einstellungen und Werten, die durch Tradition weitergegeben werden. Unter diesen Voraussetzungen ist die Koordination zwischen den Menschen erleichtert und gegenseitiges Vertrauen, die Berechenbarkeit des anderen, wird möglich. Dies erspart Rechtsanwälte, Gerichte und Polizeiapparate. Sozialkapital ist in diesem Sinne der soziale Kitt einer Gesellschaft – aus vielen einzelnen Steinchen entsteht ein harmonisches Muster. Wichtigster Zehrer am Sozialkapital ist der Wohlfahrtsstaat, der Traditionen des Eigentums, der Selbsthilfe, der Gruppenhilfe zerstört, andererseits auch ein primitiver Ökonomismus, der die Fakten „jenseits von Angebot und Nachfrage" übersieht.
Lesetipp: Francis Fukuyama: Konfuzius und Marktwirtschaft, München 1995.

Sozialkleptokratie
Die berufsmäßigen politischen Umverteiler, die keinen Respekt vor Eigentum und Freiheit der Bürger kennen, sondern ihren Beruf daraus machen, sie in beidem zu schmälern und vom Staat abhängig zu machen. Die Folgen ihres Wirkens sind am Sozialbudget oder an der Sozialquote abzulesen. Getrieben wird diese Menschengruppe durch pseudomoralischen Gleichheitsfanatismus, Neid oder einfach Karriere- und Pfründestreben.

Soziallehre, christliche

Die christliche Soziallehre, namentlich in ihrer katholischen Variante, die in antiken Traditionen steht, stützt keineswegs bedingungslos den modernen Wohlfahrtsstaat, der Nächstenliebe und spontane Sozialinitiative abtötet und so die Kirchen um ihren sozialen Auftrag bringt. Sie verweist vielmehr auf das Subsidiaritätsprinzip. Gleichwohl gibt es etliche Kirchenvertreter, die über die Unterstützung wohlfahrtsstaatlicher Projekte ihre Selbstabschaffung bzw. politische Funktionalisierung betreiben. Eigentum, Tausch und Unternehmerfunktion werden schon von der spätscholastischen Schule von Salamanca (16. Jahrhundert) fast wie später von Adam Smith gedeutet. Die Persönlichkeitslehre und das Subsidiaritätsprinzip sind markante Verbindungen zwischen einem recht verstandenen Liberalismus, der über platten Ökonomismus hinausreicht, und einer christlichen Soziallehre, die berechtigterweise auf die entscheidenden Normen „jenseits von Angebot und Nachfrage“ hinweist. Die „päpstliche Revolution“ des elften und zwölften Jahrhunderts trennte Staat von Kirche, in wohlberechtigter Sorge um deren Unabhängigkeit. Heute biedern sich vielfach Kirchen an den Wohlfahrtsstaat an, der sie doch chronisch enteignet und einschränkt. Vertreter der liberalen Tradition der christlichen Soziallehre sind z. B. Wilhelm Weber, Anton Rauscher und Wolfgang Ockenfels.

Sozialliberal

Insoweit ein Liberalismus „sozial“ im Sinne des sozialpolitischen Egalitarismus, der Umverteilung und der Gleichmacherei (Antidiskriminierungsgesetze usw.) ist, ist er nicht mehr liberal, sondern das Gegenteil. Das Gleiche gilt für die Bezeichnung nationalliberal, wenn damit nationaler Protektionismus und Interventionismus gemeint ist (der Nationalliberalismus der Kaiserzeit), nicht nur ein weltoffener Patriotismus, der sich gut mit Freihandel verträgt. Die Alternative zu Nationen im Wettbewerb sind ja bedenkliche Machtkonzentrationen wie in der EU oder gar ein Weltstaat mit Souveränitätsanspruch. Ein echter Liberaler ist niemals Imperialist, auch nicht Euro-Imperialist.

Sozialnationalismus

Dominierende Einstellung sozialdemokratischer Parteien Europas, die ihre nationale Klientel gegen internationalen Wettbewerb abschirmen wollen und ihren sonst immer aufgesetzten „Internationalismus“ sofort preisgeben, wenn es darum geht, hergebrachte Lebensstandards gegen Lohn-, Steuer-, Sozial- oder sonstige Konkurrenz aus dem Ausland zu schützen. Dies wird als „Dumping“ gebrandmarkt und es wird zu protektionistischen Gegenmaßnahmen oder aber – sozial-imperialistisch – zu allgemeinverbindlichen „Mindeststandards“ über alle nationalen Grenzen hinweg aufgerufen.

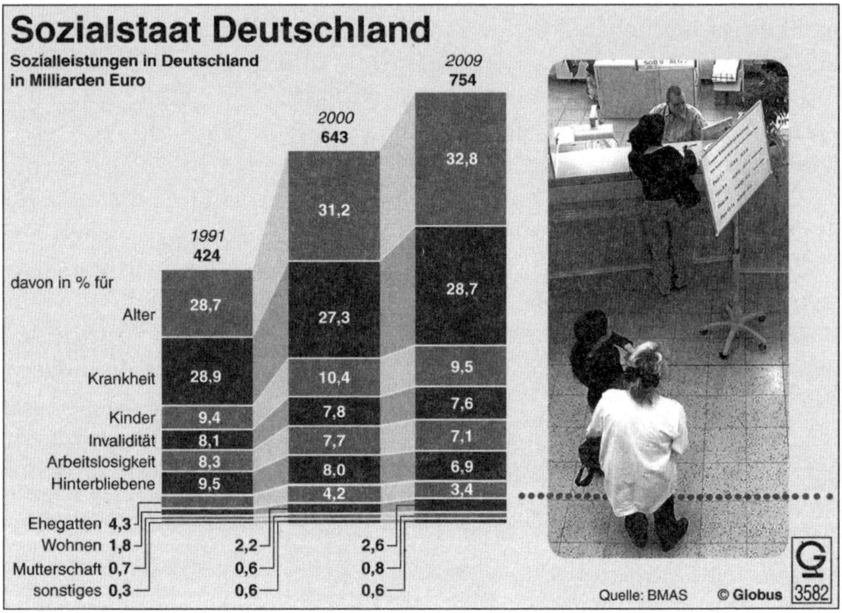

Sozialpolitik

Sozialpolitik nach dem Subsidiaritätsprinzip ist vertretbar und sinnvoll als Staatshilfe für die „wirklich Bedürftigen“, ungerecht und tyrannisch dagegen als Mittel, die Einkommens- und Vermögensverhältnisse, ja die Lebensumstände aller zu manipulieren und dabei Urrechte wie die Vertragsfreiheit einzuschränken oder ganz aufzuheben. Heute sind Wirtschafts-, Kultur-, Bildungs-, Finanz-, ja selbst die Geldpolitik zu dienenden Mägden der Sozialpolitik heruntergesunken. Grundsätzlich gilt: Je gesünder und stabiler eine Gesellschaft ist, desto mehr kann sie auf Sozialpolitik verzichten. Andererseits kann ausufernde Sozialpolitik, wie gegenwärtig, die freien Zwischenkörper einer Gesellschaft, die gesellschaftliche Gliederung, zerstören. Es gibt dann nur noch das schwache Individuum und ihm gegenüber den allmächtigen Staat. Dies ist jenes

„Sozialprotektorat“, in dem wir in Deutschland und anderen europäischen Ländern zunehmend leben.
Lesetipp: Bertrand de Jouvenel: Über die Staatsgewalt, Freiburg 1972.

Sozialstaat
Sinnvoll als Definition eines Staates, der sich im Sinne subsidiärer Sozialpolitik derjenigen annimmt, die sich aus welchen Gründen auch immer nicht selbst helfen können. Nicht vertretbar ist ein Sozialstaat in seiner Ausartung zum „Wohlfahrtsstaat“, der sich an alle wendet (auch an diejenigen, die sich selbst helfen könnten) und zu einer Politisierung der Gesellschaft führt. Ein Gegenbegriff wäre der reine Rechtsstaat, der sich im Sinne eines Minimalstaates darauf beschränkt, allgemeine Verhaltensregeln und die äußere Sicherheit der Gesellschaft zu garantieren und die soziale Hilfe den freien Initiativen seiner Bürger überlässt.

„Sozialunion“
Begriff aus der Europapolitik: Die sozialen Standards in der EU sollen einander – möglichst nach „oben“ – angeglichen werden, es soll kein Wettbewerb der nationalen Sozialsysteme mehr geben, stattdessen ein übernationales europäisches Sozialkartell. Damit wird verhindert, dass sich die Bürger und besonders die Unternehmen nationalen Standorten entziehen können, die sie zu sehr mit Sozialkosten belasten. Statt solcher Kartellierungen, wie sie die EU-Kommission mit großer Energie vorantreibt, etwa unter dem extensiv ausgelegten Rechtstitel „Arbeitsschutz“, wäre es vielmehr zweckmäßig, den Wettbewerb zwischen den sozialen Systemen noch zu verschärfen. Die beste Lösung wäre freilich eine „Privatisierung“ dieser Systeme. Auf diese Weise würde es hier in anderer Art einen „einheitlichen Binnenmarkt“ geben. Eine voreilige Sozialunion wurde auch bei der deutschen Wiedervereinigung organisiert, indem einfach westdeutsche Hochsozialstandards dem Osten übergestülpt wurden, um Konkurrenz durch „Sozialdumping“ innerhalb Deutschlands zu verhindern. Die Folgen blieben nicht aus: Arbeitslosigkeit, Vernichtung der industriellen Basis, Abwanderung (ca. zwei Millionen seit 1990).

Sparta
Die Beantwortung der Frage „Athen oder Sparta?“ kann für einen Liberalen nicht zweifelhaft sein – und doch, sogar bei einem Montesquieu findet Sparta Bewunderung. In der NS-Zeit war der spartanische Züch-

tigungs- und Unterdrückungsstaat das historische Vorbild schlechthin. Ein kulturarmer Macht- und Gemeinschaftsstaat, geschaffen für den Krieg, das gefiel. Ein Privatleben kam kaum vor, schon der Knabe wurde vom siebten Lebensjahr an in großer Härte (auch mit der Peitsche) für den Kampf gedrillt, die Männer speisten gemeinsam, nicht in familiären Haushalten. Die Versorgung der erwerbsfernen Kriegerschicht mussten die unterdrückten bäuerlichen Heloten leisten, die mit großer Brutalität niedergehalten wurden. Der Privatbesitz war gering, Gold und Silber in Privateigentum verboten, Außenhandel fand nicht statt, Reisen ins Ausland nur auf Sondergenehmigung! Die Stellung der Frauen war gleichwohl nach griechischem Maßstab gut. Sie nahmen teil an der öffentlichen Erziehung und am Sport – nackt wie die Männer. Knabenliebe wurde nach bestimmten Regeln staatlich gefördert. Sie verstärke den Geist der Kameradschaft. Dieser Militärstaat entwickelte eine viel gerühmte militärische Stärke, die der Athens gleichwertig, wenn nicht überlegen war. Zu Recht berühmt ist die „Große Rhetra", die älteste schriftlich überlieferte Verfassung, eine Mischverfassung, die klug die Kontrolle der Macht und die Bürgergleichheit sicherte. Gleichwohl: Der Zweck des Staates ist Freiheit und Kultur, nicht Macht, die als Selbstzweck unfruchtbar ist. *Lesetipp: Friedrich Schiller: Die Gesetzgebung des Lykurg und des Solon, in: Sämtliche Werke in 5 Bänden, Bd. IV, Historische Schriften, S. 805 ff., München, Wien 2004.*

SPD

Die große Partei der Arbeiter, die in der zweiten Hälfte des 19. Jahrhunderts leider der liberalen Bewegung verloren gingen. Nach jahrzehntelangem kollektivistischem Extremismus und Internationalismus wurde sie, auch unter dem Einfluss der verdienstvollen Arbeit der „Revisionisten" wie Eduard Bernstein, seit 1914 und besonders seit 1918 zur Trägerin des nationalen reformistischen Wohlfahrtstaates und ist es seither geblieben, auch mit eindrucksvollen eher „bürgerlichen" Persönlichkeiten wie derzeit z. B. Klaus von Dohnanyi, Rolf Clement oder Helmut Schmidt, sämtlich freilich schon „emeritiert". Mit dem bekannten „Godesberger Programm" (1957) machte sie einen weiteren Sprung in die „richtige" Richtung, versäumte aber in langen Oppositionsjahren während der Kohl-Regierung ihre geistige Erneuerung, wie sie die englische Labourparty unter Tony Blair vollzog. Dies zeigte sich, als Kanzler Schröder an die Macht gelangte und, von einem anfänglichen Manifest mit New Labour abgesehen, kein echtes Reformprogramm vorweisen konnte, die eher schwächliche „Agenda 2010“ ausgenommen. Ein Ruhmesblatt bleibt ihr wenigstens: teilweiser Widerstand gegen Hitler (u. a. die Rede von Otto Wels gegen das Ermächtigungsgesetz, 1933, der Widerstand Kurt Schumachers). Derzeit (2011) ist sie stark rückläufig.

Staat

Staat heißt: Herrschaft einer professionellen Bürokratie mit einem legitimen staatlichen Zwangsmonopol auf einem bestimmten Territorium. Der Staat ist die heute dominierende Herrschaftsform. Er wird vor allem durch internationalen politischen Wettbewerb, durch schwächer werdende freiheitliche Garantien des Rechtsstaates, durch den Markt, der ihm die Ökonomie weitgehend entzieht, durch gesellschaftliche Gegengewichte wie Familie, Kirchen, freie Vereine usw. und entsprechende Sitten und Traditionen in Schach gehalten. Im Unterschied zu den „zivilen“ Märkten ziehen Staaten als Gewaltmonopolisten eine breite Blutspur hinter sich her. Staat bedeutet immer Zwang von Menschen gegen Menschen, mag dieser auch rechtsstaatlich reguliert sein, und er bedeutet immer eine Versuchung für die gerade herrschende politische Klasse, ihre Macht zu missbrauchen, die sie ja im Monopol besitzt. Darum ist es wünschenswert, den Bereich dessen, was durch den Staat beherrscht wird, klein zu halten und die Staatsmacht selbst zu dezentralisieren (Föderalismus, Kommunalismus). Das Zentralproblem einer freien Gesellschaft lautet heute: Wer schützt uns vor unseren Beschützern? Nicht der „Neoliberalismus“, sondern der Wohlfahrtsdespotismus des Staates ist in Westeuropa gegenwärtig die Hauptgefahr
Lesetipp: Bertrand de Jouvenel: Über die Staatsgewalt, Freiburg 1972.

Staatsräson

Die Staatsräson – besonders von Machiavelli zuerst theoretisch behandelt – beschreibt die Erfolgsregeln des modernen Staates, die über die Regeln des Privatrechts oder gar der christlichen Ethik häufig in unmoralischer Weise hinausgehen und z. B. auch List, offenen Vertragsbruch und Gewalt als legitime Mittel der Machterhaltung und -erweiterung betrachten, zumal es über den Staaten bis heute keine richterlich-zivilisierende Instanz mit Sanktionsgewalt gibt. Es ist eine Lehre, die sich ansatzweise bereits in der „Politik“ des Aristoteles findet. Ist dem Staat zur Selbsterhaltung *jedes* Mittel erlaubt? Das ist die Frage. Der Liberale wird wohl zuerst fragen, ob die jeweilige Staatsordnung überhaupt erhaltenswert ist. Macht ist kein Selbstzweck, sondern nur Vorbedingung für

Freiheit und Kulturleben. Dennoch muss auch der Liberale zur Kenntnis nehmen, dass es gewisse objektive Regeln der Machterhaltung auch für Rechtsstaaten gibt, die nicht ungestraft vernachlässigt werden. So werden in Zeiten der Kriegsnot oder anderer Notstände vorübergehend Freiheitsrechte dispensiert und auch Rechtsstaaten müssen zuweilen Kriege führen. Diese „Räson“ gilt übrigens auch für Unternehmen, Kirchen, jeden Personenverband und sogar für die einzelne Person selbst. Sie alle haben ihre Selbsterhaltungsregeln, auch wenn sie nur ausnahmsweise oder gar nicht Gewalt anwenden dürfen, denn der Staat hat heute das „Monopol legitimer Zwangsanwendung“.
Lesetipp: Friedrich Meinecke: Die Idee der Staatsräson in der neueren Geschichte, München 1957.

Staatsversagen
Eine überall zu beobachtende Erscheinung, wenn der Staat versucht, sich in Märkte einzumischen, die ohne seinen Eingriff gut funktionieren würden. Grundsätzlich kann man sagen: Überall dort, wo der Staat interveniert, kommt es zu Problemen. Unsere alltägliche Versorgung mit den Gütern des täglichen Verbrauchs, rein marktwirtschaftlich geordnet, ist kein Problem. Das Problem beginnt immer dann erst, wenn der Staat mit „Marktordnungen“, Subventionen, Lenkungs- oder Stützungsmaßnahmen aller Art die spontane Ordnung lähmt. So haben wir heute große Probleme in genau den Bereichen, in die sich der Staat besonders intensiv einmischt: von der Bildungspolitik bis hin zur sozialen Sicherung oder den Problemen der kommunalen Wirtschaft.

Staatsverschuldung
Beliebtes indirektes Mittel der Staatsfinanzierung, um kurzfristige Steuererhöhungen zu vermeiden. Die Lasten (Zinsen und vor allem Tilgung) werden auf die Zukunft abgewälzt: „Kinder haften für ihre Eltern.“ Hauptursache der Staatsverschuldung sind Kriegs- bzw. Rüstungsfinanzierung und heute vor allem die Finanzierung von Sozialtransfers, mit denen die Bevölkerung vom Staat abhängig gemacht und gehalten wird oder auch (wie im Falle der neuen Bundesländer) einmalige ungewöhnliche Investitionen zur Modernisierung der Infrastruktur. Staatsverschuldung endet nach historischer Erfahrung regelmäßig im Staatsbankrott, d.h. einer Erklärung der Zahlungsunfähigkeit, in einem stückweisen Abbau von Staatsleistungen oder in dem allmählichen Staatsbankrott über Inflationssteuer, die die Staatsschuld

vermindert (auch mithilfe manipulierter Zinsen). So oder so müssen die Bürger am Ende für den Leichtsinn und die Gewissenlosigkeit ihrer Politiker einstehen. Ihr Vermögen wird entwertet, soweit es in Geldvermögen besteht. Eventuell kommt es zu einer Währungsreform. Die Deutschen haben zwei Bankrotte dieser Art im 20. Jahrhundert erlebt und eine dritte ist bei Fortdauer der derzeitigen Verschuldungspraxis, namentlich im Zusammenhang mit den sogenannten „europäischen Rettungsschirmen“ für überschuldete Länder wie Griechenland, Portugal, Irland, Italien usw., nicht ausgeschlossen. Zur ausgewiesenen Staatsschuld kommen die nicht bilanzierten Ansprüche im Rahmen der Sozialversicherung, für die es keine Rücklagen gibt.

„Die Situation ist weiß Gott schlimm und ich meine, dass man den Menschen die Dimension des Problems immer wieder verdeutlichen muss. Im Augenblick kann niemand ernsthaft daran denken, die Schulden zurück zu führen. Es geht momentan ja erst einmal darum, den Anstieg der Verschuldung zu bremsen.“ Rainer Wiegard, Finanzminister des Landes Schleswig-Holstein, am 21.11.2005.

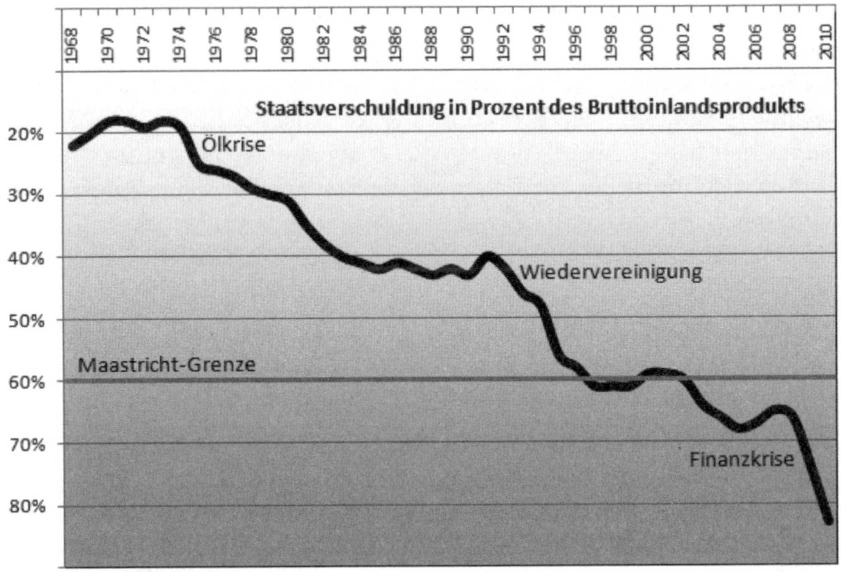

Quelle: www.staatsschulden.de

Staatswirtschaft

Der Staat als Unternehmer hat im 20. Jahrhundert in fürchterlicher Weise versagt und dies gilt noch heute, wo er als solcher, auch in „scheinprivatisierter" Form auftritt. Die Deutsche Bahn AG z. B. hätte längst nachfragegerechte Strukturen, wenn sie nicht mit Subventionen, die höher als ihr Umsatz sind, und Konkurrenzschutz (z. B. bis vor kurzem gesetzliches Verbot von Linienbus-Fernverkehr, hohe steuerliche Belastung des konkurrierenden Straßenverkehrs) daran gehindert würde. Die Eisenbahn machte im 19. Jahrhundert Überschüsse, dann wurde sie verstaatlicht. Anschließend machte sie bald Defizite und dies ist so bis heute, in allen europäischen Ländern. Es gibt nichts, was ein Staat nicht gelegentlich an sich gezogen hätte, auch auf der Ebene der Kommunen. Der Staat verkauft gelegentlich Brot, Speiseeis, er unterhält Cafés, Saunas, Nagelstudios, in Berlin sogar bis vor Kurzem die größte Kuhherde Europas. Durch den unsichtbaren Hoheitsadler im Briefkopf der Staatsbetriebe und durch den Rückhalt, den Staatsbetriebe regelmäßig im steuerfinanzierten „Mutterbetrieb" finden, kommt es unvermeidlich zu Wettbewerbsverzerrungen mit der Privatwirtschaft. Grundsätzlich könnte die notwendige „Privatisierung" bis weit in den hoheitlichen Bereich gehen:

So könnte man auch Polizeifunktionen in der Form der „Beleihung" privatisieren, wie das schon jetzt in dieser Sphäre vielfach der Fall ist (Schornsteinfeger, Notare, eidlich gebundene Sachverständige in der Lebensmittelüberwachung usw.).

Steuerdumping
Diffamierender Begriff, besonders gern gebraucht von den Finanzministern der Hochsteuerländer. Es ist ihnen ein Dorn im Auge, dass es andere Länder gibt, die für ein geringeres Angebot an öffentlichen Gütern eben auch nur geringere Steuersätze benötigen. Ihr Bestreben ist es, möglichst hoch angesetzte „Mindestnormen" für die Versteuerung international zu vereinbaren, um damit dem mobilen Kapital Wahlmöglichkeiten und dem einfachen Bürger Rettungsmöglichkeiten für „Erb und Eigen" zu nehmen. Nichts ist so zu fürchten wie ein europäisches, gar globales Steuerkartell.

Steuern
Derzeit das Hauptmittel des Staates, sich mit Zwangsgewalt Einkommen zu verschaffen, um sein Personal zu beschäftigen und die ihm übertragenen oder an sich gezogenen Aufgaben zu erledigen. Ohne beschränkende liberale Grundsätze der Besteuerung (z. B. keine Progression!) kann die Steuer ein Mittel zur Zerstörung der Gesellschaft werden: „The power to tax is the power to destroy." „Fiskalsozialismus" ist der heute übliche Weg der Sozialisierung einer Gesellschaft. Alternativen zur Hochbesteuerung sind: kleine Staatsagenda, naturale Dienstleistungen, auch durch die Bürger (etwa im Milizsystem), Zolleinnahmen oder das Betreiben eigner Industrien. Eine kleine Agenda und ein Milizsystem nach Art der (alten) Schweiz sind wünschenswert.

Steuerschlupflöcher
Einer der seltsam verqueren Begriffe demagogischer Finanzpolitik. Die Politiker schaffen z. B. attraktive Abschreibungsmodelle, die, wenn sie denn genutzt werden, nunmehr bei zunehmender Finanznot des Staates als „Steuerschlupflöcher" bezeichnet werden, so, als wenn die, die von der Politik geschaffenen Möglichkeiten nutzen, etwas Unrechtes täten, zumindest Anrüchiges, indem sie durch die „Löcher" hindurchschlüpfen, um ihre Steuerlast zu erleichtern.

Streikrecht
Fragwürdiges „Recht“ in einer freien Gesellschaft, welche Nötigung oder Erpressung eigentlich sonst kriminalisiert. Die Herstellung einer „Kampfparität“ durch das analoge Instrument einer „Aussperrung“ ist eine verständliche Gegenmaßnahme, aber keine Lösung des Problems. „Tarifautonomie“ schließt das Streikrecht nicht selbstverständlich ein. Durch Schwerpunkt-, Warnstreiks usw. ist heutzutage diese Parität überdies gestört. Die Schweiz zeigt, dass man diese mittelalterlichen Fehdeeinrichtungen durch „Friedensabkommen“ ersetzen kann. Im Übrigen gilt: Wenn man sich mit seinem Gegenüber nicht einigen kann, ist ein Vertrag aufzukündigen und man wechselt gegebenenfalls seinen Arbeitsplatz, was bei ungestörtem Arbeitsmarkt kein Drama ist.

Subjektförderung
Im Gegensatz zur „Objektförderung“ – öffentliche Güter zum Nulltarif für alle, etwa an Universitäten oder im Gesundheitswesen – eine gezielte Förderung derjenigen, die es „nötig“ haben. Objektförderung fördert alle Bürger unterschiedslos und ist damit eine Verschwendung. Sie konterkariert außerdem die Umverteilungsabsicht, indem Wohlhabendere diese Förderung „mitnehmen“ können und somit eine Umverteilung von unten nach oben eintritt. Objektförderung ist bei den Sozialpolitikern beliebt, weil sie den Geist der Selbstverantwortlichkeit und Selbsthilfe schwächt und auch die oberen Schichten vom Staat abhängig macht.

Subsidiarität
Kernpunkt der liberalen Zuständigkeitslehre: Zunächst ist jeder für seine Angelegenheiten selbst zuständig, dann die privaten Kollektive von der Familie, Freundschaft, Nachbarschaft, Berufsverbänden, Vereinen, Kirchen usw. aufwärts. Danach die politische Ebene, wo nach dem Subsidiaritätsprinzip ebenfalls die untere Ebene den Vorrang hat, also zunächst die Kommune, dann die Landesebene, zuletzt die Bundesebene. Erst danach kommen die EU, die NATO oder gar die UNO. Gegenwärtig ist dieses Prinzip in der politischen Praxis auf den Kopf gestellt: Für rein private Angelegenheiten wie die Vorsorge für das Leben im Alter, bei beruflichem Unfall usw. ist heute die nationale Ebene zuständig, nicht der einzelne Bürger, der doch seine Bedürfnisse selbst am besten kennt. Die derzeitige Integrationspolitik der Europäischen Union stellt fast durch-

gängig einen Verstoß gegen dieses Prinzip bei gleichzeitigem verbalem Bekenntnis zu ihm dar; sie läuft auf eine Orgie politischer Enteignung der Mitgliedstaaten und sogar der regionalen oder lokalen Ebene hinaus, von der europaweiten Festsetzung der erlaubten Arbeitszeit für Arbeitnehmer bis zum Verbraucherschutz. Subsidiarität muss die Leitlinie einer Sozialreform sein. Das Subsidiaritätsprinzip wurde besonders durch die Katholische Soziallehre entwickelt.

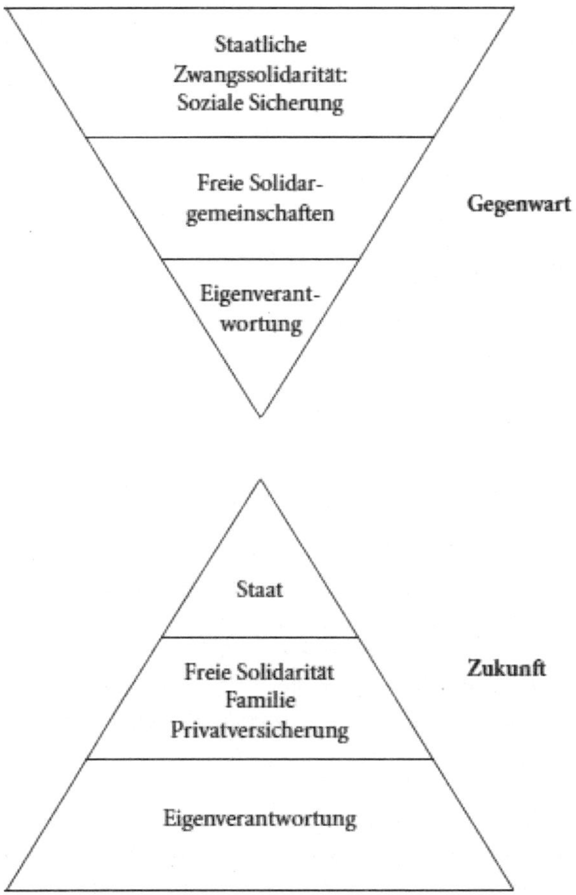

Die Gesellschaft wieder auf ihre natürliche soziale Basis stellen!

(nach Alfred Schüller)

Subvention
Gleich wie benannt, ob als Zuschuss, Geschenk, Bürgschaft, Steuerprivileg, Absatz- und Mindestpreisgarantie oder Einfuhrzoll, und an wen: Eine Subvention bedeutet immer einen ungerechten Vorteil auf Kosten der Mitmenschen und hat in einer freien Gesellschaft nach dem Grundsatz der Rechtsgleichheit und Gerechtigkeit nichts zu suchen (Volumen derzeit ca. 150 Mrd. Euro). Wer eine Subvention gewährt (z. B. um Wählerstimmen zu gewinnen oder die Gunst einer Interessengruppe), ist korrupt. Aber das Guttun auf Kosten Dritter, die Kunst der Bevorzugung, wie Ludwig Bamberger das nannte, beherrschen viele unserer Politiker nur zu gut. Willkommen aber ist die freiwillige Subvention, von privat zu privat, Freund zu Freund und die Gaben der Mäzene aller Art!

T

Tarifautonomie
Harmlos klingende Bezeichnung für die Herrschaft des „Tarifkartells" am Arbeitsmarkt. Es betont die staatsfreie Lohnfindung: Nicht der Staat, die Tarifpartner, will sagen Kartellkomplizen, sind für die Aushandlung der Tarife zuständig. „Autonom" sollte indessen der Einzelne, allenfalls der Betrieb, sein. Kartellmäßig konzentrierte Verhandlungsmacht schafft ein großes Erpressungspotenzial.

Dezentrale Lohnfindung ist die Parole der Zukunft. Gewerkschaften und Arbeitgeberverbände sollten sich auf Servicefunktionen für ihre Mitglieder konzentrieren. Staatliche Einkommenspolitik auf der anderen Seite ist allenfalls als äußerste Notstandsmaßnahme bei generell überhöhtem Lohnniveau und entsprechender Arbeitslosigkeit (wie am Ende der Weimarer Republik) vorübergehend vertretbar. In Neuseeland wurde diese Tarifautonomie kurzerhand aufgehoben. Von den massiven Gegendemonstrationen der Gewerkschaften ließ sich die entschlossene Regierung nicht beeindrucken.

Thatcher, Margaret (geb. 1925)
Diese britische Premierministerin (1979–1990) setzte mit unbeirrbarer Härte eine Reform des durch Gewerkschaftsmacht und Wohlfahrtsstaat zerrütteten Landes (Inflation, Arbeitslosigkeit, Staatsverschuldung) durch. Sie tat dies mit einer an bürgerlich-viktorianischen Werten orientierten striktneoliberalen Ordnungspolitik. Sie bestand die Nervenprobe namentlich gegen den gewaltsamen Widerstand der Bergarbei-

tergewerkschaft, dies im Unterschied zum „weichen“ Edward Heath. So wurden die Inflation mit Erfolg bekämpft, der Arbeitsmarkt liberalisiert, die umfangreiche Staatswirtschaft im Geiste eines Erhard'schen „Volkskapitalismus“ radikal privatisiert. Margaret Thatchers Erfolgskonzept war das einer „Eigentumsbürgergesellschaft“. Freilich rührte sie kaum an dem unbegreiflicherweise immer noch populären staatlichen Gesundheitsdienst. Die „Eiserne Lady“ ist ein Beweis dafür, dass man auch mit unpopulärer harter Reformpolitik Wahlen gewinnen kann. Zweimal sogar! Sie wurde nicht von der Wählerschaft, sondern von ihren Parteikollegen gestürzt. Ihre Europapolitik erfreute durch eine wohlbegründete Kritik am Brüsseler Zentralismus, gegen den sie sich namentlich in der Rede von Brügge (1988) aussprach. Inzwischen ist Großbritannien im Zusammenhang mit der Finanzkrise erneut abgestürzt und eine neue Reformära wird notwendig.
Lesetipp: Margaret Thatcher: Die Erinnerungen (1925–1979), Düsseldorf 1995; dies.: Downingstreet No. 10, 2. Aufl., Düsseldorf 1993.

Tocqueville, Alexis de (1805–1859)
Eine der faszinierendsten Gestalten der liberalen Geistesgeschichte, ein französischer Autor von großer Brillanz des Stils und einer Geistesfülle, die ihresgleichen sucht, im Rang mit Aristoteles, Montesquieu, Max Weber oder von Hayek vergleichbar. Sein berühmtestes Buch ist „Die Demokratie in Amerika“, in der er visionär die Gefahren und Vorteile der modernen Demokratie beschreibt. Verblüffend genau ist seine Beschreibung des demokratischen Wohlfahrtsstaates, die erst heute voll zutrifft: „Das Volk ist nur noch eine Herde ängstlicher und arbeitsamer Tiere, deren Hirte die Regierung ist.“ Über die Parteienherrschaft: „... eine kleine Zahl schwacher und unwürdiger Hände, in deren Gewalt ein großes Volk fallen kann.“ Gegenmittel gegen den „Weg zur Knechtschaft“: freiheitliche Gesetze, Sitten, freie Vereine, Freihandel, die Pressefreiheit, die kommunale Selbstregierung, die Religion.
Lesetipp: Alexis de Tocqueville: Die Demokratie in Amerika, 2. Aufl., München 1984.

Tod
Wie stehen Liberale zu dem Mysterium des Todes? Jedenfalls ist er für die meisten von ihnen kein Einwand gegen das Leben: Der Tod verweist auf die rechte Nutzung des Lebens („Carpe diem“!). Die Kürze des Lebens verleiht diesem Poesie und Dramatik, allein die Knappheit der Le-

benszeit verleiht dem Leben Wert und Bedeutung: Der Grenzwert eines „ewigen" Lebens liegt bei null, man kann ja nichts versäumen. Goethe spricht vom Tod als „Kunstgriff der Natur, möglichst viel Leben zu haben". Jedenfalls ist er „Biographiegenerator" (Georg Simmel). Ein Leben ohne Tod würde den Sinn und die Zielsetzung dieses Lebens aufheben – es führte auch sozial zu absurden Konsequenzen, wie das Märchen vom „Tod im Apfelbaum" anschaulich zeigt. Wie stehen die Liberalen zum Freitod? Soweit sie auch Christen sind, lehnen sie ihn als Eingriff in Gottes Hoheit über Leben und Tod ab, denn wir sind schließlich Gottes Eigentum und müssen seine Befehle abwarten. Anders bei den Stoikern, Montaigne, David Hume u.a.: „Du hast keine Macht über den Eingang ins Leben, wohl aber über den Ausgang: Die Tür ist nur von außen verschlossen. Wenn das Haus verräuchert ist, öffne die Tür und tritt ins Freie ...", so empfiehlt es Seneca.
Lesetipp: Gerd Habermann: Thanatodicee als Biodicee (Manuskript, Werder bei Berlin 2003).

Todesstrafe
Unter Liberalen ist diese Frage stark umstritten. Kant, John Locke, Voltaire, Montesquieu, dann auch Hegel und Schopenhauer sind dafür; Lessing, Samuel Johnson dagegen. Etliche große Rechtsstaaten der Gegenwart (namentlich USA, Japan) sehen sie vor oder haben sie erst vor wenigen Jahren abgeschafft (Großbritannien, Frankreich). Die Kirche ist in dieser Frage – historisch – gespalten, so ist Augustinus dafür, ebenso Luther; die Bibel (Altes Testament) dafür, die Ethik des Neuen Testaments (Bergpredigt) dagegen. Noch zu unterscheiden ist Todesstrafe im normalen Strafrecht und im Kriegsrecht. Insgesamt kennen gegenwärtig 58 Staaten die gesetzliche Todesstrafe. Argumente dafür: Vergeltung (Satisfaktion), Abschreckung (spezielle und generelle Prävention). Die Gegner argumentieren mit dem Argument des Menschenrechts auf Leben und des Risikos eines Justizirrtums. Schwer, hier etwas für Liberale Allgemeinverbindliches festzustellen, denn das Argument der „Menschenwürde" nehmen beide Parteien in jeweils anderer Wendung für sich in Anspruch.

Totalitarismus
Diese moderne Form von Tyrannis, die in ihrem Anspruch über das Individuum und seine Freiheit – gestützt auf die Hilfsmittel moderner Technik und Psychologie – bis zur erinnerungslosen Zerstörung oder

zum „Umbau“ der geistigen Person weitergeht, symbolisiert in KZ und Archipel Gulag. Sie ist mit der Zerstörung aller spontanen Ordnungen (Markt, Sitten, natürliche Gliederungen und Institutionen einer freien Gesellschaft), also mit Kommando- oder Planwirtschaft und der Vernichtung aller zwischen Staatsapparat und dem Einzelnen stehenden Zwischenkörper (Vereine, Verbände, Kirchen, selbst Pfadfinderorganisationen, Burschenschaften, Skatclubs usw., aber auch kommunaler Selbstregierung und Föderalismus) verbunden. Der Einzelne sieht sich schutzlos unberechenbaren Apparaten und ihren willigen Helfern ausgeliefert. „Das Einzige, was bei uns noch privat ist, ist der Schlaf“, so sagte einmal ein Nationalsozialist. Musterbeispiele: Hitler-Deutschland, noch mehr: Sowjetunion unter Lenin und Stalin und China unter Mao Tse-tung, derzeit noch Kuba oder Nordkorea.
Lesetipp: Henning Ottmann: Geschichte des politischen Denkens, Bd. IV, 1, Das 20. Jahrhundert, Stuttgart 2010.

U

Umlageverfahren
Eine die Bildung von Kapital verhindernde kurzsichtige Art der Finanzierung der Sozialversicherung über Zwangsabgaben. Da keine Rücklagen aufgebaut werden, gerät das System bei jeder ernsten Krise (Arbeitslosigkeit, Demografie) ins Wanken, denn die Beitragszahler können nicht beliebig belastet werden. Viele Sozialversicherte erliegen der Illusion, dass sie mit ihrer „Beitragszahlung“ ihre eigene Rente aufbauen. Indessen bezahlen sie damit nur die Renten der gegenwärtigen Rentner. Für sich selbst können sie nur durch Kinder sorgen. Diese Illusion hat zum Geburtendefizit in Deutschland beigetragen und die Politik tut bisher noch recht wenig, um sie zu erschüttern. Die ungedeckten Versorgungszusagen der sozialen Sicherung kommen als „implizite“ Verschuldung noch zur „expliziten“, der ausgewiesenen Staatsverschuldung, hinzu – sie beträgt in Deutschland etwa 250 Prozent des Bruttosozialprodukts (80 Prozent beträgt gegenwärtig die „ausgewiesene“ Verschuldung, noch ohne die Zusagen im Rahmen der sogenannten „Rettungsschirme“).

Umschulung, Weiterbildung
Eine der Aufgaben, die sich die staatliche Arbeitsverwaltung unnötigerweise und mit fragwürdigem Erfolg angeeignet hat. Die Lehrgangskosten, Fahrtkosten, die Kosten für auswärtige Unterbringung und Verpflegung sowie sogar die Kosten für die Betreuung von Kindern wurden

in diesem Fall sozialisiert. Dafür wurden Milliarden verpulvert. Wenn gewiss heutzutage auch „lebenslanges Lernen" notwendig ist, muss dies nicht bedeuten, dass dies nicht aus Eigeninteresse von den Betroffenen selbst organisiert und finanziert werden kann. Namentlich auch die Unternehmen sind nach dem Subsidiaritätsprinzip gefordert und sie leisten dies auch aus Eigeninteresse heraus in großem Umfang. Den Staat hingegen muss dies (außerhalb seines eigenen Personals, das es allerdings sehr nötig hat) nichts angehen. Entsprechende Milliardenprogramme der „Bundesagentur" lassen sich ohne schmerzliche Wohlfahrtsverluste abschaffen, da das Geld dafür dann in den Taschen der Bürger verbleibt und für nützlichere Zwecke ausgegeben werden kann.

Umverteilung

Das derzeitige Hauptgeschäft der politischen Klasse, namentlich der „Sozialkleptokraten". Gäbe es nicht das aufgeblähte Sozialbudget von derzeit 800 Milliarden Euro, könnte der Deutsche Bundestag gut (wie einige Länderparlamente oder der Schweizer Nationalrat) als Freizeit- oder Milizparlament fungieren. Dann würden z. B. auch Unternehmer sich neben ihrem Job eine politische Laufbahn erlauben können, nicht nur freigestellte Beamte, namentlich Lehrer. Von den Spesen, die bei dieser Operation anfallen, leben diejenigen, die dieses Geschäft betreiben. Die moralische Begründung der Umverteilung, soweit sie die Besserverdienenden auch relativ ärmer machen soll, ist dubios und im letzten der reine Neid. Es kann der Punkt kommen, wo die geschröpfte Leistungselite die Lust an der Leistung verliert, auswandert, in die Schattenwirtschaft geht oder lieber Freizeit genießt. Anstelle einer Ethik der Umverteilung im Zeichen von „sozialer Gerechtigkeit" ist es heute Zeit für eine „Ethik des Mehrens". Je größer der Kuchen wird, desto mehr ist für alle „drin". Nicht Division, sondern Multiplikation des Sozialprodukts sollte die Parole sein!

Lesetipp: Ayn Rand: Wer ist John Galt? (Atlas Shrugged), Hamburg 1997.

Umweltproblem

Die häufig der Marktwirtschaft aufs Konto gesetzte Zerstörung lebenswichtiger Gemeingüter wie z. B. Luft, Wasser, Stille, landschaftliche Schönheit, „Biodiversität" usw. Jedoch gehörten die ehemaligen Kommandowirtschaften, etwa die DDR oder die Sowjetunion, zu den erbarmungslosesten Umweltzerstörern. Hauptgrund für die Verwahrlosung der „Allmende" ist jedoch der Staat, also die Regierungen, die ja die ei-

gentlichen Hüter dieser Güter sind. Die direkte oder indirekte Einführung von Eigentumsrechten – von Marktwirtschaft in dem Sinne – über Umweltzertifikate, -abgaben, -steuern, die Einführung von Schutzzonen, die Einrichtung von Naturparks und die Führung von „Roten Listen“ garantieren dagegen eine pflegliche Behandlung der Güter, indem sie deutlich machen, dass diese Güter nicht unendlich sind, sondern einen „Preis“ haben. Der Bison in Nordamerika wurde fast ausgerottet, weil er als „freies Gut“ angesehen wurde; die anschließend dort grasenden Rinderherden jedoch brauchen sich um ihren Bestand keine Sorgen zu machen, da es an ihnen Eigentumsrechte und damit private Eigner gibt, die sie pflegen.
Lesetipp: Jo Kwong: Die Mythen der Umweltpolitik, St. Augustin 1995.

Unfallversicherung, gesetzliche
„Berufsgenossenschaften“ heißen bei uns irreführend die gesetzlichen Unfallversicherer, die seit der Bismarck-Zeit monopolistisch dem Geschäft der Prävention, Heilung, Rehabilitation und Versorgung der im gewerblichen Leben Verunglückten nachgehen. Strukturell kann auch dieses Monopol den üblichen Nachteilen fehlender Konkurrenz nicht entgehen: Der bestmögliche Leistungszuschnitt ist mangels Wettbewerb als Entdeckungsverfahren nicht bekannt. Die Beiträge können „kostendeckend“, d.h. kostentreibend, kalkuliert werden, Unternehmen sind gezwungen, die Leistungen abzunehmen, auch wenn sie nicht ihren Bedürfnissen entsprechen und überzogen sind. Wie alle Monopole neigt auch die deutsche Unfallversicherung zur „arrogance of power“ und zur Überschätzung des eigenen Leistungsangebots, wie die anhaltende Unternehmerkritik belegt. Die Verbesserung der Situation kann hier wie sonst auch die Einführung von Wettbewerb sein sowie zumindest die Teilprivatisierung einiger Bereiche, besonders die Ausgliederung des Wegeunfalls, bringen. Ein Monopol, das als eines der letzten nun auch endlich fallen sollte!
Lesetipp: Sandra Hensel: Wettbewerb und Wahlfreiheit in der gesetzlichen Unfallversicherung, Broschüre (international), Die Familienunternehmer ASU e. V., Berlin 2007.

„Unsozial“
Generalvorwurf gegen alle Maßnahmen, die versuchen, wieder Bewegung in eine wohlfahrtsstaatlich erstarrte Anspruchsgesellschaft zu bringen. Der sozialpolitische Status quo wird heilig gesprochen und man

wehrt sich gegen jede Veränderung, die mit z. B. Einkommenseinbußen, Anspruchsverminderungen, Arbeitsplatzverlust oder -wechsel verbunden ist, auch wenn dies der Gesamtheit und oft genug auch dem Betreffenden mittelfristig nützt. Unproduktive Arbeitsplätze im Unternehmen zu halten (also verdeckte Arbeitslosigkeit zu finanzieren), kann nicht moralische Pflicht sein, auch nicht in der Staatsverwaltung. Eine Aufhebung des gesetzlichen Kündigungsschutzes ist nicht unsozial, wenn er Arbeitslosen wieder eine Chance gibt; und eine fühlbare Selbstbeteiligung in der Krankenversicherung führt zu einem pfleglicheren Umgang mit knappen Gütern, ja sogar mittelfristig zu einer Beitrags- oder Prämiensenkung, auch wenn der Patient dafür kurzfristig „Opfer" zu bringen scheint.

Unternehmer

Die Leitfigur einer modernen Marktgesellschaft, vielfach als „schöpferischer Zerstörer" dämonisiert (schon in der Antike). Der Unternehmer ist die Person, die die gute Gelegenheit erspäht und zugunsten der Marktgemeinschaft ausnutzt, vorausgesetzt, man lässt ihm billigerweise seinen Unternehmerlohn, gestattet ihm die Verzinsung seines eingesetzten Kapitals und, besonders, auch das Einstreichen der Wagnisprämie, denn nie kann er seiner Sache ganz sicher sein. Der Unternehmer wird vor allem durch die Kostenrechnung, den Wettbewerb, das Eigeninteresse, Gesetz und Geschäftsmoral kontrolliert (es gibt auch einen „Reputationswettbewerb"!). „Stark" kann er nur werden, wenn er seinen Mitmenschen nützliche Dienste erweist. Nicht er, sondern der Kunde ist der eigentliche „Arbeitgeber". Auch der Arbeitnehmer ist in einer Marktgesellschaft insoweit Unternehmer, als er unternehmerisch seine Fähigkeiten zu Markte tragen muss, sie bestmöglich einzusetzen hat. Gegenfigur zum Unternehmer ist der „Unterlasser" – speziell der Rentenbezieher, der jederzeit sein Auskommen und sein Behagen hat, nicht durch Ambition und Aussicht auf Gewinnchancen vorwärts getrieben wird.
Lesetipp: Unternehmerinstitut der ASU (Familienunternehmer) e. V.: Der selbständige Unternehmer. Seine Bedeutung und sein Ethos, Bonn 1993.

Utilitarismus

Wie soll man liberale Ethik, Ethik überhaupt, begründen? Mit ihrem Nutzen (lateinisch: utilitas) für das Gedeihen (Wohlstand, Frieden, Glück, am Ende Überleben) einer Gesellschaft? Dies ist die Meinung vieler Liberaler bis zu Ludwig von Mises, in verfeinerter Form auch von

Hayeks und vorher David Humes („Regelutilitarismus"). Es lässt sich freilich nicht im Einzelnen vorhersagen, welche Folgen im Sinne des angestrebten Nutzens eine politische Maßnahme hat, besonders Fern- oder ungewollte Nebenwirkungen lassen sich nicht ausrechnen. Schließlich, was ist „Gesamtnutzen"? Wie Pauls Schmerz mit Peters Freuden verrechnen? Jedenfalls ist klar, dass eine Ethik, die den Wohlstand zerstört, Konflikte schürt oder Menschen demütigt, gesellschaftsfeindlich ist, so die des Sozialismus, dem die Maske vom Gesicht gezogen werden muss. Wie kann man nach all den Erfahrungen und dem Stand unseres theoretischen Wissens (Mises, Hayek, Popper usw.) noch für „demokratischen Sozialismus" eintreten (wie unsere unbelehrbare „Linke")? Der Utilitarismus ist eine konsequentialistische Ethik, die auch für den „Deontologen" ihren Wert haben sollte (und schließlich im Letzten auch nur deontologisch zu begründen ist: warum Wohlstand, Frieden oder Überleben?).

Utopie
Ein in sich konsistentes ideales Leitbild für eine Gesellschaft. Utopie kann zweierlei bedeuten: erstens ein realisierbares Ideal, das weit von der derzeitigen Wirklichkeit entfernt ist, wie z. B. Ludwig Erhards Entwurf einer „Sozialen Marktwirtschaft", bevor er sie teilweise umsetzte; zweitens kann es sich um eine unrealisierbare Fantasterei handeln, einen frommen Wunsch weltfremder Intellektueller. Soweit sie realisierbar sind, sind Utopien ein Ansporn, erwecken Begeisterung und Orientierung. Der untergegangene Sozialismus war dagegen eine Utopie, die umso mehr Schaden stiftete, je mehr ihre Realisierung versucht wurde. Es ist zivilisationsfeindlich, bewährte Institutionen wie Eigentum, Familie, Markt und moralische Traditionen insgesamt abzuschaffen und eine künstliche Wirtschaftskonstruktion mit „neuen Menschen", geführt von einer allmächtigen technokratischen Elite, an ihre Stelle zu setzen. Eine positive, da realisierbare Utopie bietet z. B. der Idealstaat des Aristoteles oder die „Große Gesellschaft" von Adam Smith, in jüngerer Zeit „Die Verfassung der Freiheit" von Friedrich August von Hayek.
Lesetipp: Gerd Habermann: Müssen Utopien sozialistisch sein?, in: Ordo, Jahrbuch für die Ordnung von Wirtschaft und Gesellschaft, Bd. 55, 2005, S. 99–126.

V

Verbraucherschutz

Eine fragwürdige neue Filiale staatlicher Eingriffe, über den selbstverständlichen Gesundheitsschutz (Lebensmittelgesetz, Arzneimittelgesetz u. a.) hinausgehend. Es geht hier darum, die Rechtsposition des Verbrauchers gegenüber dem angeblich „strukturell" überlegenen Anbieter zu stärken. Diese Schutzpolitik übersieht, dass in einer Marktwirtschaft Wettbewerb, Eigeninteresse, Haftung, Markenpolitik usw. der stärkste Verbraucherschutz sind und es solcher zusätzlicher Eingriffe nicht bedarf. Der Verbraucherschutz geht leicht in eine Verbraucherverdummung über, wenn gewisse negative Erfahrungen im Umgang mit Produkten nicht mehr gemacht werden können, auf gewisse Risiken seitens des Verbrauchers nicht mehr eingegangen werden kann. Dies betrifft z. B. die Reglementierungen bei Haustürgeschäften, Gewährleistungsfristen, Reisen, bei Mietverhältnissen, im Fernunterricht. Angreifbar ist der Verbraucherschutz auch dort, wo es um erzieherische Maßnahmen geht: Werbeverbote und drastisch warnende Aufschriften bei Tabakprodukten, demnächst vielleicht auch bei Süßwaren, Alkohol usw. Auch die staatliche Drogenpolitik kann fragwürdig sein, wenn sie über den Jugendschutz hinausgeht. Für die Definition seines Glücks ist jeder selbst zuständig und jeder hat auch das Recht zur Selbstschädigung, wenn er dadurch nicht Dritten Schaden zufügt. Wie sieht es übrigens mit dem „Verbraucherschutz" gegenüber verlogener Politikerpropaganda aus? Oder gegenüber minderwertig angebotenen öffentlichen Gütern (Bildungswesen) oder Bankrotteurswirtschaft in der sozialen Sicherung oder der Geldversorgung?
Lesetipp: Johann Braun: Bürger und Verbraucher (Broschüre), München 2005.

Vermögensteuer

Typisches Instrument der Neidbesteuerung auf schon einmal versteuertes Einkommen, ähnlich wie die Erbschaftsteuer. Sie wird zurzeit in Deutschland nicht erhoben, aber ihre Wiedereinführung wird in linken Wahlprogrammen gefordert. Es geht bei ihr nicht darum, einen besonderen Staatszweck zu finanzieren, sondern eingestandenermaßen nur um die Verminderung des Vermögens wohlhabender Bürger. Auch Sachvermögen, wie wertvolle Teppiche, Schmuck usw. fallen unter diese Steuer. Damit es speziell die „Besserverdienenden" trifft, gibt es meistens Freigrenzen. Von Notzeiten wie nach 1945 abgesehen (Lastenausgleichsabgabe 1948) handelt es sich hier um eine reine Raubsteuer. Sie ist moralisch nicht zu begründen und kulturpolitisch wie volkswirtschaftlich schädlich. Dass ein Nachbar entschieden mehr hat als man selbst, sollte nicht einen Titel dafür hergeben, ihm das, was er nach Meinung von Zeitgenossen zu viel hat, mit Staatshilfe wegzunehmen. Ist dieses Prinzip einmal anerkannt, gibt es kaum noch Grenzen für die Beraubung. Wie sagte der heilige Augustinus? Ohne Gerechtigkeit ist ein Gemeinwesen nur eine große Räuberbande! Jeder hat im marktwirtschaftlichen Deutschland die Chance, ein eigenes Vermögen zu erwerben. Er braucht dazu nur: Ethos, Initiative, harte Arbeit, Ehrgeiz und eine intakte Familie.

„Verschämte Armut"
Es gibt Bürger, die lieber kümmerlich dahinleben als einen staatlich gestützten Anspruch auf die Gelder ihrer Mitmenschen zu erheben und im Übrigen zu stolz sind, vor subalternen Beamten ihre Vermögensverhältnisse darzulegen. Da dies die Sozialklientel des Staates vermindert, fährt dieser seinen Propagandaapparat gegen „verschämte" Armut auf, ja organisiert sogar ein Beobachtungssystem (z. B. über Briefträger, wie in Schweden), um die Betroffenen dazu aufzumuntern, „Sozialhilfe" (früher nannte man sie Armenhilfe) zu beanspruchen. „Sie ist dein gutes Recht! Greife nur unverdrossen zu!"

Versicherungszwangsgrenze
Prekäre Kampfgrenze zwischen der freien Privatversicherungswirtschaft und der gesetzlichen Zwangsversicherung. Mit der beliebig manipulierbaren Versicherungszwangsgrenze hat die Regierung das Schicksal einer ganzen privaten Branche in der Hand. In vielen Ländern ist diese Grenze abgeschafft, alle sind direkt vom Staat abhängig gemacht und müssen über ihn für sich vorsorgen lassen. Oft sind diese Systeme auch steuerfinanziert. Der Vorwand für die Aufhebung einer Versicherungszwangsgrenze ist die Ansicht, dass niemand durch fehlende Eigenvorsorge der Allgemeinheit zur Last fallen dürfe. Es ist indessen für keinen respektablen Bürger attraktiv, nach demütigender Bedürftigkeitsprüfung zu den vergleichsweise bescheidenen Sätzen der Sozialhilfe zu leben. Das Eigeninteresse an Eigenvorsorge ist für die meisten Menschen hinreichend stark genug, um einer Verarmung vorzubeugen, wie die Vorsorgepraxis der Selbstständigen in Deutschland zeigt. Wenn zudem die Sozialhilfe nicht sonderlich attraktiv ist und man ihren Bezug (bei Selbstverschulden) etwas stigmatisiert, ist der Grund, ihre Hilfe zu vermeiden, psychologisch noch zwingender. Kurz: Ein Zwang ist allenfalls für Geringver-

dienende vertretbar – und dann auch nicht bei staatlichen sogenannten „Versicherungen", sondern über Institutionen des Markts. Selbst Unternehmer haben jedoch bei uns inzwischen das Recht, freiwilliges Mitglied der gesetzlichen Renten- oder Krankenversicherung zu werden. Die bereits geplante „Bürgerversicherung" würde nur die Vollendung eines Prozesses darstellen, der seit Langem in Gang ist.

Versorgungsstaat

Der Versorgungsstaat ist der Todfeind einer freien Gesellschaft, am Ende eine Gefahr für Wohlstand und Freiheit. Alle Bürger werden zu Empfängern staatlicher Transfers oder Hilfsleistungen heruntergedrückt, die einen mehr, die anderen weniger. Gegenwärtig sind es in Deutschland über 50 Millionen. Ein durchorganisierter Versorgungsstaat war der Sozialismus, der Wohlfahrtsstaat hat ähnliche Ideale und treibt auf dessen Strukturen zu. Dagegen steht das Ideal der Selbstvorsorge aus Eigeninteresse. Nicht nur bei den täglichen Verbrauchsgütern des Lebens, sondern auch in der Vorsorge gegen die Risiken der Verarmung. Ein „Versorgungsstaat" kollidiert mit der Menschenwürde, die verlangt, dass man erst einmal für sich selbst zuständig ist und andere Menschen, Politiker besonders, nicht dazu berechtigt sind, dem Bürger diese Zuständigkeit – sein Urrecht – zu entziehen.

Verursacherprinzip

Eine Variante der Haftung: Für die Schäden, die man durch sein Handeln verursacht, muss man aufkommen, für seine Untaten oder Fehler einstehen. Besonders auch im Umweltbereich ist das Verursacherprinzip ein Grundprinzip. Nur in der Politik ist dieses Prinzip weitgehend aufgehoben: Der Notenbankchef etwa haftet nicht persönlich für die Schäden, die seine inflationäre Geldpolitik verursacht. So wenig haftet auch der frühere Minister Blüm für die verfehlte, von ihm durchgesetzte Pflegeversicherung über Umlage, deren Nichtfinanzierbarkeit schon damals absehbar war. Auch für die Verschwendungswirtschaft des Staates (vgl. besonders das jährliche „Schwarzbuch" des Bundes der Steuerzahler), für die durch eine fehlerhafte Gesetzgebung verursachte Arbeitslosigkeit haften die Betroffenen nicht. Oder für die unabsehbaren Folgen einer sogenannten „Euro-Rettung". Man sollte die Politiker nach dem Leistungsprinzip bezahlen, auch wenn einige von ihnen auf diese Weise in die Zone der Sozialhilfe abgleiten würden, z. B. 100.000 Arbeitslose zusätzlich bedeuten eine Einkommenskürzung von X Prozent.

Volkskapitalismus
Idee, den Bürgern nahezulegen, ihre Vermögensvorsorge nicht nur über Versicherungen, Sparkonten, Staatsschuldenpapiere und ähnliche Anlagen, sondern auch über den Besitz von Firmenanteilen, namentlich Aktien, zu betreiben. Damit wird Redensarten vom angeblichen „Gegensatz von Kapital und Arbeit" endgültig der Garaus gemacht, indem nämlich „Arbeitnehmer" auch zu Miteigentümern von Unternehmen werden. Dies ist auch der Hauptgrund dafür, warum Gewerkschaften und Sozialisten sich mit diesem Konzept nicht anfreunden können. Sie setzen auf das Konzept „Mitbestimmung ohne Miteigentum" und Haftung. Volkskapitalismus ist in den USA und in England unter Thatcher (Wohnungsprivatisierung!) eindrucksvoll realisiert. Unter Erhard wurde auch bei uns ein Anlauf in diese Richtung unternommen. Zur Realisierung dieses Konzepts taugt besonders die Privatisierung von Staatseigentum. Denn „Staatskapitalismus" hat in einer freien Gesellschaft nichts zu suchen. Die Privatisierungen der Jahre unter Rot-Grün waren eher Notverkäufe als von einem sozialökonomischen Konzept getragen. Auch das Staatsvermögen Ostdeutschlands wurde nicht diesem Gedanken nutzbar gemacht.
Lesetipp: Gerhard Schuler: Durch Partnerschaft zum Erfolg. Eine Perspektive für Mitarbeiter, Unternehmer und Gesellschaft, München 2006.

W

Währung
Heutzutage von fast allen Regierungen monopolistisch ausgegebenes „gesetzliches" Zahlungsmittel, in der Regel als „Papierwährung", nur vom Vertrauen der Bevölkerung in die Fähigkeit der Regierung getragen, es knapp zu halten. Das Währungsmonopol ist eines der einschneidendsten Staatsmonopole der Geschichte und verdiente eine grundsätzliche Diskussion. Ein gewisser Schutz gegen Währungsmissbrauch liegt im Wettbewerb der staatlichen Währungen, der jedoch durch Devisenzwangswirtschaft u. a. unterlaufen werden kann. Aber auch die Bildung großer Währungsräume (Euro) vergrößert das Risiko des Missbrauchs. Wahrscheinlich ist heute nur eine Entnationalisierung des Geldes ein einigermaßen wirksamer Schutz gegen die Versuchung der Regierenden, sich z. B. über Inflation zu entschulden. Dies war der Vorschlag des Nobelpreisträgers Friedrich August von Hayek.
Lesetipps: Friedrich August von Hayek: Entnationalisierung des Geldes, Tübingen 1977; Roland Baader: Geld, Gold und Gottspieler, Gräfelfing 2004.

Weber, Max (1864–1920)
Leider zu früh verstorbener liberal und patriotisch gesinnter Geistestitan, Historiker, Soziologe, Ökonom. Er war einer der Ersten, die die ökonomisch-technische Undurchführbarkeit der sozialistischen Planwirtschaft erkannten, zeitgleich mit Ludwig von Mises (1919/20). Großer Kämpfer gegen die Bürokratisierung des Lebens und der Monopolherrschaft. Nach Anfängen im Sinne der historischen Schule (Gustav Schmoller) näherte sich Weber mehr und mehr der Österreichischen Schule (erklärte sich für die Geldlehre von Mises). Bemerkenswert ist sein verzweifelter Kampf gegen die „Dilettanten“ der Revolution von 1918, besonders der radikalen Linken wie Rosa Luxemburg und der Spartakisten. Karl Jaspers meint, er hätte als starker homo politicus, der er auch war, Hitler aufhalten können. Dagegen spricht, dass er mit dem parteipolitischen Klüngel nicht fertig wurde und seine unglaubliche Leidenschaftlichkeit, die ihn manchmal jede Räson vergessen ließ, z. B. in einer Diskussion mit Schumpeter.
Lesetipp: Joachim Radkau: Max Weber, München, Wien 2005.

Werterelativismus und Wertekonkurrenz
Empirisch nachprüfbare sogenannte „Tatsachen“ (und logische Evidenz) sind das eine – das andere die Werte: von uns geschätzte (oder verworfene) Beziehungen, Gegenstände, Eigenschaften, Gefühle. In diesem Bereich des Werts lässt sich nichts zwingend und allgemeinverbindlich demonstrieren, nicht durch Logik, nicht durch Experiment. Die Quelle der Wertschätzungen (oder des Gegenteils) sind wir immer selbst, unsere Persönlichkeits- und Präferenzstruktur, das, was wir aus Anlage und Erfahrung geworden sind – dieses einzigartige Individuum, das seinen individuellen Auftrag suchen und in Handlungen realisieren muss. Tradition und Vorbilder können dabei Muster und Anregung liefern. Im Übrigen muss jeder durch *trial and error* selbst herausfinden, was und wer er ist, wo seine persönliche Nische liegt. Dabei muss er sich innerhalb konkurrierender und manchmal kollidierender Wertungen entscheiden. Manche Zeitgenossen ziehen aus diesem Wettbewerb subjektiver Werte resignative oder gar nihilistische Konsequenzen („Alles ist sinnlos“, „Es gibt keine Wahrheit“). Indessen steigert es doch den Wert der eigenen individuellen Persönlichkeit, dass sie dazu aufgerufen ist, den „Sinn“ ihres Daseins selbst zu schaffen, und dass sie von anderen danach beurteilt wird, inwieweit sie mit einem Wohlklang in das vielstimmige Konzert des Daseins eintritt. Religion, Geschichte, Dichtung

und Kunst, Familie und Freunde können dabei mithelfen. Welches ist dein Beitrag? Die Welt wartet ...

„Westen"

Kulturelle Bezeichnung für die durch Griechenland, Rom, Christentum, Feudalismus, Renaissance und demokratischen Liberalismus gewachsene besonders westeuropäische Kultur mit ihren Ausstrahlungen (Amerika, Australien, Neuseeland). Wesentliche Werte dieses Westens sind persönliches Eigentum, Herrschaft des Gesetzes, Freiheit und Persönlichkeitsglaube, Trennung von Staat und Religion, Marktwirtschaft und Demokratie. Nur in einem weiteren Sinn gehört die Welt Russlands und der griechisch-orthodoxen Kirche dazu, die Türkei dagegen keinesfalls. *Lesetipp: Philippe Nemo: Was ist der Westen?, Tübingen 2006.*

Wettbewerb

Ansehen, Positionen, Vorrang sind ebenso knapp und begehrt wie die meisten materiellen Güter und die Lebenszeit. Daraus ergibt sich zwangsläufig ein Wettbewerb, der sich niemals vollständig ausschließen, allenfalls regulieren lässt. Das gilt für spontane Markt- ebenso wie für Zwangsordnungen (Sozialismus). Aber allein in der Marktordnung kann er sich zugunsten der Gemeinschaft auswirken. Wettbewerb findet dort unter moralischen und gesetzlichen Regeln statt, die Gewalt, Diebstahl und Betrug als Mittel der Interessenverfolgung ausschließen. Es findet hier kein *struggle for life*, sondern nur um den Vorrang statt. Unternehmer müssen die „souveränen" Verbraucher umwerben und auch die Verbraucher als Arbeitnehmer stehen untereinander um Einstellung, Bezahlung, Rang usw. im Wettbewerb. Der Wettbewerb (im Markt) ist ein „Entdeckungsverfahren" (von Hayek) darüber, wer was am besten kann oder weiß, er spornt die Beteiligten an, belohnt und straft, zeigt uns, wo wir gebraucht werden – besonders durch Misserfolge – und dezentralisiert die Macht („Entmachtungsinstrument", Franz Böhm). Auch innerhalb eines Staates ist politischer Wettbewerb durch Föderalismus und kommunale Selbstregierung möglich. In einem Wohlfahrtsstaat ohne starke Eigentumsrechte kann der Wettbewerb unter den Parteipolitikern um Wiederwahl und Pfründe indes leicht zum Ruin des Gemeinwesens führen (Staatsbankrott, Inflation, Wirtschaftskrisen).

„Wettbewerb der Systeme“
Ursprünglich der Wettbewerb zwischen Kapitalismus und Sozialismus (international, zwischen den Blöcken). Seit dem Zusammenbruch des sozialistischen Weltsystems findet der Wettbewerb vornehmlich innerhalb jedes Staates zwischen der Idee der Freiheit, des Wettbewerbs und des Eigentums („Neoliberalismus“) und der Idee des Zwangs, des Monopols und der Staatsversorgung statt („Sozialnationalismus“). Auch wenn die Kräfte der Freiheit stark sind und mancher fähig ist, aus der Geschichte zu lernen, ist es – in den westeuropäischen Wohlfahrtsstaaten – durchaus noch nicht ausgemacht, welches „System“ mittelfristig tatsächlich das Rennen macht, namentlich seit dem Ausbruch der Staatsschuldenkrise. Ein Triumph des Sozialnationalismus würde freilich den Niedergang beschleunigen und irgendwann Radikalreformen in die andere Richtung notwendig machen.

Wiedervereinigung (1989/1990)
Das glücklichste Ereignis der deutschen Geschichte im 20. Jahrhundert nach dem tiefen Fall der Nation in der Katastrophe von 1945. Bis dahin war der Tiefpunkt der deutschen Geschichte der Dreißigjährige Krieg (1618–1648) und der Versailler Vertrag von 1919. Erfreulich war besonders die mutige „friedliche Revolution“ in der DDR, die – neben Gorbatschow – diese Neuvereinigung etwa in den Grenzen des Bismarck-Reiches, abzüglich der Ostprovinzen und Elsass-Lothringens, möglich machte oder besser erzwang. Außenpolitisch war sie der einzige Glanzpunkt der Regierung Kohl (mit Ausnahme seiner unnötigen Opferung der D-Mark). Geistig und besonders gesellschafts- und wirtschaftspolitisch war sie freilich eine Stümperei, unter der wir bis heute leiden.
Lesetipp: Klaus Schroeder: Die veränderte Republik, München 2006.

„Wilder Westen“
Nicht ganz zu Unrecht romantisierte Zone relativer Staatsfreiheit bei der Erschließung des nordamerikanischen Kontinents. Selten hat Eigeninitiative, auch in politischer Hinsicht, der Glaube an „spontane Ordnungen“ durch ehrgeizige und fleißige Siedler eine solche Rolle gespielt. Was war dagegen die staatsgesteuerte deutsche Ostkolonisation unter den Hohenzollern! Indessen war – von den betrüblichen Kämpfen mit den Indianern, ihrer Entrechtung und ihrem schließlichen Untergang abgesehen, wie Tocqueville ihn ergreifend schildert – die Erschließung des „Wilden Westens“ eine mustergültige Leistung privater „institutioneller“ Unter-

nehmer, die den Gebrauch des Weidelands, der Bodenschätze und des Wassers arrangierten. Der „Wilde Westen" war friedlicher als dies heute einige westliche Großstädte sind, deren Sicherheit durch Staatspolizei nicht mehr garantiert werden kann. Die Geschichte der Erschließung des amerikanischen Westens durch „genossenschaftliche" Selbsthilfe erinnert an entsprechende Traditionen der Schweiz und an die deutsche Ostkolonisation im Mittelalter.
Lesetipp: Terry L. Anderson, Peter J. Hill: The not so wild, wild West, Stanford 2004.

Wirtschaftsordnung
Typus der Koordination sozialen Handelns in der Wirtschaft – entweder über freie Koordination in Tauschakten und über Verträge auf der Basis von Eigentum und Wettbewerb (marktwirtschaftliche Ordnung) oder als Zwangskoordination von der politischen Klasse beherrschter Individuen ohne Privateigentum und Knappheitspreise (zwangswirtschaftliche Ordnung, zentrale Verwaltungswirtschaft, Sozialismus). Walter Eucken in seiner „Ordnungstheorie" unterscheidet die freie Verkehrswirtschaft von der zentral gesteuerten Wirtschaft, die man auch Kommando- oder Befehlswirtschaft nennen könnte. Eine zentrale Verwaltungswirtschaft im Kleinen ist die „Eigenwirtschaft" von Haushalten, die – im Unterschied zu einer nationalen Zwangswirtschaft – auch funktionieren kann.
Lesetipps: Walter Eucken: Die Grundlagen der Nationalökonomie, 8. Aufl., Berlin 1965; ders.: Grundsätze der Wirtschaftspolitik, 4. Aufl., Tübingen 1968.

Wirtschaftsphilosophie
Alle Ökonomie fußt im Letzten auf der Philosophie vom Wert des Individuums, seiner Freiheit und seinem natürlichen Recht, seine Lage durch Tauschakte zu verbessern. Die kollektivistische Ökonomie geht stattdessen von dem Vorrang des „Kollektiven", den Interessen der „Horde" aus. Das Individuum tritt nur als Glied einer von oben gesteuerten bürokratischen Ordnung in Erscheinung: das Idealbild des Termitenstaates.

Wirtschaftspolitik
Wichtiger Teil der Staatseingriffe in die Wirtschaft. Eigentlich benötigt man keine besondere staatliche Wirtschaftspolitik, wenn man von der Setzung einiger Rahmendaten für die Infrastruktur absieht. Seitdem es staatliche Wirtschaftspolitik gibt, kämpfen wir mit Wirtschaftskrisen

und ist die Wirtschaft unberechenbaren Eingriffen ausgesetzt. Wirtschaftspolitik ist ein Tätigkeitszweig der allgemeinen Politik, der sich möglichst rasch überflüssig machen sollte. Ein Wirtschaftsminister sollte darüber wachen, dass konsequent die Marktordnung waltet und nicht durch Eingriffe anderer Ressorts unterminiert wird.
Lesetipp: Walter Eucken: Grundsätze der Wirtschaftspolitik, 4. Aufl., Tübingen, Zürich 1968.

Wohlfahrtsstaat
Der Wohlfahrtsstaat ist die politische Kunst, die Bürger mit ihrem eigenen Geld vom Staat abhängig zu machen. Diese Kunst wird von der „politischen Klasse" geschäftsmäßig betrieben. Inzwischen wird in Deutschland weit mehr als ein Drittel des Sozialprodukts umverteilt, geht durch die Hände der Politik. Das Ergebnis dieser Umverteilungsströme ist undurchsichtig und wahrscheinlich äußerst irrational. Der Wohlfahrtsstaat wendet sich nicht an die Bedürftigen, sondern erklärt alle für „bedürftig" und unterwirft sie seinen Vorkehrungen. Der Wohlfahrtsstaat ist eine gemäßigte Variante des Sozialismus und die größte Gefahr für die freie Marktwirtschaft und die „offene Gesellschaft". Sein Fortschritt ist u. a. deswegen möglich, weil viele Bürger nicht die Tatsache durchschauen, dass Staatsleistungen nur von ihnen selbst finanziert werden können oder mit den Worten Ludwig Erhards: „Jede Ausgabe des Staates beruht auf einem Verzicht des Bürgers." Der Wohlfahrtsstaat bricht das Selbstbewusstsein der Bürger und macht sie von fremder Hilfe abhängig, er politisiert das Leben und führt eine Gesellschaft in das „Sozialprotektorat" des Staates.

Lesetipp: Gerd Habermann: Der Wohlfahrtsstaat. Die Geschichte eines Irrwegs, 2. Aufl., Berlin 1997 (3. Aufl. in Vorbereitung).

Definition Sozialismus

Quelle: Le Figaro

Wohngeld

Das Wohngeld kann als Muster einer vernünftigen Sozialpolitik nach dem Subsidiaritätsprinzip dienen: ein Mietzuschuss für jene Bedürftige, die nicht in der Lage sind, diese Kosten aufzubringen, unter der Voraussetzung, dass der Wohnstandard angemessen ist, in dem sie leben. Diese Direktunterstützung oder Subjektförderung kann nach Zahl der Familienmitglieder, nach Familieneinkommen, nach Ausstattung und Alter der Wohnung und nach örtlichen Verhältnissen differenziert werden. Zuständig für Anträge und Entscheidungen sind in der Regel die örtlichen Verwaltungsbehörden, die die besten Kenntnisse der lokalen Verhältnisse haben. Ein kleines Wunder in dem Gestrüpp unserer wirren Sozialpolitik!

„Wucher“

Das Ausnutzen der Notlage eines anderen (z. B. Mietwucher, Kreditwucher) ist umso unwahrscheinlicher, je dezentralisierter und wettbewerbsorientierter eine Gesellschaft ist – und damit auch wohlhabender. Wucher ist immer an eine monopolistische Situation gebunden. Freilich, wer sich durch fehlendes Verhandlungsgeschick oder Ignoranz übers Ohr hauen lässt, ist selbst schuld. Am ehesten ist heute der Staat zu „Wucher" in der Lage, indem er minderwertige oder unerwünschte Leistungen zu hohen Kosten anbietet oder vielmehr den Bürgern aufzwingt. Oder indem er z. B. feierlich verbürgte Ansprüche beliebig streicht, wie sich das kein Privatunternehmen der Erde erlauben könnte.

Z

Zahnmedizin

Es gibt in unserer sozialpolitisch überregulierten Gesellschaft auch den Zwang, sich gegen normalerweise übersehbare und kalkulierbare Kosten wie im zahnmedizinischen Bereich abzusichern. In sozialpolitisch fortschrittlichen Ländern wie der Schweiz und sogar in Schweden ist dagegen ein Versicherungszwang in dieser Sache nicht vorgesehen. Die Bürger leisten sich komfortable Wohnungen, Autos, Urlaubsreisen – warum sollten sie nicht für geringfügige Zahnreparaturen und selbst für teure Prothetik selbst vorsorgen können? Die Zahnärzte könnten in einem liberalisierten System wieder zu echten unternehmerisch aufgestellten Freiberuflern werden (was sie ja auch seit Jahrzehnten wollen, aber nicht dürfen, siehe www.fvdz.de).

Zehn Gebote

In diesen Geboten des Alten Testaments ist auch das ethische Fundament des Liberalismus enthalten: der Schutz des persönlichen Eigentums (Verbot des Diebstahls, ja schon das Begehren in diese Richtung: achtes und zehnten Gebot), das Gewaltverbot gegen den Nächsten (Tötungsverbot im sechsten Gebot), das Einhalten von Verträgen, vor allem des Ehevertrags im fünften und zehnten Gebot, das Gebot von Treu und Glauben, die Ehrlichkeit (kein falsch Zeugnis, neuntes Gebot), die Hochschätzung der Familie (Elternliebe, fünftes Gebot) – und auch die Begründung ist liberal-utilitaristisch: „damit es dir gut gehe und du lange lebest auf Erden." Nicht liberal sind die strikte Festlegung auf den einen Gott (des Judentums) und das Gebot des Sabbats, der Sonntagsheiligung (obwohl die Feier des Sonntags auch einem Liberalen als gute, eingelebte Sitte von großem Wert sein mag). Unser Wohlfahrtszwangsstaat verstößt gegen etliche dieser Gebote, vor allem gegen das Eigentumsgebot: Zwangsweise Umverteilung des Eigentums ist ja der Kern seiner Tätigkeit. Das „du sollst nicht stehlen" ignoriert er komplett („Sozialkleptokratie") und das Brechen von Versprechungen hat bei ihm Methode. Er wertet die Familie ab und untergräbt die einzige Solidarität, die moralisch von Wert ist: die freiwillige auf Basis der Nächstenliebe. Man muss sich wundern, dass die Kirchen sich gegenüber dem Wohlfahrtsstaat opportunistisch

verhalten, ja ihn stützen und fördern, obwohl er ihnen doch die Grundlage nimmt, indem er das Liebesgebot sozialisiert und daraus eine Sache anonymer Behördentätigkeit und einen „Rechtsanspruch“ macht.
Lesetipp: Roland Baader: Vom christlichen Glauben zur Sozialreligion, in: Ingo Resch (Hrsg.): Mehr als man glaubt, Gräfelfing 2000, S. 25 ff.

Zentralbanken, staatliche
Mit ihrer Hilfe haben sich überall auf der Welt die Regierungen des Geldes bemächtigt und dieses Monopol dann in schändlichster Weise missbraucht und etliche Staaten und Völker in den Abgrund gestürzt – und tun dies gerade wieder. Die Weltkriege hätten ohne diese Papiergeldmonopole mit gesetzlichem Abnahmezwang nicht geführt werden können und wäre die derzeitige Finanzkatastrophe in den USA, den europäischen Staaten und Japan, an deren Beginn wir ja erst stehen (September 2011), unmöglich gewesen. Mit künstlich verbilligtem Geld wurde der Gegenwartskonsum auf Kosten des Sparens und der gesunden Zukunft angeheizt – mit der Folge einer nie dagewesenen öffentlichen und privaten Verschuldung. Leider durchschauen die meisten Bürger das Verhängnisvolle einer Geldpolitik nicht, für das sie am Ende werden zahlen müssen, und die verantwortlichen Politiker, die, oft genug unter dem Druck der Großbanken, diese Entwicklung vorantreiben, wissen oft genug ebenfalls nicht, was sie tun oder, wenn ausnahmsweise doch, haben sie nicht den Mut und Charakter zum Gegensteuern. Die große Inflation in Deutschland (1919–1923) hat Hitler den Weg geebnet. Nichts unwissender, skrupelloser und feiger als der damalige Chef der Reichsbank, Rudolf Havenstein, dem heute die Namen Greenspan, Bernanke oder Trichet an die Seite zu stellen wären. „Der gegenwärtig eingeschlagene Weg verlängert und verstärkt das Leiden – und führt zu einem langsamen Tod in eleganten Kleidern“ (Ron Paul). Wie können wir die Geldproduktion entmonopolisieren oder wieder an das Gold binden? Das könnte zur Schicksalsfrage für die Freiheit werden.
Lesetipps: Ron Paul: Befreit die Welt von der US-Notenbank, Rottenburg, 2010; Roland Leuschel, Claus Vogt: Die Inflationsfalle, Weinheim 2009; Roland Baader: Geld, Gold und Gottspieler, Gräfelfing 2004; Friedrich August von Hayek: Entnationalisierung des Geldes, 2. Aufl., Tübingen 2011.

Zukunftsmodell Deutschland
Deutschland wird als starke und geschätzte Nation nur bei Wiederherstellung von Eigentum, Freiheit und Selbstständigkeit bestehen können, d. h. mit Überwindung des Wohlfahrtsstaates. Weniger Staat, mehr individuelle Wohlfahrt: Das muss die Generalparole der Zukunft sein. Wo diese „Wende" zur Wiederherstellung der Selbstständigkeit nicht gelingt, wird vermutlich diese Nation ihr ökonomisches und ihr Sozialkapital mehr und mehr verspielen und vielleicht am Ende durch Auszehrung auch der biologischen Substanz international vom ersten Rang in das Parkett und schließlich auf die Stehplätze des Welttheaters wandern.
Lesetipp: Unternehmerinstitut der ASU (Familienunternehmer) e. V., Zukunftsmodell Deutschland, Berlin 2005.

„Zumutbarkeit"
Vor allem aus der Arbeitslosigkeit geläufiger Begriff: Wann muss der Arbeitnehmer eine Tätigkeit annehmen und wird bei Weigerung im Gegenzug mit der Streichung von Sozialtransfers bestraft? Dies besonders in Zeiten der Hochlohnpolitik des Arbeitsmarktkartells? Es zeigt sich in diesem Bereich krass der Nachteil einer staatlichen Arbeitslosenversicherung. Bei einer privaten Versicherung würde man die Konditionen so vereinbaren, wie es den Interessen aller Beteiligten entspricht und eine entsprechende Prämie bezahlen. Mit der Politisierung und Schematisierung dieser „Versicherung" durch den Staat kommt abstoßende Willkür in das Verfahren, das in der Tat eine Zumutung ist.

„Zwei-Klassen-Medizin"
Derzeit in Deutschland ständisch gegliederte medizinische Versorgung mit einem Dualismus zwischen gesetzlich geschützten quasi staatlichen Kassen auf der einen und den (stark regulierten) privaten Versicherungsunternehmen auf der anderen Seite. Das Geschäft der Privatversicherungen darf erst jenseits einer bestimmten, ständig manipulierten Einkommensgrenze einsetzen. Die Auflösung des in der Tat fragwürdigen „Klassen-Verhältnisses" ist nicht durch eine Zwangslösung für alle („Bürgerversicherung"), sondern nur durch gleiche Wahlmöglichkeiten für alle, d. h. echte Konkurrenz zwischen Privaten und Gesetzlichen bzw. Privatisierung der Letzteren herbeizuführen. Muss man wirklich noch Argumente gegen die Sozialisierung einer Branche vorbringen?

Zu guter Letzt

Ist es klar geworden, worum es dem Autor geht? Individuelle Freiheit, Wettbewerb und Subsidiarität oder – ökonomischer Niedergang und Anomie. An der Bewältigung der aktuellen, aber eigentlich chronischen Staatsschuldenkrise wird sich entscheiden, ob der Weg auf unabsehbare Zeit zur Knechtschaft oder zur Renaissance freiheitlicher Ideale und bürgerlicher Werte führt. Es könnte die größte Stunde der Liberalen werden – oder ihr vorläufiges Verschwinden in die Bedeutungslosigkeit. Alle Geschichte ist eine Geschichte der Freiheit – aber Ideen haben keine Eile und oft machen sie lange Umwege oder scheinen ganz verschwunden, während wir unglücklich sind.

Gerd Habermann: Zur Ökonomie und Sprache des Neids

Der destruktive Neid tritt meistens verhüllt zutage. Er ist bestrebt, sich in Form von moralisierenden Theorien zu rechtfertigen. Dazu gehören im Besonderen die Lehren von der „sozialen Gerechtigkeit" oder faktischen Gleichheit, im Sozialismus wie auch bei seiner „gemäßigten" Tochter, dem Versorgungs- oder Wohlfahrtsstaat des Westens. Noch niemandem ist es gelungen, objektiv zu definieren, was „soziale" Gerechtigkeit – etwa im Unterschied zur adjektivlosen, „einfachen" Verfahrensgerechtigkeit des Markts – sein soll. Friedrich August von Hayek schrieb: *„Die völlige Inhaltslosigkeit des Begriffs ‚soziale Gerechtigkeit' zeigt sich an der Tatsache, dass es keine Übereinstimmung darüber gibt, was soziale Gerechtigkeit im Einzelfall erfordert; dass ferner keine Kriterien bekannt sind, nach denen entschieden werden könnte, wer recht hat, wenn die Leute verschiedener Ansicht sind …"*

Neid ist ein Laster

Neid ist in jedem Fall kein edles Motiv. Er ist vielmehr ein *Laster*. Aber er kann produktive wie zerstörerische Auswirkungen haben. Der erste Fall tritt ein, wenn der Neid sich in schöpferische Leistungen umsetzt. Meistens aber geht der Neid auf das Schädigen und die Entmutigung des (erfolgreichen, gesunden, glücklichen) Anderen aus. Das Ziel ist erreicht, wenn der Glückliche sein Glück als „unverdient" empfindet und darüber unglücklich wird; wenn er sich für seinen Erfolg zu entschuldigen sucht, sich schließlich vielleicht selbst zu einem „Missbrauch" erklärt wie der unglückliche Reformkönig Ludwig XVI. Im Extremfall flüstert ihm der zerstörerische Neid zu: *„Fühle dich schuldig, schäme dich, denn andere, die unter dir geblieben sind, beneiden dich. Du bist an diesem Neid schuldig, du stürzt sie durch dein bloßes Dasein in die Sünde. Wir brauchen die Gesellschaft der Gleichen, damit niemand neidet"* (Helmut Schoeck). Also nicht der Neidische soll sich zähmen, überwinden und Nächstenliebe pflegen, sondern sein Opfer soll sich ändern – nach unten hin, dem Maßstab des Neids zuliebe. Diese Suggestion hat im Jahrhundert des Sozialismus ihre mürbe machende Wirkung besonders auch auf die unternehmerische Elite nicht verfehlt. Es gibt Unternehmer, die ihre gegenwärtige, zum Teil schikanöse Fesselung durch ein fein gesponnenes Sozial-, Arbeits- und Fiskalrecht für notwendig erklären. Nur so mache man die unternehmerische Existenz „sozialverträglich“, meinen sie.

In einer echten Marktwirtschaft wird der Neid zu einer bösen Kraft, die Gutes schafft. Er wird sozusagen sozial dienstbar gemacht für das Allgemeinwohl. Neid, Missgunst oder Rachsucht: Man kann sich auf Märkten nur durch Leistungen für andere – die Kunden – voranbringen, indem man Wettbewerber durch bessere Angebote überflügelt. Es kann hier heißen: privates Laster, öffentlicher Vorteil. Der Markt setzt zu seinem Funktionieren weder Helden noch Heilige voraus. Der „Gewinn“ ist eine Anerkennung der Konsumenten, die mit ihren Ausgaben über den Wert der angebotenen Leistungen abstimmen – den Wert für Konsumenten wohlgemerkt, denn für die Konsumenten ist die Marktwirtschaft da. Gibt es hier wirklich Gerechtigkeitsprobleme, wenn jeder nach seinem Beitrag zur Wunscherfüllung seines Nächsten belohnt wird?

Der Wettbewerb ist aristokratisch

Aber eben der Wettbewerb als „auslesende“ Einrichtung ist den Neidhammeln der „sozialen Gerechtigkeit“ und „Solidarität“ schon verdächtig. Selbst wenn der Sieger „groß“ nur durch den Dienst am Nächsten werden kann und von dessen Neigungen immer abhängig ist, bleibt er doch Sieger und genießt eine Prämie, welche die Zurückgebliebenen nicht ebenfalls genießen können. Sie brandmarken Wettbewerb nun als „sozialen Darwinismus“ oder „Ellenbogengesellschaft“. In Wirklichkeit können nur wettbewerblich organisierte Gesellschaften auch für Hilflose – „sozial Schwache“ – so viel erübrigen, dass Armut als Massenerscheinung praktisch verschwindet, während eine Gesellschaft ohne Wettbewerb sie wieder heraufführt, um sie dann zu verwalten. Georg Simmel schrieb sogar einmal: „Der Konkurrenz gelingt unzählige Male, was sonst nur der Liebe gelingt: das Ausspähen der innersten Wünsche eines anderen, bevor sie ihm noch selbst bewusst geworden sind. … die moderne Konkurrenz, die man als den Kampf aller gegen alle kennzeichnet, ist auch zugleich der Kampf aller um alle.“

Die Praxis der sozialen Gerechtigkeit läuft auf möglichst viel Gleichheit, bewirkt durch umverteilenden Zwang, hinaus. In einer Karikatur aus einer Zeitschrift des 19. Jahrhunderts, den „Fliegenden Blättern“, sieht man einen Kommunisten mit einem Bürgersmann im Gespräch. Der

Bürgersmann sagt: „Ja, du redest immer von Gleichheit und Güterteilen, allein ich setze den Fall, wir haben geteilt, und ich, ich spare meinen Teil, doch du verschwendest den deinigen, was dann?" Der Kommunist antwortet: „Ganz einfach! Dann teilen wir wieder." (siehe oben S. 185)

Neidbeschwichtigungsökonomie

Unser Versorgungsstaat versucht, den Neid durch umfassende Umverteilung zu beschwichtigen. Wohlfahrtsökonomie ist Neidbeschwichtigungsökonomie („kleinstmöglicher Neid der größten Zahl"). Die Neidökonomie des Wohlfahrtsstaates drückt sich vor allem in der Forderung nach Chancen-, womöglich Ergebnisgleichheit aus. Ihr Hauptansatz ist eine progressive Steuerpolitik, eine möglichst progressive Staffelung der Sozialbeiträge, eine saftige Erbschaft- und Vermögensteuer, um an die Substanz zu kommen, und das Angebot möglichst vieler „öffentlicher Güter" zum Null- oder Sozialtarif. Es gab im klassischen Neiderstaat Schweden Progressionssätze von 90 Prozent und darüber – und dies schon von relativ niedrigen Einkommensstufen ab, sodass das Durchschnittseinkommen schließlich zu mehr als zwei Dritteln aus Sozialtransfers bestand. Progression heißt: Der Erfolg wird durch Besteuerung bestraft. Andererseits wird der Misserfolg durch soziale Transfers belohnt. Die Begründung dieser Progression ist dubios: Man soll für öffentliche Güter nach seiner Leistungsfähigkeit bezahlen. Das wäre auf dem Markt so, wie wenn in einem Geschäft die Preise nach dem Einkommen des Kunden gestaffelt wären. Hinzu kommt die ebenfalls fragwürdige Theorie vom relativen Opfer. Es werden hier sozusagen Peters relativ größere Freuden mit dem relativ kleineren Leid von Pauls „Opfer" verrechnet – ein interpersoneller Nutzenvergleich, der sachlich undurchführbar ist.

Die Gießkannensozialpolitik als Ausdruck des Neids

Die Neidökonomie findet sich wieder in der Gießkannensozialpolitik, wie sie z. B. in der Bildungswirtschaft praktiziert wird, die durch das kostenlose Angebot von Ausbildungsleistungen für alle ohne Bedürftigkeitsvoraussetzung nur eine Filiale der Sozialpolitik darstellt. Ebenso auch in der staatlichen Kulturpolitik durch „soziale" Tarife z. B. beim Theaterbesuch. Was steckt dahinter? Um eine „Stigmatisierung" des Einzelnen, der öffentliche Mittel beansprucht, zu vermeiden, werden Nulltarife für alle, auch für die Wohlhabenden verordnet. So wird – um der Neidbeschwichtigung willen – sogar eine Umverteilung von unten nach oben in Kauf genommen. Auch Wohlhabende bekommen z. B.

ein Studium geschenkt und dürfen einen hoch subventionierten Platz in der Oper einnehmen. Die Progressionswirkung der Steuer wird damit teilweise aufgehoben. Besonders auffällig ist diese Umverteilung in der gesetzlichen Krankenversicherung, wo das Sachleistungsprinzip (ein Prinzip des Armenrechts!) ebenso für den armen Hilfsarbeiter wie für den Generaldirektor mitsamt seiner Familie gilt. Alles umsonst – jeder nach seinen Bedürfnissen und jedenfalls alle gleich.

Fragwürdige „Antidiskriminierung"

Auch die sogenannte „Antidiskriminierungsgesetzgebung" zeigt das hässliche Gesicht des Neids, ein „politisch korrektes" Streben nach unbedingter Egalität: Es geht hier nicht um die rechtsstaatliche Nichtdiskriminierung, sondern um das Verbot, jemanden zu bevorzugen, der nach Meinung der „politisch korrekten" Egalitarier sowieso schon bevorzugt ist, z. B. ein Inländer gegenüber einem Ausländer, der Mann gegenüber der Frau, der Vermögende gegenüber dem Armen, oder – wie es jetzt im Lissaboner Vertrag der EU mit einiger Vollständigkeit heißt: Geschlecht, Rasse, Hautfarbe, ethnische oder soziale Herkunft, genetische Merkmale, Sprache, Religion, Weltanschauung, politische Anschauung, Zugehörigkeit zur nationalen Minderheit, Vermögen, Geburt, Behinderung, Alter und sexuelle Ausrichtungen seien Ansatzpunkte der „Diskriminierung" – eben in diesem weiteren Sinn.

Dies bedeutet in seiner praktischen Auswirkung nichts anderes als die Abschaffung der Vertragsfreiheit. Besteht die Freiheit nicht gerade darin, dass man seinen Präferenzen durch Vertragsabschlüsse Ausdruck geben darf? Diskriminiere ich einen schlecht bezahlten Bluessänger, wenn ich lieber einen besser bezahlten Opernsänger höre? Ist die Wahl einer bestimmten Zahnpasta oder einer Marmelade „diskriminatorisch" für alle anderen Marken? Diskriminiert der Kauf eines Autos die Anbieter von Bus und Bahn? Ist eine kleine liberale Partei diskriminiert, wenn sich die Wähler eher für eine große Massenpartei entscheiden?

Exemplifizieren wir dies einmal für das Arbeitsrecht. Wenn jemand aus persönlichen Gründen einen Katholiken einem Protestanten als Mitarbeiter vorzieht, lieber mit Farbigen als mit Weißen, lieber mit Ausländern als mit Einheimischen oder lieber mit Frauen als mit Männern arbeitet (oder natürlich auch umgekehrt), so soll diese Wertentscheidung für die jeweils anderen „diskriminatorisch" sein. Es soll der Arbeitgeber gezwungen werden, bestimmte Personenkategorien bevorzugt einzustellen, eine politische Veranstaltung zur Zwangsverbrüderung sozusagen. Dies ist mit einem Rechtsstaat unvereinbar. Wenn ein Unternehmer z. B. auch gegen alle Wirtschaftlichkeit lieber mit einem „teuren" Einheimischen als mit einem „billigen" Ausländer (oder umgekehrt) zusammenarbeitet, so ist dies seine Sache und er muss die Nachteile dieser Option selbst tragen. Der Wettbewerb wird dafür sorgen, dass der Ausgeschlossene woanders Verwendung findet. Schädlich für die betroffenen Gruppen wäre in dieser Situation nur ein Nachfragemonopol seitens der Arbeitgeber. Es ist auch moralisch-rechtsstaatlich vollkommen in Ordnung, wenn es exklusive Frauencafés oder Studentenverbindungen nur für Männer gibt, solange diese nicht durch Staatszwang gestützt werden. Politisch erzwungene Quotenregelungen aller Art, EU-Gleichstellungsrichtlinien zugunsten der Frauen usw. sind darum eine politische Anmaßung, eine in einer freien Gesellschaft nicht zu duldende Einschränkung des Grundsatzes der Vertragsfreiheit – und dahinter steckt nichts als der Neid!

Neid und Familie

Neuerdings hat die Neidökonomie auch die Familie erreicht. Der „Kollektivegoismus der Familie" ist seit jeher ein Dorn im Auge der Egalitarier. In der Familie werden Vorteile, Besonderheiten, Vorzüge und Positionsgüter weitergegeben, welche die Neidegalitarier für „ungerecht" erklären. Familien bilden ein kulturelles Kleinklima und eine wirtschaftliche Sonderzone. In allen großen Utopien der politischen Philosophie ist darum die Familie mehr und weniger aufgelöst, von Platon bis zu Karl Marx und darüber hinaus zur „Schönen Neuen Welt". Wie drückt sich im Versorgungsstaat Deutschland die Neidpolitik gegen die Familie aus?

Nach den Idealen gegenwärtiger Familienpolitik soll die Familiengründung, die Elternschaft, möglichst wenig „kosten". Zugrunde gelegt wird ein neidvoller Vergleich mit dem „Single", der sich einen höheren Lebensstandard erlauben kann als jemand mit Familie. In diesem materialistischen Vergleich werden die Vorteile des Kinderhabens nicht in Anschlag gebracht. Das Kind wird als „Opfer" für die Allgemeinheit angesehen, für welches es einen Kompensationsanspruch gegen den Staat, den Steuerzahler, gibt. Als neuester Schlager im Wettbewerb um die Schwächung der Familiensolidarität ist sogar von bürgerlichen Parteien ein stattliches „Elterngeld" ins Rennen geschickt worden. Die Kosten der Familie werden in dieser Weise sozialisiert, sie wird durch den Staat ihres Sinnes als unabhängiger Selbsthilfegemeinschaft beraubt. Mutter und Vater werden bezahlte Staatsfunktionäre zu Reproduktionszwecken. Mein Kind – deine Ausgabe! Nach Berechnungen des Instituts für Weltwirtschaft in Kiel werden gegenwärtig bereits ca. 50 Prozent der Kinderkosten durch die Allgemeinheit getragen. Da sind Kindergelder, Erziehungsgelder, sogar Baukindergelder, da ist die Familienprämie in der gesetzlichen Krankenversicherung, da sind die verstaatlichten Ausbildungskosten – da sind die Milliardenprogramme der Regierung zur Schaffung von staatlichen Familienersatzeinrichtungen.

Bekämpfung regionaler Unterschiede

Neidökonomie drückt sich ebenso im Anspruch der Bundes- und Landespolitik aus, durch Finanzausgleich zwischen den öffentlichen Körperschaften (Bund, Länder, Kommunen) möglichst einheitliche Lebensverhältnisse, wenigstens ein etwa gleichwertiges Angebot an öffentlichen Gütern herzustellen. Es geht auch hier dabei nur um eine vordergründige Ökonomie, die nicht monetäre Vorteile (z. B. hohe Umweltqualität, landschaftliche Schönheit des Standorts oder die Schönheit und Bedeutung einer Stadt) nicht in Betracht zieht und jedenfalls erfolgreiches Handeln im öffentlichen Teil der Wirtschaft durch Umverteilung bestraft, Misserfolge dagegen belohnt. Bekannteste Beispiele für das „Leben auf Kosten anderer“ sind die Bundesländer Bremen, das Saarland und besonders Berlin.

Es wird heutzutage eher akzeptiert, dass alle gleich arm, als dass alle wohlhabend, aber darunter einige wohlhabender als andere sind. Der Begriff „Armut“ wird vom Neid so definiert, dass als „arm“ gilt, wer über weniger als das Durchschnittseinkommen verfügt. Man kann nach dieser Definition also sehr reich und gleichzeitig relativ arm sein. So gibt es immer Grund für Neid, denn einige werden immer am Fuß der Leiter stehen. Die Armut wird nie besiegt, die Unzufriedenheit mit den Ergebnissen der Marktwirtschaft wird ewig andauern, so leistungsfähig sie auch sein mag – und wenn alle Millionäre wären!

Der Krieg gegen die Reichen

Eines der sträflich vernachlässigten Kapitel der Sozialgeschichte, so bemerkte einmal George Gilder, ist die Feindschaft der Gesellschaft gegenüber ihren größten Wohltätern. Auf allen Kontinenten und zu allen

Zeiten wurden die Menschen, die sich als Schöpfer des Volkswohlstands hervortaten, mit der härtesten Grausamkeit verfolgt. Beispiele aus der jüngsten Geschichte sind das Hinschlachten der Armenier in der Türkei, die Judenvernichtung in Deutschland, die Ausrottung und Vertreibung der Ibos im Norden Nigerias, die Verfolgung der wirtschaftlich Erfolgreichen durch die Roten Garden in China, die Tötung von fast einer Million Auslandschinesen in Indonesien, die Massaker unter den Weißen und Indern in Uganda, ihre Enteignung und Vertreibung aus Tansania und neuerdings Simbabwe und die Ermordung und Internierung der Biharis in Bangladesch. In bester Erinnerung ist auch noch, dass gegen Ende der Siebzigerjahre ein Großteil der Elite Kubas und Südostasiens ins offene Meer getrieben wurde. Überall nehmen die Grausamkeiten zu und die Leichenberge wachsen an in dem unablässigen Kampf der Neider gegen die angeblich so gefährlichen Reichen, die Krämer, die Geldverleiher, Großhändler, Zwischenhändler, die Unternehmer schlechthin. Gleichzeitig steigt aber auch die Millionenzahl der Opfer unnötiger Armut und Hungersnot.

Die Wirtschafts-, Finanz- und Sozialpolitik der vormals regierenden Linkskoalition sowie der Großen Koalition unter Kanzlerin Merkel war besonders stark von nicht eingestandenen Neidmotiven beherrscht. In der Sozialpolitik hat eine Rückwärtswendung stattgefunden, die selbst die zahmen Liberalisierungen der Regierung Kohl korrigiert hat (die Gesetzgebung in Sachen Lohnfortzahlung, Scheinselbstständigkeit, Kündigungsschutz, Minijobs usw.). Diese Korrekturen wurden inzwischen – unter Problemdruck und nur zögernd – großenteils zurückkorrigiert. Auch bei der stark umkämpften Novellierung des Betriebsverfassungsgesetzes ging es um mehr Gleichheit. Es sollen *überall* Betriebsräte gebildet, eine betriebliche Einheitsverfassung für Deutschland auch für den Mittelstand durchgesetzt werden.

Deutschland steht freilich international nicht an der Spitze der durch Neidpolitik behinderten Nationen: Schweden liegt immer noch mit Abstand vor ihm und überhaupt alle Nationen, die sich hohe Staats- und Abgabenquoten erlauben – diesen in Friedenszeiten sicheren Indikatoren des Neids. Jedoch besteht eine Korrelation zwischen dem Ausmaß individueller Freiheit – also der Nichtgleichheit – und dem Wohlstand.

Wiedervereinigung und Neid

Auch die wirtschaftliche und soziale Wiedervereinigungspolitik nach 1990 ist durch Neidmotive mitcharakterisiert. So sollte es keine Niedriglohngebiete geben, keine wirtschaftliche Konkurrenz aus dem Osten entstehen. Dieses Ziel wurde erreicht, indem durch die Währungsunion zu fragwürdigen Umstellungsrelationen und durch die Politik des Arbeitsmarktkartells der Osten industriell schulterzuckend zerstört, zumindest der verbliebenen komparativen Vorteile beraubt wurde. Gleichzeitig wurden die wohlfahrtsstaatlichen Standards des Westens in vollem Umfang auf den Osten übertragen. Dies war die Politik, die die Folgen der wirtschaftlichen Wiedervereinigung zu einer Erblast gemacht hat.

„Chancengleichheit" – eine zerstörerische Utopie

„Chancengleichheit", wenn sie mehr bedeuten soll als die Gleichheit vor dem Gesetz, ist eine zerstörerische Utopie. Geografische, kulturelle, zeitliche (zwischen den Generationen), familien-, begabungs-, gesundheits-, charakterlich bedingte Unterschiede sind entweder prinzipiell nicht zu beseitigen oder nur um den Preis einer totalitären Zwangsordnung, die nun wieder zu extremen politischen Ungleichheiten mit ihren Folgen führen muss. „Chancengleichheit" kann es bei näherer Betrachtung nur als Gleichheit vor dem Gesetz geben. Der Spanier Gonzalo Fernández de la Mora schreibt in seinem lesenswerten Buch über den Neid: „Die Chancengleichheit gibt es nicht und das ganze politische Problem beschränkt sich auf die Regulierung der Ungleichheiten, ohne den Trieb zur Selbstverwirklichung zu beengen, der das Edelste im Menschen ist, die mächtigste Triebkraft der Geschichte und das Heilmittel gegen den Neid."

Wie soll man im Übrigen Vor- und Nachteile miteinander verrechnen? Wie will man es beispielsweise rechtfertigen, einem Kind, das von seinen Eltern zwar eine schwache Gesundheit, aber dafür in Kompensation wenigstens bessere materielle Bedingungen des Lebenskampfs geerbt hat, auch diese noch zu nehmen? Sollen die anderen nicht froh sein, einen gesunden Magen, ein kräftiges Herz oder eiserne Nerven geerbt zu haben? Soll man die erschlaffende Wirkung eines über Generationen genossenen Wohlstands verrechnen mit den Antrieben, die armselige Startverhältnisse einem ehrgeizigen Selfmademan bieten mögen?

Im Übrigen wird, sollte es wirklich die „gleichen Startchancen" geben, den auch dann noch Zurückbleibenden die ihr Selbstgefühl schonende Möglichkeit genommen, die Schuld der „sozialen Ungerechtigkeit" oder „niedrigen Geburt" zuzuschieben. Erst bei gleichen Startchancen werden die geistigen oder charakterlichen Schwächen der überwiegenden Mehrzahl der Durchschnittlichen und Unterdurchschnittlichen mit brutaler Nacktheit als Ursache des verlorenen Rennens enthüllt. Man müsste die menschliche Seele schlecht kennen, wenn man glauben wollte, dass diese Enthüllung nicht als ein schweres Gift auf sie wirken muss. So Wilhelm Röpke einmal in seinem „Jenseits von Angebot und Nachfrage".

Gerade kleine Unterschiede fördern den Neid

Die Politik der Neidbeschwichtigung („kleinstmöglicher Neid der größten Zahl") ist schon allein deswegen aussichtslos, weil nicht die ganz großen, sondern eher die kleinen Unterschiede den Neid fördern, wie schon Alexis de Tocqueville beim Vergleich der Monarchie mit der modernen Demokratie betont hat. Am lautesten ruft der Mensch nach Neuverteilung, wenn es fast nichts mehr zu verteilen gibt. Revolutionen brechen nicht dann aus, wenn die Unterschiede zu groß, sondern wenn sie kleiner geworden sind, nicht, wenn die Regierungen stark, sondern wenn sie schwach sind: Die Auflehnung gegen sie und ihr Sturz sind nur eine Sanktion ihrer Schwäche.

Woher die Feindschaft vieler Intellektueller gegen die Marktwirtschaft, die von ihr hervorgerufene Ungleichheit? Sie erklärt sich daraus, dass Intellektuelle häufig bei ihrem traditionellen Anspruch geistiger Überlegenheit als Sinndeuter der Nation („Die Arbeit tun die anderen" – Helmut Schelsky) im Unterschied zum Sozialismus nicht automatisch die bestbezahlten Stellen der Gesellschaft und dominierende Leitungsfunktionen zugewiesen bekommen, sondern dies nur über die harte Auslese des Wettbewerbs durch nützliche Dienstleistungen für den in ihren Augen „ungebildeten" Durchschnittskonsumenten zu erreichen ist. Ein hochmütiger Ekel der „Sinndeuter" vor dem Markt, der auf ihre Herrschafts- und Erziehungsansprüche keine Rücksicht nimmt, sondern jeden Konsumenten als Souverän ansieht, der mit seinem Euro und jedem Cent über das abstimmt, was er selbst aus eigenem Urteil für nützlich hält. Ohne Bevormundung! Diese Art Égalité mögen viele Intellektuelle eben nicht.

Entneidung?

Aus alldem folgt, dass es unmöglich ist, eine neidfreie Gesellschaft herbeizuführen, durch Gesellschaftspolitik die Menschen zu „entneiden". Vielmehr ist die Gleichmachungspolitik ein Anschlag auf das edelste Motiv des Menschen: das Streben nach Selbstverwirklichung. Denn jeder bringt sein eigenes Programm mit und hat ein natürliches Recht darauf, seine besonderen Begabungen und Talente zu entwickeln – mit natürlicherweise ungleichen Ergebnissen. Gerade diese Tatsache bringt in einer Marktwirtschaft den Reichtum, die Vielfalt und das Glück hervor.

Marktwirtschaft und Wettbewerb lenken den an sich negativen Neid in produktive Richtungen. So gibt es Möglichkeiten, den Neid einerseits zu bekämpfen, andererseits zu neutralisieren, ja für die Allgemeinheit nutzbar zu machen. Ein Weg ist, den Korridor der Marktwirtschaft möglichst weit auszudehnen, die Staatswirtschaft dagegen möglichst zu reduzieren. Auch dann gäbe es noch den Neid. Aber er fände nicht die Mittel, den Konkurrenten – wie im Sozialismus – ins KZ oder auf den Archipel Gulag zu senden oder ihn materiell auf einen Schlag oder nach und nach zu enteignen.

In den USA kam den Erfolgreichen die religiöse Auffassung der Calvinisten zugute: Wenn du am Markt Erfolg hast, ist dies ein Zeichen, dass du zu den „Gerechten" vor Gott gehörst. Über dieses „Kapital" können wir in Mitteleuropa nicht verfügen. Auch wird man dem „kapriziösen Glück" seine Rolle zugestehen müssen. Nicht jeder große wirtschaftliche Erfolg ist auch in dem Sinne „verdient", dass er proportional zu den Anstrengungen steht, die er gekostet hat. Andererseits kann auch größte subjektive Anstrengung zum Misserfolg führen, wenn man den Interessen der Verbraucher nach deren Meinung nicht genug genützt hat. Es gilt auf Märkten das Sprichwort: „Der Köder muss dem Fisch und nicht dem Angler schmecken." Wenn man die anonymen Abstimmungsmechanismen der Märkte abschafft, bleibt zur Entscheidung nur die Willkür einzelner, bevorrechtigter Menschen übrig. Der Unternehmer, der aus Elend und Unzufriedenheit seiner Mitarbeiter Lustgewinn zieht, wird im Übrigen auf einem freien Arbeitsmarkt niemanden finden, der für ihn arbeitet. Der neidische bzw. missgünstige Produzent und Unternehmer wird sich besser verhalten müssen, als er ist.

Ein anderes Sprichwort sagt: „Mitleid bekommt man geschenkt, Neid muss man sich verdienen." Ein guter Satz! Schön wäre es, wenn dieser „verdiente Neid" zum Ansporn für andere würde, ohne Appell an Staatszwang und Umverteilung, die erfolgreicheren Mitmenschen zu übertreffen. Wer jedoch keine Neider hat, hat Anlass zur Sorge.

(Überarbeitete Fassung eines in „Cicero" 2004 erschienenen Essays.)

Stephen Holmes: Die Entstellung der Begrifflichkeit

Die Antiliberalen reißen das liberale Denken nicht nur aus seinem Zusammenhang, sondern erfinden sogar einen Kontext, der die Bedeutung der liberalen Grundsätze verfälscht. Den Schlussstein des antiliberalen Angriffs auf die Geschichte des Liberalismus bildet daher die Entstellung der Begrifflichkeit. Polemische und gegen den Liberalismus eingenommene Kritiker entstellen die Bedeutung ganz zentraler liberaler Ideen immer wieder, indem sie die Gegenbegriffe, die ursprünglich den liberalen Prinzipien Bedeutung verliehen, durch Antonyme ersetzen, die die frühen liberalen Theoretiker entweder gar nicht beachteten oder sogar ausdrücklich ablehnten. So unterziehen z. B. die antiliberalen Kritiker die liberale Idee des Wettbewerbs regelmäßig einem unvorteilhaften Vergleich mit der Nächstenliebe. Aber für die klassischen Liberalen lautete der zentrale Gegenbegriff zum Wettbewerb nicht etwa Liebe, sondern Monopol. Und wie jeder weiß, der das Verhältnis, sagen wir, eines irischen Großgrundbesitzers zu den Bauern seines Orts untersucht hat, haben Monopole mit Liebe nicht das Allergeringste zu tun. Indem die Antiliberalen also die Begriffe austauschten, gegen die die liberalen Begriffe anzugehen versuchten, machten sie die moralische und politische Motivation für die ursprüngliche liberale Verteidigung des Prinzips des Wettbewerbs unkenntlich. Mithilfe dieses begrifflichen Kunstgriffs, so könnte man sagen, haben das 19. und das 20. Jahrhundert zusammengewirkt, um das 17. und 18. Jahrhundert unverständlich zu machen.

Die Beispiele für den Austausch von Gegenbegriffen sind Legion, und sie sind es wert, näher betrachtet zu werden. Zunächst einmal stellen die Antiliberalen fälschlicherweise dem Skeptizismus die moralische Weisheit gegenüber. Die ursprünglichen Gegenbegriffe zum liberalen Zweifel waren jedoch falsche Gewissheit und Enthusiasmus. Das Privateigentum wird von den Antiliberalen zu seinem Nachteil mit der Barmherzigkeit verglichen, während die Liberalen selbst es als Alternative zur Eigentumskonfiskation durch die königlichen Herrscher betrachteten. Instrumentelle Einstellungen stellen die Antiliberalen kritisch moralischen Haltungen gegenüber. Wenn man sie aber, wie im 17. und 18. Jahrhundert, der Verschwendung und dem Statusdenken gegenüberstellt, erscheinen sie gleich wesentlich attraktiver. Ähnlich abträglich werden auch Rechte und Pflichten verglichen, eine Gegenüberstellung, die Rechte als engstirnig und eigennützig erscheinen lässt. Die ursprünglichen Gegenbegriffe zu den persönlichen Rechten aber waren Tyrannei, Sklaverei und Grausamkeit. Warum man aber den liberalen Kreuzzug gegen die Unterdrückung als egoistisch betrachten sollte, haben die Antiliberalen nie einsichtig machen können.

In ihrem Versuch, die liberale Theorie in Verruf zu bringen, kontrastieren die Antiliberalen auf unfaire Weise die Begriffe Vertrag bzw. Tausch mit einem wechselseitigen Altruismus. Aber der Gegenbegriff zu Tausch war nicht Solidarität, sondern eine Beziehung, in der eine Seite der anderen vollständig ausgeliefert war. Ähnlicher Art ist die von den Kritikern des Liberalismus vorgenommene Gegenüberstellung von Kompromissen zwischen verschiedenen Interessen und rationalem Konsens, bei der man sich die Frage stellen muss, wie sich überhaupt jemals jemand für die erste Alternative entscheiden konnte. Aber der ursprüngliche Gegenbegriff zu einem Kompromiss zwischen verschiedenen Interessen lautete nicht rationale Übereinstimmung, sondern Bürgerkrieg.

Wenn man die Befriedigung verschiedener Interessen mit einem sich aus Idealen speisenden wechselseitigen Morden vergleicht, dann erscheint sie jedoch gar nicht so unwürdig. Und genauso erschien sie den Liberalen im Europa des 17. und 18. Jahrhunderts.

Die Antiliberalen prangern die angeblich liberale Maxime „Ich kann tun, was immer ich will" als nihilistische Selbstgefälligkeit an und kontrastieren sie irreführend mit der vertrauenerweckenden Regel: „Ich werde tun, was die Moral verlangt." Aber ursprünglich stand der Maxime „Ich tue, was ich will" der Satz gegenüber „Ich muss tun, was immer mein Herr oder meine gesellschaftliche Stellung von mir verlangen". Die Antiliberalen vergleichen die liberale Freiheit mit Herrschaft im Allgemeinen, aber die Liberalen wendeten sich lediglich gegen willkürliche Herrschaft. Eine durch Gesetze bestimmte Herrschaft betrachteten sie als die unerlässliche Voraussetzung für die Herstellung und Erhaltung einer gerechten Gesellschaftsordnung. Schließlich setzen die Antiliberalen den liberalen Individualismus durch den Vergleich mit Gemeinschaften schlechthin herab. Der Individualismus richtete sich jedoch niemals gegen alle Formen der Gemeinschaft, sondern lediglich gegen erdrückende und autoritäre Formen wie Sekten, Clans, ein Kastensystem und engstirniges Dorfleben. Weil die Liberalen das Ausmaß an Fremdenfeindlichkeit und Intoleranz verringern wollten, strebten sie die Erleichterung des freien Ausdrucks der kulturellen Identität in heterogenen Gesellschaften an. Keineswegs gemeinschaftsfeindlich eingestellt, strebten sie daher ganz im Gegenteil eine spezifische Form von Gemeinschaft an, in der die Bürger jene Zusammenarbeit, Interaktion und wechselseitige Anregung genießen konnten, die ein System von für alle gleichermaßen gültigen Persönlichkeitsrechten erst ermöglichte.

Weil die Antiliberalen die Gegenbegriffe zu den zentralen liberalen Begriffen durch andere ersetzen, machen sie es schwer, die Vergangenheit überhaupt zu verstehen. Sie entstellen die Motive der intelligenten und reformerisch gesinnten Theoretiker. Indem sie den Liberalismus aus seinem ursprünglichen Zusammenhang herausreißen, entradikalisieren sie ihn und verstellen seine ursprüngliche Attraktivität. Die bedeutendsten Opfer dieser Auswechslung der Gegenbegriffe sind wahrscheinlich die zentralen Kategorien des Eigeninteresses und der Selbsterhaltung. Um diese Begriffe zu diskreditieren, stellen die Antiliberalen sie einem wohltätigen Interesse an den eigenen Mitmenschen, dem Gemeinschaftsdenken und der Hingabe an moralische Ideale gegenüber. Beinahe niemand geht auf die Gegenbegriffe ein, die den liberalen Autoren zuerst in den Sinn gekommen wären – und die sich übrigens auch dem gesunden Menschenverstand als erste aufdrängen: Selbsthass, Selbstzerstörung, Selbstkasteiung, Selbstauslöschung und incuria sui – die Unfähigkeit, sich für sich selbst zu interessieren. Auch sie sind „Gewohnheiten des Herzens“. Das Konzept des Eigeninteresses, das dem gemeinsamen Angriff von religiösen, autoritären, romantischen, militaristischen und sozialistischen Denkrichtungen ausgesetzt blieb, war bis Ende des 19. Jahrhunderts gänzlich unverdient in Verruf geraten. Am merkwürdigsten daran ist, dass heute der Begriff des Eigeninteresses gewöhnlich als das Gegenteil zum Gemeinnutz dargestellt wird, als ob etwas für sich selbst zu tun, notwendigerweise schon einen Mangel an Patriotismus oder den Verrat an seinen Mitmenschen bedeutete.

Entgegen der vorherrschenden Mythologie hat es keinen einzigen Liberalen gegeben, der das Eigeninteresse als Alternative zum Gemeinnutz dargestellt hätte. Alle Liberalen zeigten sich zutiefst besorgt über „unheilvolle Interessen“, d. h. private Interessen im Unterschied zu einer gerechten Behandlung aller Menschen. Sie priesen das Eigeninteresse nur, solange es von einer Norm der Gerechtigkeit reguliert wurde, und sogar dann nur, wie Albert O. Hirschman nachgewiesen hat, weil sie es als eine praktische Alternative zu verschiedenen bösartigen Leidenschaften und Vorstellung sowie der betrügerischen Zurschaustellung wohltätiger Motive betrachteten. Um die vergleichsweise freundliche Einstellung der Liberalen zum Eigeninteresse zu verstehen, müssen wir uns nur nähere Gedanken über die ursprünglichen Gegenbegriffe dieser Vorstellung machen. Die Liberalen hofften mit diesem Begriff nicht nur, religiösen Selbsthass und selbstverleugnenden Gehorsam gegenüber Gottes unergründlichem Willen zu überwinden, sondern darüber hinaus auch wichtige Gegenbegriffe wie Privilegien, Bevormundung, Blutrache, Neid, militärischen Ruhm und Staatsverherrlichung. Die Liberalen, die sich wohlwollend über das Eigeninteresse äußerten, traten damit nicht für radikalen Eigennutz ein. Sie wollten stattdessen lediglich zu bedenken geben, dass der Einzelne sich in einer nicht aggressiven und gewaltfreien Weise selbst behaupten sollte.

Ich möchte nicht unerwähnt lassen, dass die Ersetzung der Gegenbegriffe auch eine Widerspiegelung tief greifender gesellschaftlicher Transformationen sein kann. Sie ist nicht nur ein intellektueller Fehlschluss. Nicht immer geht sie auf die Beschränktheit und die Manipulation der Antiliberalen zurück, sondern sehr oft ist sie einfach das Ergebnis der Sprachentwicklung oder der Sorgen der Menschen. In vielen Fällen kann man sie historisch erklären und verstehen. So wurde etwa die Gegenüberstellung von Markt und Barbarei, im 17. und 18. Jahrhundert beinahe von allen Autoren anerkannt, im 19. Jahrhundert unmodern. Die Antithese zwischen Kommerz und Barbarei verlor wegen der industriellen Revolution ihre ursprüngliche Selbstevidenz, denn die zivilisierten Industriegesellschaften begannen ihrerseits, einige unangenehme „barbarische“ Züge aufzuweisen. Der Allgemeinplatz der Aufklärung, Handel würde Kriege und Tyrannei ersetzen, wurde auch durch alle späteren Erfahrungen unsanft widerlegt. Obwohl also das 19. Jahrhundert das 18. falsch interpretierte, sind diese Missverständnisse gelegentlich als Ausdruck veränderter Verhältnisse zu begreifen. Aber selbst wenn historiografische Entstellungen sich überzeugend erklären lassen, bleiben sie Entstellungen.

Schließlich könnte die Ersetzung der Gegenbegriffe noch ein Hinweis darauf sein, dass der Liberalismus zwar in der Vergangenheit eine bedeutende historische Rolle gespielt hat, diese aber heute eingebüßt hat. Er half, Aberglauben zu überwinden, Herrschaftsmonopole abzuschaffen, mit grausamen Traditionen zu brechen usw. Aber hat der Liberalismus noch eine Daseinsberechtigung, nachdem seine ursprünglichen Feinde besiegt wurden? Darauf gibt es eine sehr einfache Antwort: Zu den alten Feinden des Liberalismus, von denen ihm eine beträchtliche Anzahl erhalten blieben, gesellen sich täglich neue. Religiöser Fanatismus ist nicht von der Erdoberfläche verschwunden, genauso wenig wie autoritäre Regierungen, grausame Rechtsprechung, politische Zensur, Wahlmanipulation und Unterdrückung von Minderheiten. Der Sieg über den Faschismus und der Zusammenbruch des Kommunismus haben die Welt nicht in die Hände des Liberalismus gegeben. Grund genug, sich über die antiliberalen Kräfte Klarheit zu verschaffen, mit denen der Liberalismus in der Vergangenheit konfrontiert war und auch in Zukunft konfrontiert sein wird.

(aus: Die Anatomie des Antiliberalismus, Hamburg 1995)

Eine Schule freiheitlichen Denkens (Literaturhinweise)

In der Bibliothek des entschiedenen Freiheitsfreundes dürfen als Minimum folgende Bücher und Autoren nicht fehlen:

Aristoteles (Politik/Nikomachische Ethik)

John Locke (Zwei Abhandlungen)

Adam Smith (Theorie der ethischen Gefühle / Vom Wohlstand der Nationen)

Wilhelm von Humboldt (Ideen zu einem Versuch, die Grenzen der Wirksamkeit des Staates zu bestimmen)

John Stuart Mill (Über Freiheit)

Ludwig von Mises (Die Gemeinwirtschaft)

Friedrich August von Hayek (Der Weg zur Knechtschaft / Recht, Gesetz und Freiheit)

Wilhelm Röpke (Civitas Humana / Jenseits von Angebot und Nachfrage).

Durch die maßgebenden Bücher über die Freiheit führt: *Gerhard Schwarz, Gerd Habermann, Claudia Aebersold Szalay* (Hrsg.): Die Idee der Freiheit. Eine Bibliothek von 111 Werken der liberalen Geistesgeschichte, 2. Aufl., Zürich 2008.

Eine kleine „Bibliothek der Freiheit" bei *Roland Baader*: Der faule Zauber, Gräfelfing 1997, S. 277–285.

Wir möchten auch auf die „*Breviere*", eine Reihe des NZZ-Verlags Libro, Zürich, hinweisen: *Meisterdenker der Freiheitsphilosophie.* Bisher erschienen: David Hume, Adam Smith, Benjamin Constant, Claude-Frédéric Bastiat, Ludwig von Mises, Ludwig Erhard, Alexis de Tocqueville, Friedrich August von Hayek, Friedrich Schiller, Alexander Rüstow, Lord Acton, Raymond Aron, in Vorbereitung: Milton Friedman.

Seit einigen Jahren ist ein erfrischend liberal-libertär-konservatives Monatsmagazin auf dem Markt: „*eigentümlich frei*“. Sein Schöpfer ist André. Lichtschlag.

Wichtige Zentren freiheitlichen Denkens in Deutschland und der Schweiz sind:

Friedrich August von Hayek-Gesellschaft (E-Mail: info@hayek.de)

Liberales Institut der Friedrich-Naumann-Stiftung für die Freiheit (E-Mail: Detmar.Doering@freiheit.org)

Liberales Institut in Zürich (E-Mail: libinst@bluewin.ch)

Zum Schluss sei auf eine neue „Geschichte des politischen Denkens“ von *Henning Ottmann* in bisher sieben Bänden (bei Metzler, Stuttgart/Weimar 2001 ff.) hingewiesen. Eine ganz außerordentliche Leistung im liberalen Geiste.

Personenregister

Stichwortverzeichnis